国公传奇

邹家华
二〇一二年十月

（邹家华，原中共中央政治局委员、国务院副总理，第九届
全国人大常委会副委员长。）

编委会

（按姓氏笔画排名）

图书在版编目（CIP）数据

国企传奇 . 2 / 耿直主编 . —北京：经济日报出版
社，2013.8
ISBN 978-7-80257-542-4

Ⅰ . ①国… Ⅱ . ①耿… Ⅲ . ①国有企业—企业管理—
中国—文集 Ⅳ . ① F279.241-53

中国版本图书馆 CIP 数据核字（2013）第 196737 号

国企传奇 贰

主　　编	耿　直
责任编辑	陈礼滟
责任校对	王欢欢　凡利利
版式设计	张　娟
出版发行	经济日报出版社
地　　址	北京市西城区右安门内大街 65 号（邮政编码：100054）
电　　话	010-63567960（编辑部）　63567687（邮购部）
	010-63516956　63559665　83558469（发行部）
网　　址	www.edpbook.com.cn
E - mail	edpbook@126.com
经　　销	全国新华书店
印　　刷	北京市鑫瑞兴印刷有限公司
开　　本	710×1000 毫米　1/16
印　　张	18.25
字　　数	270 千字
版　　次	2013 年 9 月第 1 版
印　　次	2013 年 9 月第 1 次印刷
书　　号	ISBN 978-7-80257-542-4
定　　价	58.00 元

序

《国企传奇一》带给大家震撼的余波未消,《国企传奇二》又横空出世!

我认真研读了编者送来的《国企传奇二》这部报告文学集,感慨颇多。与《国企传奇一》相比较,这部作品包含了更为丰富的国企发展信息,除了央企,还囊括了多家有代表性的地方国企,有助于大家更全面的了解国家经济发展的动态以及真切感受中国国企如何运用智慧创造发展奇迹、如何成功实施"走出去"战略实现跨国运营、如何通过历次管理提升不断增强核心竞争力的幕后故事。

时下各界都在热议中国梦,中国梦是民族的梦,也是每个中国人的梦。实现中国梦必须走中国道路;实现中国梦必须弘扬中国精神;实现中国梦必须凝聚中国力量。2013年势必成为中国释放"正能量"的一个新起点,成为中国梦的起航年。

作为建设创新型国家排头兵的国有企业,更是将亿万员工的"国企梦"融入伟大中国梦。

国有企业是中华民族文化品格的承载者、传承者、创新者、传播者,是国家综合国力和国际竞争力的集中体现。

在全球经济复苏放缓、乏力的大背景下,中国国有企业依然取得了举世瞩目的成绩就是对"国企梦"的最好诠释。最新数据显示,中国95家进入世界500强企业中,一共有78家国有企业。此外,去年我国国内生产总值从26.6万亿元增加到51.9万亿元,跃升到世界第二位;我国国际地位和国际影响力显著提高。作为"共和国长子"的国企,发挥了无可替代的作用。

经济力量决定着综合国力,决定着世界格局,这数字背后,是实实在在的的中国力量。这是一个大企业时代。在浩如烟海的人类发展史中,世界再一次见证着中华民族朝着伟大复兴的征途又大大迈进了一步。

这就是奇迹，这就是传奇！

像报告文学中提及的中核工业集团、中国化学工程集团、武汉钢铁集团公司、中国海运集团总公司……这些带着国字号名头的企业，在国防工业、能源发展、远洋运输、国家大型工程投资建设等诸多领域，均创造出从未有过的辉煌业绩，带给大家实实在在的鼓舞和震撼！

而正是一系列波澜壮阔、风云激荡的国企改革创造了这种企业奇迹，在世界经济史上，还从来没有过规模如此巨大、情况如此复杂、影响如此深远而成效又如此显著的经济改革成功的范例。

国企发展的传奇支撑起了中华民族伟大复兴的传奇，今天，在一切代表着民族荣誉的领域，我们都能感受到国企的力量；在一切体现国家责任的地方，我们都可以看到国企的存在。

大时代就要有大手笔，当凝结着几代国人深厚感情的国有企业，在它历经磨难终于化茧成蝶而变得摇曳生姿的时候；当历尽沧桑的共和国长子终于能够健硕有力地为祖国撑起一片天空的时候，作为时代见证的报告文学，理应再为其投去殷切而希望的目光。

这种目光，凝聚了社会各界对国企的期盼，对国企文化的认可，这种认可具有鲜明的时代特征，是凝聚力量的精神纽带，打造品牌形象的重要基础，也反映了企业持续创造价值的决策能力和执行能力。持续提升企业管理，加强价值观管理，运用文化的规律、文化的力量和文化的感染力促进企业管理变革，持续提升管理水平，打造与世界一流企业相匹配的软实力，这是国企管理提升的核心环节，也是国有企业的神圣使命。

此次邀请的十几位报告文学作家便是怀着如此真诚的目的和使命感向国企致敬，而本书所选的16家国企，也都是关系到国计民生的各个重要行业具有代表性的企业，它们在各自的领域里熠熠生辉，演绎着精彩传奇，它们用自身的奇迹诠释着什么是"中国速度"、什么是家国情怀、什么是国家责任。

序

　　报告文学通过深入挖掘吸收 5000 年文化精髓和资源，从中华民族的精神宝库和悠久的历史文化传承中挖掘国有企业的个性文化基因，并将其转化为富有时代意义的核心价值观，体现文化个性，在市场走出去、人才走出去、技术走出去的同时，用国际社会易于接受的价值观和管理模式来提升中国国有企业的影响力，通过价值观的推广与传播，赢得了解、尊重与市场，实践着国家"走出去"的战略目标。

　　在中国大地上，数以万计的国有企业，每天都在以各自的精彩华章谱写着发展的传奇，它们的深邃、无私、奉献、责任，都让我们唏嘘不已、敬畏感动。

　　总之，《国企传奇二》是继《国企传奇一》之后的又一集大成之力作，这部作品完全不同于一般的经济报告和企业形象宣传，她具有浓厚的文学色彩和强大的感染力，我相信，这本书必将在社会、企业界再次掀起非同一般的反响。

李寿生

2013 年 8 月 27 号

目录

像钻石一样闪光的事业 *1* ·································郝敬堂

钻石的境界···2

钻石的硬度···4

钻石的梦想···8

钻石的品质···10

钻石的光彩···12

踏浪飞越 *14* ···陆　原

一、危机下的赤诚与胆略···15

二、铜草花迎寒靓丽绽放···19

三、世界之最的激情燃烧···22

四、资金为王时代的涅槃···26

五、幸福豪迈坚挺起脊梁···30

怒放的太阳花 *34* ·······································朱　竞

一、峥嵘的岁月···35

二、腾飞的翅膀···40

三、业态的创新···45

四、在利润之上···49

国之光荣 *53* ···王敬东

零的突破···54

"秦山"耸立···58

重大跨越···66

目录

合作典范··70

蝴蝶效应··73

核力无限··81

铿锵足迹 *84*··文 炜

引 子··84

一、崛起于荒原··84

二、一统天下的科技战··89

三、突出重围··93

尾 声··99

中国创造 *100*···周启垠

融入中国创造的潮流··101

数字化助推中国创造··106

人才筑就中国创造··108

党建护航中国创造··112

为中国创造谱写传奇··113

雄鹰，在启航的路上 *116*··赵晏彪

引 子···116

第一章 化危为机··117

第二章 除了胜利，我们什么都不需要··121

第三章 大企业的责任··126

结束语···131

目录

榆家梁煤矿班组纪事 *133* ·············· 周启垠

 引　子 ·············· 133

 群星演绎矿工人生 ·············· 135

 编外雷锋团 ·············· 136

 "小课堂"与"大讲堂" ·············· 139

 送上"家门"的"通关"指南 ·············· 140

 尾　声 ·············· 141

特高压电网与风电、水电、太阳能光伏发电 *144* ·············· 古清生（等）

 上篇：国家动力 ·············· 144

 下篇：风光无限 ·············· 151

钢铁汉子和他的钢铁情怀 *161* ·············· 白　方

 一、孔子云：君子坦荡荡 ·············· 161

 二、沧海横流，方显英雄本色 ·············· 165

 三、孟子云：达则兼济天下 ·············· 167

 工人曹雁来，怎样登上国家科技领奖台 ·············· 169

 颁奖日，曹雁来的三个"没想到" ·············· 171

 有武钢，才有曹雁来 ·············· 173

 鞠躬尽瘁铸钢魂 ·············· 174

直挂云帆济沧海 *185* ·············· 任启发

 海之路：千峰万壑 ·············· 187

目录

海之浪：千变万化⋯⋯⋯⋯⋯⋯⋯⋯⋯⋯⋯⋯⋯⋯⋯⋯191

海之魂：千枝万叶⋯⋯⋯⋯⋯⋯⋯⋯⋯⋯⋯⋯⋯⋯⋯⋯200

雄鹰翱翔天地间 205 　　　　　　　　　　　　　　陈贵信

怀抱利器，蓄势待发，在危机中等待机遇⋯⋯⋯⋯⋯⋯205

审时度势，闪电再造，尽显海外并购大手笔⋯⋯⋯⋯⋯207

快马加鞭，再传捷报，实现多金属国际化转型⋯⋯⋯⋯209

整合管理，尽显睿智，开拓海外并购成功之路⋯⋯⋯⋯211

文化领先，战略制胜，一切皆有可能⋯⋯⋯⋯⋯⋯⋯⋯213

雄鹰展翅，扶摇直上，中金岭南之梦将更辉煌⋯⋯⋯⋯215

冶金地质的强国梦 217 　　　　　　　　　　　　　　杨海蒂

开发矿业⋯⋯⋯⋯⋯⋯⋯⋯⋯⋯⋯⋯⋯⋯⋯⋯⋯⋯⋯219

给我们工具，我们会完成任务⋯⋯⋯⋯⋯⋯⋯⋯⋯⋯⋯221

我来了，我看见，我征服⋯⋯⋯⋯⋯⋯⋯⋯⋯⋯⋯⋯⋯223

实现中华民族伟大复兴，是中华民族近代以来最伟大的梦想。可以

说，这个梦想是强国梦⋯⋯⋯⋯⋯⋯⋯⋯⋯⋯⋯⋯⋯⋯226

宏大爆破的科技创新之路 230 　　　　　　　　　　　　赵剑斌

创业初期，以"郑炳旭施工法"赚了第一桶金⋯⋯⋯⋯⋯231

首开先河，一鸣惊人的惠州港爆破⋯⋯⋯⋯⋯⋯⋯⋯⋯232

推陈出新，成就"中国第一爆"⋯⋯⋯⋯⋯⋯⋯⋯⋯⋯⋯234

主动请缨，临危受命抢险救急⋯⋯⋯⋯⋯⋯⋯⋯⋯⋯⋯235

精益求精的超高烟囱控制爆破⋯⋯⋯⋯⋯⋯⋯⋯⋯⋯⋯237

目录

"中华环保第一爆"和"世界环保第一爆"工程 ························238

国内首创实施矿山民爆一体化工程 ····································240

科技创新，实现跨越式发展 ··243

蒙东：唱响国家电网的"梦之声" *247*　　　　　　　江广营

引　子 ··248

使命——前行的力量 ··249

安全——发展的支点 ··251

未来——和谐的"梦之声" ··260

纵横搏击国企歌 *263*　　　　　　　　　　　　　　　杨沥泉

序　曲 ··263

一、前天：唱着"东方红"面世 ··263

二、昨天：讲着"春天的故事"进取 ··································265

三、今天："走进新时代"拼搏 ··267

四、明天："在希望的田野上"开拓 ··································271

尾　声 ··273

像钻石一样闪光的事业

郝敬堂

每一面

都闪光

这就是你

一个理想主义者

唯一的信条

没有谁比你更坚硬

那些喜欢你的人

通常也会

因你的坚硬

在无意中受到伤害

有多完美

就有多孤独

有多坚硬

就会有多锋利

题记——一首写给钻石的诗

钻石，一颗闪闪发光的结晶体，一块玲珑剔透的多面体，让世人为之仰慕，让世界为之倾倒。这就是钻石的魅力。

古希腊人相信钻石是陨落到地球上的星星的碎片，甚至有人认为是由天水和天露而来。梵文中的钻石一词即为雷电之意，借以表达钻石由雷电而生的信仰。直至今日，现代科学的发展才告知世人，钻石并非由天而降，而是破土而出。

准确地说，钻石是一种天然矿物质，是在地球深处高温高压条件下形成的一种由碳元素组成的单质晶体。人们通过化学分子式认识钻石的时间并不长，在此之前，伴随它的只是神话般具有宗教色彩的崇拜，同时把它视为权力、地位和尊贵的象征。人们通常把美好的东西比喻成钻石。

——钻石是坚硬不可摧的物质。这是物理学做出的科学的结论。

——生命是上帝赐给人类的一颗未经琢磨的钻石。这是享誉世界的伟大科学家诺贝尔给生命下的定义。

——打造"钻石企业"！这是中国化学工程集团公司的愿景，这是金克宁提出的企业发展目标。

钻石的境界

金克宁，知道这名字的人不多，可他手中的权力的确不小。他是中国化学工程集团公司总经理。该集团公司下属子公司 20 家，有员工 47000 人，业务范围遍及世界 50 多个国家和地区，公司品牌在国际市场具有很大的影响力。

2010 年 1 月，"中国化学"实现整体上市，开创了公司发展的新纪元，2012 年公司资产总额达到 604 亿元。

按说，在这样一个资本雄厚、员工众多、技术领先的中央企业担任一把手，真的是够风光了。人们通常以为，像央企总经理这样的重量级人物，肯定是报刊上有名，电视里有影，电台里有声。出乎我意料的是，我来到公司企业文化部，竟然找不到我所需要的关于金克宁总经理的个人资料（如他的事迹材料、以往媒体记者的访谈录、他的人生履历等）。打开电脑，进入百度搜索，我获得的竟然是他十分简略的个人履历表：

1973—1977 年，在中国矿业大学学习；

1977—1997 年，在黑龙江鹤岗煤矿工作（历任技术员、工程师、副科长、科长、副矿长、矿长、党委书记）；

1997—1998 年，在中央党校中青年干部培训班深造；

1998 年 3 月当选全国人大代表；

1998—2000 年在鹤岗矿务局任局长兼市委副书记；

2000—2004 年任国家安全生产监督管理局调度中心主任、矿山救援指挥中心主任、办公厅主任（兼外事司、财务司司长）。

2004年1月，任中国化学工程集团公司总经理、党委书记。

笔者百思而不得其解，一个管理着几万名员工、数百亿资产的国企主要负责人，怎么会把自己隐蔽得这么好，就像钻石一样闪射出神秘莫测的光？越是神秘的东西越是能引起人们探知底蕴的欲望，出于职业的敏感，笔者决定揭开他头上神秘的面纱。

负责接待我的同志说，金总做事高调，为人低调，在他当总经理的10年时间里，说不清他谢绝了多少前来采访的记者，有一条可以肯定，他从来不以个人的名义在媒体上露面，我是他接受采访的第一个记者。对此，我感到荣幸，同时也感到了压力。他能配合我采访吗？他会同样对我采取应付了事的态度吗？这位同志还转告我，你是国资委派来的记者，他不能拒绝，金总很忙，只安排了半个小时会谈时间。我知道这是一次艰难的采访，同时做好了坐冷板凳的准备。

没有我所想象的那么糟糕，也没有让我处于尴尬的境地，金总很热情，也很健谈，只是他很少具体地谈工作、谈个人，最多的还是从哲学层面谈信仰、谈境界、谈立身、谈修养、谈处世、谈方法。他博学多识，对社会、对人生有独到的见解，常常是语出惊人。

他说，他是一个幸运儿，22岁如愿以偿地走进大学门槛，成为令人仰慕的时代骄子。他上的是矿业大学，大学毕业后，按需分配到黑龙江鹤岗煤矿工作。专业对口，如鱼得水，他决心甩开膀子大干一场，以优异的成绩回报社会，回报父母。他从最基层的技术员干起，一干就是20年，一步一个台阶，一直干到了矿长的位置上。20年，他和煤炭工人一样下井作业，知道他们工作的辛苦；20年，他为煤矿的发展殚精竭虑，为企业的发展奉献了自己；20年，他把成绩和荣誉化为动力，开创了更加广阔的新天地。

他说，从参加工作的那天起，他就一直没有离开过煤炭行业，对煤情有独钟。他知道自己所从事的煤炭事业无与伦比的重要性。煤炭被人们誉为黑色的金子，工业的食粮，是18世纪以来我国使用的主要能源之一，而且在相当长的时间内它的"霸主"地位不会动摇。

他说，他现在任职的中国化学工程集团公司，主要承担的是煤化工、石油化工等工程勘察、设计、施工任务，是中央企业。在国资委监管的115家中央企业中，中国化学工程集团公司从实力到规模，排行都是"小兄弟"，和资产数千亿的"大哥"们相比，显得很弱小，在这个"大家庭"里很少有"话语权"。10年了，在国资委主要领导的讲话中，他们从来没有露过面，这是他们所处的地位决定的。他们正确地认识自己，确信"有作为，就有地位"。于是，他们提出了打造"钻石企业"的发展目标。

说起"钻石企业"的提出，他解读说，上大学时，他喜欢化学，化学是研究物质的组成、结构、性质以及变化规律的科学。世界是物质的，物质是由化学分子构成的。煤炭和钻石同样是矿物质，非常巧合的是，煤炭的主要成分是碳，象征财富和尊贵的钻石的化学结构竟然也是由碳元素组成的单质晶体。小小的一颗钻石，靠什么征服世界，靠的是它的质量和品质。"钻石企业"的全部内涵是"精品工程、技术领先、管理科学、诚信为本、享誉世界、合作共赢"。"世界一流，持续发展"是钻石企业的核心。所谓"世界一流"，是指在激烈的市场竞争中，雄踞市场之首，立于不败之地，知名度和美誉度家喻户晓。所谓"持续发展"，是指企业科学发展，科学管理，具有超强的凝聚力和向心力。这些年来，按照"钻石企业"的要求，重点实施三大步骤：一是以科技为引领和手段，铸造世界一流品牌；二是以技术创新为引擎，驱动企业可持续发展；三是以实施人才战略为基础，筑牢可持续发展基石。

在打造"钻石企业"的过程中，集团公司取得了令人瞩目的成绩。营业收入由 2003 年的 57 亿元，增长到 2012 年的 551 亿元；资产总额由 72 亿元增长到 604 亿元；利润总额由 0.34 亿元增长到 39 亿元。集团公司先后获得中国建筑工程鲁班奖、国家优质工程奖、工程总承包金钥匙奖等科技奖项数百项，跨入中国企业 500 强、全球 225 家最大承包商行列，被国家授予全国首批创新型企业。在 2011 年国资委对中央企业的经营业绩考核中，一直稳定在 B 级的中国化学工程集团公司进入 A 级行列，集团公司财务绩效综合评价指标位居 115 家央企第二名。在国资委 2012 年度及第三任期经营业绩考核中，集团公司再次被评为年度考核 A 级企业，首次被评为任期考核 A 级企业，同时获得任期"业绩优秀企业奖"。这就是"钻石企业"产生的巨大效应。

钻石的硬度

众所周知，钻石的硬度为莫氏 10 级，是人类已知的物质中硬度最高的，比钢材的抗压度高出 100 倍。

"钻石企业"同样需要钻石坚硬和抗压的品质。

中国化学工程集团公司脱胎于原国家重工业部 1953 年成立的重工业设计院和建设公司，是一家有着悠久历史和辉煌成就的大型工程建设集团。然而，这样一家有着优良传统的大型中央企业却在上个世纪末、本世纪初陷入困境。个中原因众所周知，在上个世纪末，国家的经济体制进入转型期，由计划经济向市场经济转变。作为"共和国长子"的央企，打破了"养尊处优"的铁饭碗，开始参与严酷的市场竞争，过去的优势变为劣势，过去的长处变为短处，有些企业在严酷的竞争中中箭落马，宣告破产。

在经济体制转型的大背景下，中国化学工程集团公司也经历了一场血与火的考验：经济效益大幅度下滑，多家所属企业严重亏损，技术装备逐渐落后，优秀人才大量流失，管理理念陈旧，企业缺乏凝聚力和向心力……是毁灭？还是重生？集团公司到了生死存亡的关头。

正是在这个当口，金克宁临危受命，被国务院国资委任命为集团公司总经理、党委书记。

在艰难中崛起，靠的是什么？靠的是党性，靠的是境界，靠的是气魄，靠的是担当，靠的是坚硬而压不垮的品格。

金克宁走马上任了，这是组织的信任，这是党的重托，不能讨价还价，可他深深地感到肩上的担子太重了。

有人说，企业是"冒险的事业"，总经理是"冒险事业的组织者和策划者"。并非危言耸听，企业的兴衰成败责任集于一身啊！中国化学工程集团公司是央企，经营好了，是为国家做贡献，经营不好，岂不就成了败家子？

气可鼓而不可泄！2004 年 1 月 7 日，在集团公司企业负责人大会上，金克宁发表了铿锵有力的施政演说。

他说：意志、毅力和团结，是我们事业成功的重要保证。

他说：不要在乎我们弱小，只要我们团结奋斗，我们就会强大起来。不要在乎我们面临的困难，克服困难是对我们意志的磨砺。

他说：我们要走一条"工程立业、技术领先、产业支撑"的强企之路。

他说：我们致力于创建世界名牌，将中国化学工程集团公司建成精品工程的建设者、技术创新的领先者、高端产品的制造者、社会责任的担当者。

他说：企业的兴旺发达是我们的责任，作为国企，我们时刻不要忘记对国家的责任，对企业的责任，对员工的责任……

这些掷地有声的话语，给与会者留下了深刻的印象。言为心声，他独特的个性魅力，他话语中蕴含的正能量，给企业注入了新的活力。

随着国家经济体制改革的深入，央企加入激烈的市场竞争大都面临着"断奶"的困惑期。企业发展，靠的是政策、机遇、资本和市场。资本在哪里？如何去运营？

以金钱和物质形式而存在的资本，国内有、国外有、国家有、集体有、个人有、股市有，几乎是无所不在，这是资本存在的广泛性。资本运营是利用市场法则，通过资本的科学运作，实现其价值增值、效益增长的经营方式。

有资本运营者，就要有资本市场，在资本市场通常有两种人，一种是提供资本的人，另一种是寻找资本的人。金克宁属于后一种人，他把目光盯在了金融市场上。

在国资委的大力扶持下，集团公司于 2007 年 9 月做出整体改制上市的重大决策。经国务院批准，中国化学工程股份有限公司于 2008 年 9 月正式成立。

企业改制了，所属企业长期被拖欠的工程款问题凸显出来，严重影响了企业的经济效益和资本运营。金克宁果断决策，在全集团范围内开展以工程清理和工程款清欠为内容的"两清工作"。清债难啊，有些债务拖欠太久，其间人事更迭，资料不全，清欠难度很大，这是一种情况。另一种情况是，一些下属子公司，认为目前企业效益不错，即使不清欠债务也不影响"发展"问题，态度并不积极。还有一种情况，有的企业怕因清欠工程款影响和业主的合作关系，不利于后续承揽工程任务，在等待观望。

"两清工作"看上去是债权和债务的关系，其实质是在维护企业合法利益。金克宁把清欠工作提升到政治的高度来认识，把各企业负责人召集到北京，从提高认识入手，然后下硬指标，下硬任务，立军令状，限期完成。经过 3 年的艰苦努力，全集团共清欠工程款近 40 亿元。此举不但改善了企业的财务状况，更重要的是维护了企业的合法利益。

2010 年 1 月 7 日，这是一个让"中国化学人"翘首企盼的日子。这一天，位于黄浦江畔的上海证券交易所的锣声再一次响起，在这喜庆的锣声里，"中国化学"正式挂牌上市了。从建筑市场走进金融市场，"中国化学"跨入了一个新时代。

面对新的形势和任务，金克宁深谋远虑，对集团公司的战略定位和战略目标作了进一步调整。企业新的战略定位是：秉承"工程立业、技术领先、产业支撑"理念，转变发展方式，把集团打造为以工程承包服务为主体的承包商；以工程及工艺技术研发为主体的专利商；以化工新材料等战略性新兴产业为主体的运营商。

企业新的发展思路是：通过持续创新和精细化管理，推进多工程领域的全过程服务和产业运营、资本运营，实现规模和效益的同步增长，形成多元利润支撑，实现跨越式发展，做强做优"中国化学"，把集团公司打造成世界一流的"钻石企业"。

竞争就是优胜劣汰。企业上市后，集团对下属企业进行清理整顿，其中有4家企业，当时因严重亏损而被列入破产名单。创建一个公司不容易，破产了，这么重的包袱谁来背？这么多的员工谁来安置？国家的损失谁来弥补？十指连心啊！金克宁一个也不愿意舍弃，他亲自带领工作组到这4家濒临破产的企业蹲点，指导帮助企业开拓市场、提高效益、解决实际问题。经过上下一起努力，这4家企业全部扭亏为盈，其中有两家企业已成功改制并上市。

该扶持的扶持，该清理的清理。对外打造企业形象，增强竞争力，对内固体强身，增强凝聚力。金克宁下大力气抓劳动组织、劳动关系和历史遗留问题的清理。通过清理，撤销内设机构300多个，清理富余人员3000多名。内部关系理顺了，员工队伍精干了，企业运营进入最佳状态。

领导，一是带领，二是引导。集团公司整体上市后，金克宁针对公司的现状和一些人的自满情绪，提出了"集团公司要脱胎换骨，员工要脱胎换骨"的新要求。

2010年上半年，金克宁带领公司决策层和各企业负责人到"台塑"学习。起初，有人认为，"台塑"是台湾的一家民营企业，所处的环境不同，所有制形式不同，他们的管理方法是否对集团公司这样的央企有借鉴意义？金克宁认为，管理是一门现代科学，作为科学，它是人类共享的财富，成功的经验都可以借鉴，都可以学习。金克宁一方面认真听取"台塑"的经验介绍，一方面认真组织专题讨论，帮大家释疑解惑。统一认识后，大家对"台塑"倡导的"勤劳朴实、止于至善、永续经营、奉献社会"的经营理念和"管理制度化、制度表单化、表单电子化"的管理方法产生了浓厚的兴趣。

在学习"台塑"的基础上,金克宁倡导在集团公司内部开展"精细化管理"活动,从调整组织结构、完善制度流程、建立内控体系、提高执行能力等方面进行管理科学化的实践。通过实施一系列扎实有效的、契合实际的管理措施,集团公司的管理水平和管控能力有了大幅度提升。

在抓好企业生产经营的同时,集团公司始终坚持"两手抓,两手都要硬"的宗旨,扎扎实实推进企业党建工作。按照中央和国资委党委的部署,积极探索新形势下加强和改进企业党建工作的新思路、新途径、新方法,努力把党的政治优势转化为企业核心竞争力,为应对国际金融危机、保持平稳发展提供思想保证和组织保证。

集团公司积极开展"创先争优"活动,企业内涌现出一大批"全国劳动模范"、"全国五一劳动奖状"、"全国三八红旗手"、"中央企业劳动模范"、"中央企业先进集体"等先进个人和集体。金克宁荣获了"全国优秀企业家"、"对外工程承包风云人物"等荣誉称号。2013年5月,他的荣誉档案里又添加了一块金灿灿的金质奖章——全国五一劳动奖章。

钻石的梦想

钻石的梦想是征服世界。金克宁的梦想同样是征服世界。

创建世界一流企业,打造世界知名品牌。这是金克宁提出的企业发展目标和愿景。

经营工作是企业的生命线,这是金克宁经常强调的观念。

国内外两个市场,同步开拓,协调发展。金克宁密切关注和深入研究国际国内经济形势的变化及国家出台的相关政策,准确掌握市场动态,适时调整经营思路,发挥集团公司技术、管理、人力资源、机具装备的整体优势,运作大产业集团投资建设的大型、特大型EPC项目,目前在建项目中不仅有两个近百亿的EPC项目,还有一个近200亿元的总承包项目。

副总经理、党委副书记杨传武介绍说,"走出去"的战略在上个世纪的80年代中期就尝试过,因为天时地利种种原因,没有做大也没有做强。从2004年开始,金总用战略家的目光重新审视国外市场,充分利用我国经济地位提升带来的重要国际影响力，充分利用国家出台的鼓励对外工程承包的各项政策，在巩固发展海外市场的同时，抓住机遇，依托产品工艺技术优势和工程化优势，加大对新市场的开拓。金总多次到国外考察，与国外产业集团、工程公司交流和洽谈，谋划海外经营布局，强力打造"中国化学"的国际品牌。

建立海外经营市场，主要靠经营网络，通过经营网络，巩固发展传统市场，重点开发新兴市场，加快谋划潜在市场，利用多种有效资源和途径最大限度地从源头获取项目信息。

功夫不负有心人。10年来国际经营不断突破，实施"走出去"战略成效显著。仅2012年新签境外合同额就达到305亿元，占公司新签合同总额的30%以上。集团所属天辰公司、东华公司、五环公司、成达公司、二公司、三公司、六公司、七公司、十一公司等企业海外经营项目均取得了突破性进展。

目前国外项目遍布50个国家和地区，建立海外经营机构26个，形成了较好的国际化发展基础。在项目实施过程中，以良好的服务、优秀的业绩为公司赢得了业主，同时赢得了市场。

集团公司在中国500强企业中的排名逐年上升，在美国《工程新闻纪录》（ENR）杂志发布的2012年全球最大225家承包商中排名第38位。

金总对笔者说，我们所说的"钻石企业"，就是用信心和信誉树立"中国化学"这个知名品牌。在"走出去"之初，我们做的是分包，利润空间很小。现在我们做的是EPC（设计、采购、施工）总承包、BOOT（建设——拥有——运营——移交），获得了更多的利润。这需要的是实力、是魄力、是勇气、是智慧。在目前的世界建筑市场，"中国化学"已经具备了和欧、美、日知名企业竞争的实力。

公司国际招投标项目分布在几十个国家和地区，常驻国外的办事机构也有20多家。不同的国家、不同的民族、不同的宗教、不同的环境、不同的政见，常常会给我们带来意想不到的困难。巴基斯坦办事处设立较早，那里安全环境恶劣，生活条件艰苦，驻巴总代表王嘉龙在巴基斯坦一干就是10多年。他首先面对的是家庭困难，孩子小，老人体弱多病，自己患高血压，孩子的学业被耽误了，没有考上大学，一直是他的一块心病。老人生病住院，他不能在身边尽孝，他常常为此感到内疚。自己的病得不到有效治疗愈发严重，妻子为此常常埋怨他。除了面对家庭困难，他还要面对工作上的困难。每天在炮火硝烟的笼罩下提心吊胆地工作，人身安全无法得到保证。

在巴基斯坦，恐怖袭击像是家常便饭，每天都在发生，恐怖袭击有教派之间的相互残杀，也有针对中国人的，一些人每次出门都要带上聘请来的持枪保镖。办事处成立那天，按照中国人的习俗，在驻地门前挂起了两个象征喜庆的大红灯笼。使馆的工作人员建议他们摘下来，关起门来搞庆祝。理由是在卡拉奇有东突分子的基地，挂红灯笼搞庆典无疑是暴露自己，给恐怖分子以可乘之机。这种担心并非多余，中港公司的一位会计某次到银行取款，中途被恐怖分子持枪打劫。一次外出途中，遭遇恐怖分子枪战，不得不原路返回。就是在这种恶劣的环境条件下工作，王嘉龙从没打过退堂鼓，为企业的发展默默奉献着。

风正一帆悬。在金克宁的带领下，"中国化学"这艘远洋巨轮正冲破险阻，乘风破浪，驶向理想的彼岸。

钻石的品质

金克宁同志常说，三流的企业靠领导，二流的企业靠制度，一流的企业靠文化。在深入思考集团公司的特点和企业定位的基础上，金总提出要在公司培育和弘扬以"钻石文化"为内容的企业文化。

人是文化的直接体现，培育企业文化实际上就是培育人。人是什么？人是一切社会关系的总和，人的素质决定企业的发展和成败。金克宁深深地懂得这一点，作为总经理，他始终把培养高素质的人才作为首要任务来抓。他提出并倡导的"两高一好"（综合素质高、政策水平高、服务意识好）活动，作为一项制度，每年对总部机关各业务部门的管理人员进行一次考评，优者上，庸者下。

检验人才素质既有客观标准又有硬性指标。集团公司员工最怕金总的"考试"，计算机应用要考，公文写作要考，财务知识要考，管理知识要考，应知应会要考……就是在这一次次的考试中，机关人员的综合素质和服务水平有了明显的提高，工作业绩也有了大幅度提升。

考试促进了学习，学习促进了工作。金克宁提出的"必须要学习，必须要努力，必须要进步"已经成为公司员工的自觉行动，每年都有一批员工通过自学获得高一级的学历文凭和专业技术资格证书。

2013年，集团总部提出建设"有规则、有秩序、有感情、有活力"的"四有"机关，大力弘扬"意志、毅力、团结"的企业精神，进一步增强了企业的凝聚力、执行力和战斗力。

企业文化重在体现，要体现在员工的一言一行上，体现在公司的一草一木上，金总把员工的日常着装、仪容仪表、待人接物、办公秩序等用制度规定下来，违者自然受到严厉处罚。

金克宁是个认真的人。

认真是什么？认真是境界、是态度、是品质、是方法。当年，毛泽东主席说过：世界上怕就怕认真二字，共产党就最讲认真。认真体现在学习上就是锲而不舍，体现在工作上就是狠抓落实，体现在对待困难上就是迎难而上，体现在事业上就是敢于担当。

有人说，当领导的，是制定政策把握方向的，是只抓大事不抓小事的。金克宁则不然，他不但抓大事，还抓小事，他的执政理念是：制度再好，不抓落实，等于虚设，毫无意义。集团总部机关食堂的工作餐是自助餐。餐饮也是文化，既要讲究营养，又要适合不同口味，做多了容易浪费，做少了满足不了需求。300多人就餐，做到位真的很难。一次午餐，厨师做了一道炸鸡腿，事先，厨师做过考量，每人一条鸡腿，略有富余。结果出人意料，先来者，吃了个尽兴，有人竟然盛了4只，后来者没有了，扫兴而归，对炊事班有意见。炊事班有苦难言，他们发现有些人竟然把没有吃完的整鸡腿倒进垃圾桶，这件事反映到金总那里。金总又来了他的"认真"劲儿，他在认真调查研究的基础上，亲自主持召开了一次由全体就餐人员参加的"勤俭节约、杜绝浪费"专题会议，语重心长地对员工说：自助餐允许选择，但不允许浪费。丢一只鸡腿，看上去并不是什么大事，之所以要在这只鸡腿上做文章，是因为这件小事反映出的人的品质和对待生活的态度。历览前贤国与家，成由勤俭败由奢。勤俭节约，不但是美德，而且是公德。我们是一个大家庭，每个人都要有主人翁意识。我们是企业，企业的生存法则就是用最小的成本实现最大的利润。俗话说，千里之堤溃于蚁穴，要想使我们的事业立于不败之地，首先要在思想上筑一道大坝，从一点一滴做起。为了使勤俭节约蔚然成风，在提高认识的基础上，金总责成食堂管理人员在垃圾桶上方安装了摄像头，在这双电子眼的监督下，浪费现象彻底杜绝。

做事认真是金总一贯的作风。在解读"认真"二字时他说，认真不仅仅是作风，而且是一种境界。作为党员，要对党的事业认真，贯彻上级指示要认真；作为总经理，制定发展战略要认真，抓落实要认真；作为企业法人要对企业的利益认真，对员工的利益认真，对股民的利益认真；作为企业领导人，要认真地对待企业的每一件事，每一个人，包括认真地对待自己。

有人说，企业靠制度来管理，其实不尽然，有的时候，领导者的人格魅力同样可以征服人。慎独，这是金克宁修身养性的法宝。"心底无私天地宽"是金克宁追求的人生境界。在金总的言传身教和模范行为的感召下，集团公司形成了团结、和谐、诚信、自觉、勤奋的工作氛围，每一位员工都在自己的岗位上认真履行职责，为实现"中国化学梦"努力着、奉献者。

"十年一觉扬州梦"，风雨归来已是春。10年来，金克宁不负重托，以卓越的领导才能和忘我的奉献精神，带领中国化学工程集团公司全体员工，战胜重重困难，走出了逆境，实现了企业的跨越式、高质量发展，为中央企业增强控制力、影响力和带动力做出了重要贡献，为中国工程公司在国际经济舞台上发挥作用、体现价值做出了有益的探索和实践。

钻石的光彩

六十一甲子。"中国化学"已入"甲子"之年。

2013年元旦，在新年的钟声敲响之际，"中国化学人"的耳边又传来一个亲切而鼓舞人心的声音，那是金总的"新年致辞"：

暮然回首，中国化学走过了60年的光辉岁月。在共和国发展繁荣的道路上，留下了我们挥洒的辛勤汗水；在改革开放的进程中，镌刻着我们谱写的壮丽篇章；野地荒滩在我们的手中变成一座座现代化工厂，戈壁大漠在我们的身后矗立起一座座石化新城。"中国化学"数万建设者用自己的身躯推动着国家化学工业前进的滚滚车轮，用自己的双手描绘着国家化学工业发展的美好蓝图。

科学引领发展，文化塑造未来。"中国化学"以"建设具有自主知识产权、具有投融资功能、具有强大市场竞争力的国际工程公司"为发展目标，以建设"钻石企业"为核心价值理念，肩负"为国家建设作出贡献，为企业壮大做出奉献，为员工发展搭建平台"的使命，开启新的征程，奔向美好明天！

风雨兼程

用足迹丈量辉煌

一路走来

凭雄辩的事实积累信心

不必回首

依然在路上

终点亦是起点

为"中国化学"的梦想，加油！

踏浪飞越

——大冶有色金属集团控股有限公司发展纪实

陆　原

　　大冶有色金属集团控股有限公司为中国铜工业的支柱企业，地处湖北省黄石市，由湖北省国资委与中国有色集团共同持股。公司始创于1953年，是国家"一五"时期建设的156个重点项目之一。经过60年的发展公司壮大成为，集采矿、选矿、冶炼、化工、压延加工、余热发电、稀贵金属开发、科研设计、地勘井巷、建筑安装、机械修造、信息动力、现代物流服务、城市矿产综合回收、高新技术等于一体的国有特大型铜业联合企业，辖20余家全资子公司、控股公司、参股公司，并拥有一家香港上市公司，被列入国家中部原材料基地和国家新型工业化产业示范基地。2012年，公司位列中国500强企业第236位。

　　大江奔腾，这是包容的情怀；大江奔腾，这是集聚的力量；大江奔腾，这是大山的期待；大江奔腾，这是大海的呼唤……

　　发源于青藏高原各拉丹冬雪峰，亚洲第一大河、世界第三大河的长江，被人们赋予深厚的寓意和丰富的象征，激励着无数中华儿女不屈不挠地奋进！

　　崛起在长江中游的大冶有色金属集团控股有限公司，用"纳百川、通四海"的大江文化，引领企业走向辉煌。

　　他们弘扬"经锤炼而成，为开拓而生"的铜斧精神，忠诚地肩负责任、不懈地锤炼融合、顽强地开拓进取、勇敢地迎接挑战。

　　他们以"责任、忠诚、学习、进取"的企业核心价值观，重塑60年企业的新风貌："迎着朝阳，我们意气风发，依然年轻，保持着澎湃的激情；向着大海，我们坚守使命，始终执着，依然保持着坚定的志向；朝着未来，我们追求一流目标，超越永无止境，树立更具活力的形象，展示一流风采。"

大冶有色，用理想照亮现实，让现实充满精彩；大冶有色，像大江一样奔腾豪迈，为实现"五个有色"的强企梦，老国企传奇着新的现实与未来！

一、危机下的赤诚与胆略

2008 年 10 月，十一黄金周过后，上海期货交易所飘荡着世界金融危机的阵阵寒流。

10 月 8 日，铜期货 0811 开盘不久，就不断下跌，当人们惊讶的嘴巴还没有合上，便亮起了跌停板。此后几天，铜价一路狂泻，连续 13 个跌停板。铜价在一个多月里从每吨 8 万多元，下跌到 2 万多元。

人们切实感受到，美国金融危机的风暴，已越过大洋，汹涌地袭击到了黄浦江。

这场金融风暴，从上海黄浦江又沿着长江逆流而上，冲击着大冶有色公司 16000 多名员工喜悦的心情。

10 月 10 日，大冶有色公司生产的阴极铜，在伦敦金属交易所成功注册，成为国内第三家在伦敦金属交易所阴极铜注册成功单位，公司上下正在为这件事而高兴，却不料被"铜价连续 13 个跌停板"的消息搅飞了喜庆的气氛。大家担忧：这样的市场铜价，已明显低于成本价，公司如何生存，员工们如何生存？

大家忘不了 1997 年亚洲金融风暴对公司的影响。那时，铜价下跌，产品滞销，公司要矿没矿，要钱没钱。1998 年，公司亏了 1 个多亿，1999 年又亏 8000 多万。工人们连续 3 个月拿不到工资，那一段窘迫的岁月，大家不堪回首。

如今，比亚洲金融风暴更加凶猛的国际金融风暴呼啸而来，员工们深深地忧虑：大冶有色公司这家老字号的国有铜业企业，能抵得住国际金融风暴的摧残吗？

大家的担忧和恐慌情绪，慢慢演变成一股对公司高层领导人的强烈期盼，期盼公司掌舵人张麟，驾驭大冶有色公司这艘老帆船能够抵御住国际金融风暴的肆虐，继续扬帆前行！

　　张麟，1963年1月出生在湖北武穴市栗木乡龙口村张才垸自然村一户农民家庭，1986年7月毕业于中南大学选矿专业。当时冶金部向中南大学选拔毕业生，要求必须是正式党员、班干部，而且学习成绩优异。全班只有张麟一人符合条件。大家说：班长，你到冶金部工作，今后我们到北京出差，也有一个落脚点了！

　　然而，出乎大家意料的是，张麟没有去冶金部高就，而是主动去地处湖北省阳新县的丰山铜矿当一名普通的技术员。

　　被人们称为"夹皮沟"的丰山铜矿，在远离城镇的深山沟里，是大冶有色公司所属的最偏远、条件最差的铜矿。那一天，张麟去位于黄石市的大冶有色公司报到，公司里许多人得知他主动要求去丰山铜矿工作，大家又敬佩又疑惑。

　　他所住的公司招待所服务员得知后，也在私下里议论：丰山铜矿比劳改农场好不了多少，还有一个大学生主动去那里工作，傻！

　　面对许多人的不理解，张麟坦然地说：我是国家培养出来的党员大学生，应该到最艰苦最需要的地方去工作。我在丰山铜矿实习时切身感受到那里需要专业对口的大学生。我是一名农民的儿子，我吃得起苦！

　　张麟的质朴和坦诚，大家为之动容。

　　在偏远艰苦的丰山铜矿，张麟一步一个脚印走出了领导和矿友们的期待，从一名技术员，走向丰山铜矿矿长兼党委书记、公司副总经理的岗位。2006年，时年43岁的张麟，就任大冶有色公司经理，成为公司历届最年轻的掌舵人。

　　时刻关注着世界金融危机态势的张麟，知道这场危机已经扰乱了世界金融秩序，严重影响了我国经济发展。面对铜价全线下跌的严峻形势，面对公司员工们的焦虑，张麟感到作为一名国有企业负责人，面临严峻的考验。

　　张麟曾对前来采访的媒体记者说：如果是民营企业，在这样一种形势下，减产、减员，或者停业都是一种规避风险的良好选择。而作为国有企业，以上任何一种选择都是不可取的。国有企业担当的政治责任、经济责任、社会责任，促使国有企业只有前进，不能退缩。

　　在公司中层干部会议上，张麟坚定地说："市场不相信眼泪，要救只有靠自己！要以超常的思维、超常的措施，解决超常的困难，在危机中突出重围！"

公司迅速实施五大应对措施，一是大力推进'资源开发、规模提升、结构调整、资本营运、人才强企'的五大发展战略；二是大力推进企业文化建设，激发斗志，培养自觉；三是强化 5 S、绩效等企业管理，向管理要效益；四是战略合作，增资扩股，注入活力；五是紧缩开支，严控非生产性开支，节约每一分钱！"

许多人想，增资扩股，这仅是一个大胆而美好的愿望。在世界金融危机大环境下，大家都自身难保，有哪一家企业愿意投资合作？大家知道，大冶有色公司与北京一家央企谈了好几年合作，他们就是不愿意出资，这事把公司员工们的信心都拖掉了。

公司董事会秘书田群力说，张麟为了使公司度过危机，到了"忘我"的地步。有一次，张麟得知中国三峡工程开发总公司有投资的意向，该公司总经理愿意与他见面洽谈，他马上放下手头的工作，从黄石开车赶赴宜昌，路上一个劲地催司机加速，说不能迟到。洽谈结束后，他又连夜赶回黄石。饿了，在服务区吃点方便面充饥。

精诚所至，金石为开。在各级领导的关心支持下，大冶有色公司与中国长江三峡工程开发总公司合作取得成功。

2008 年 11 月，大冶有色公司与中国长江三峡工程开发总公司下属的长江电力股份有限公司签订了《关于大冶有色金属有限公司增资扩股协议》，投入资本金 10 亿元。2008 年 12 月 6 日，大冶有色金属有限公司增资扩股股东大会和湖北金格实业发展有限公司创立大会在武汉召开。至此，大冶有色公司注册股东由 3 家增至 10 家，增加资本金达到 13 亿元。

13 亿元资本金，如一股甘甜的活水，注入大冶有色公司渴求的沃土里，这不但缓解了企业资金的窘迫，而且提增了员工们发展的信心。

张麟董事长以超人的胆略抓开源，占领市场，又以实施绩效管理为抓手，抓节流，促成效。

铜绿山矿企管科科长韩建国说：实施绩效管理，提高了生产效率和工作效率，养成节约习惯，降低生产成本。1969 年生产的三台设备，我们矿里还在有效地使用，日本三位专家看了十分惊讶，认为我们真了不起。为节约开支，矿里组织突击小分队，攻难关，对边角余料进行回收。设立金点子奖，按所创的经济效益比例奖励，调动了大家的积极性。

冶炼厂开展技术攻关，缩短电解小板极距获得成功，每年多生产阴极铜 1.68 万吨，节约投资 1.5 亿元。

……

一天，一位媒体记者在大冶有色公司采访时发现，公司的材料都是正反两面打印的。他脱口称赞说：你们真节约！

"这是我们公司严控非生产性开支的规定，办公用品严格控制到每人每月 2 元钱，打印用纸必须两面打印，因公误餐只许吃盒饭……"员工如实回答说。

记者感慨万千：社会上经常传言国有企业花钱大手大脚，大家难以想象的是，国有企业竟节约到这般地步。

进入 2009 年，继续扩散的世界金融危机，冲淡了春节应有的欢乐气氛。

2009 年元宵节后第 7 天，张麟主持召开大冶有色公司职工代表大会，要求全体干部职工增强信心，精诚团结，弘扬正气，齐心协力战胜困难，共渡难关。他提出："在公司形势没有好转之前，我不拿年薪，只拿生活费。"

"掌舵人"的主动降薪，引起了榜样效应。

公司管理层也纷纷提出只拿生活费。

与会的中层管理人员、基层管理人员、职工代表，都提出自愿减薪。

同舟共济，众志成城。

张麟和公司领导集体，以对国家、企业和员工的高度负责精神，以敢冒风险的过人胆略，在世界金融危机下，挥桨扬帆，顶风前行。

时任中共中央政治局委员、国务院副总理的张德江，在时任国务院国资委主任李荣融和湖北省省长李鸿忠等陪同下，来公司视察时，充分肯定了大冶有色公司在世界金融危机影响下不退缩、勇于克难的气概和国企应有的责任担当。

2010 年元旦，《大冶有色报》刊发了张麟的《元旦献词》："……回首 2009 年，克服了超常的困难，圆满实现公司年初确定的各项目标，取得了良好的业绩。主要表现在：资本营运取得新突破，重点工程取得新进展，基础管理取得新成绩，科技创新取得新成果，和谐企业得到新提升。公司销售收入 224 亿元……"

大家知道，公司 2007 年销售收入 168 亿元，2008 年是 188 亿元，2009 年公司销售收入不但没有减少，而且达 238 亿，再创历史新高！

公司员工在献词中读出了喜悦，读出了泪水，读出了欢呼。

公司员工全年收入不但没有减少，而且在绩效管理考核中获得了好收益。

16000 多名员工快乐舒心地笑了，这一张张笑脸，美丽得像盛开的铜草花。

二、铜草花迎寒靓丽绽放

这是一种盛开在深秋的花，她它迎着萧杀的秋风怒放，花朵像一排蘸了紫红色颜料的牙刷，在灰色的秋野里画着暖暖的红丽，美艳人们的眼目，亮堂人们的心情。

这种花叫海州香薷，而大家通常叫它铜草花，因为它只生长在有铜矿石的旷野山地里。

铜草花，是铜的生命精灵。

在湖北，铜草花开得最茂盛的地方在黄石市所辖的大冶市铜绿山。

铜绿山，名入史册：公元前 13 世纪时期，华夏先民就开始在铜绿山劈山采矿、筑炉炼铜，后经西周到春秋战国，创造了古荆楚青铜文化。南唐李煜七年，即公元 967 年，大冶立县，其县名就取自"大兴炉冶"之意。

1953 年，"大冶"之县又掀起"大兴炉冶"之风，作为国家"一五"时期 156 个重点建设项目之一的大冶铜工业建设，在热火朝天的新中国建设热潮中拉开序幕。数十年来，几代大冶有色公司领导带领数万员工，艰难拼博，唱起大冶有色国企一曲曲奋进的凯歌。

张麟自从担任大冶有色公司经理这一天起，他更加感受到"使命光荣，责任重大"这句话的内涵和分量。诞生于计划经济、成长于计划经济的大冶有色公司，有着辉煌的历史。如今，在社会主义市场经济新的历史时期，自己能不能使大冶有色公司这家老国有企业焕发青春，再创辉煌？

公司的老员工们都感到张麟担子沉重。他们知道，这些年来，国有企业改革要从计划经济向社会主义市场经济转变，怎么转？怎么改？大家心里没底。到 2006 年，公司制度、组织结构、生产经营等，基本上没有多大变化。人们的思想观念还是老一套，只顾出工、不求效益，因循守旧、固步自封。许多人没有危机意识，认为国有企业国家给撑着，倒闭不了。有的老职工就跟年轻的员工说，大冶有色公司家大业大，就是不生产二三年，也有饭吃。

有一次，张麟在干部会上提出这样一个问题："这些依赖、惰性、不思进取的思想观念，严重影响国有企业在社会主义市场经济里的转型发展。转变这些阻碍发展有没有灵丹妙药？如果有，那是什么？"

这个问题一提出，把大家的思绪推进一个宏观理性的旋涡里，引起大家久久地思考。

张麟认为，一个企业，要解放思想、转变观念，实现跨越发展，关键在于这个企业的发展内动力。企业发展的内动力是什么？就是这个企业的文化。美国泰伦斯·迪尔和爱伦·肯尼迪在长期的企业管理研究总结出一条规律："杰出而成功的企业都有强有力的企业文化。"

张麟感到，作为老国有企业的大冶有色公司，要跨越发展，最重要的就是要建立优秀的企业文化。

于是，在2007年，大冶有色公司成立企业文化中心，确定企业文化中心主要的职责是：对企业经营管理战略进行研究，建立企业文化理念、行为、视觉识别系统，制定企业文化基本制度，强化企业文化管理。

张麟对企业文化中心主任邱杰说：企业文化建设，最重要的任务就是解放思想、转变观念、树立企业特有的精神面貌，形成独具特色的企业文化！"

2008年，在张麟的亲自主持下，大冶有色公司上下开展企业文化理念讨论，对大冶有色公司的文化进行全面审视，征求各方意见，统一思想。

大家还感到惊讶的是：每一次企业文化理念讨论会，张麟都亲自主持！作为大冶有色公司企业文化理念体系的主创者，悉心听取来自各方面的意见，把脉、提神、抓纲，斟词酌句，确立了新的企业文化理念体系。

张麟说，公司各项专题工作，还没有哪一项工作，自己亲自主持召开过这样多次的会议。这是为什么？因为企业文化是企业的灵魂，对企业来说真是太重要了！

从2008年开始制定实施的大冶有色公司企业文化（理念）手册，到2012年的再次修改完善，大冶有色金属公司理念识别手册，足足有21

稿，每一稿都近一万字。涵盖了公司各个方面发展的文化手册，凝聚了张麟和公司所有员工的智慧。

公司总经理翟保金和公司高层领导认为，公司倡导的这独具特色的企业文化，是重塑大冶有色公司精神品质、再创企业辉煌的强大驱动力。

在大冶有色公司所有单位的办公楼、矿山采矿巷道、冶炼厂等等地方，大冶有色公司文化宣传标语成为铜花草一样亮丽的风景，温暖情怀、振奋精神、鼓舞人心、激励斗志。

"纳百川、通四海。"这是确立的企业品格——大江文化。

"经锤炼而成，为开拓而生。"这是要弘扬的铜斧精神。

"责任、忠诚、学习、进取。"这是核心价值观。

"用品质铸辉煌，为社会增光彩。"这是企业使命。

"以市场为导向，以效益为中心。"这是企业经营理念。

"一流铜业、国际品牌。"这是企业愿景。

……

以五把抽象铜斧代表公司五大发展战略组合而成"五星"的红色标识，动感与稳健交融，抽象与形象相映，内涵与外延相生，历史与现实相通，是形态美学与意义禀赋的完美结合。这个意义深厚的精美标志，公司把它制成徽章，让员工们佩戴在胸前，增强文化认同感。

为让大冶企业文化入心入脑，形成强大的文化自觉，公司各层面开展文化理念手册学习活动。

张麟不仅要员工们学好文化手册，而且每次出差看到好书，回来后都要叫办公室大批量采购，公司各层面员工人手一册，让大家好好学习。至今，这样的书籍已发放了 10 册。

公司对员工们学习情况进行考试检查，并把考试成绩计入员工评先评奖、干部提拔的考核之中。

有些员工认为开展这些学习考试活动太务虚。

张麟说：学习，就是解放思想、转变观念的过程。要实现跨越式发展，就必须解放我们的思想，树立新的理念。

他多次在《大冶有色报》上发表有关解放思想的文章，要求员工们切实解放思想，转变观念。

有一次，公司开展大型活动，职工穿着各单位自制的工作服列队参加，大家工作服颜色和款式五花八门。

有一个嘉宾悄悄地跟张麟开玩笑说："这真像各路游击队大汇集！"

说者无心，听者有意。张麟觉得工作服是一家企业重要的外显形文化，是一种团体认同和自觉合作的无形影响力。一个公司、一个集体，工作服必须要统一。

于是，公司把工作服的统一性，也纳入企业文化建设之中。

大家穿上统一款式、统一颜色的工作服，佩戴着统一的标志，单位与单位之间的认同感一下子增强起来，精神面貌都仿佛换了一个人。

大冶有色公司把企业文化建设与实施"5S"管理紧密结合起来。"5S"管理，是指"整理、整顿、清扫、清洁、素养"五个项目，这五个项目日语和英语都是以"S"开头，因此简称"5S"。"5S"管理是世界企业采用的一种行之有效的管理手段。

铜绿山矿企管组成员王环宇说：矿里开展企业文化建设和"5S"管理后，大家干劲足，早早来上班接班。过去一个岗位要二三个人干，现在二三个岗位一个人争着干，团结协作精神发挥出来，把设备功能发挥出来，效益一个劲往上升！

大冶有色公司企业文化取得的成效，引起了各级的赞誉，相继被评为湖北省"企业文化建设示范单位"、"中部地区企业文化示范基地"、"全国优秀企业文化建设单位"、"全国企业文化优秀成果"。

三、世界之最的激情燃烧

2009年3月，乍暖还寒。

一天上午，公司一位退休老干部敲开张麟办公室的门，说："张总，公司是不是到了最困难的时候？"

张麟如实地回答说："是的，世界金融危机对我们公司影响的确不小。"

"那听说公司要拆掉冶炼厂两只还在生产的熔炼炉，投入16亿元建一只新炉？"

冶炼厂有两个冶炼炉在生产。建于上个世纪60年代的反射炉，能耗高、环境污染严重，绝大部分都是纯人工作业，如以堵放渣口为例：堵放渣口的泥巴一个好几十斤重，纯人工筑堵操作，一个班8小时需15个左右泥巴，工人劳动强度大。1997年10月1日投产的诺兰达炉，环保和机械化程度比反射炉要高一些，但对原料成分要求高，无法提升产量规模，生产经营受到极大限制。

公司刚召开过董事会，研究了冶炼厂节能减排改造项目。

张麟在董事会上曾坚定地说："从公司发展和节能减排各方面考虑，冶炼厂进行节能减排改造项目，不仅在产能规模上使企业上一个新台阶，获得规模效益，同时，在降低能耗、节约生产成本等方面，同样使企业获益，是企业提高竞争力、保持可持续发展的重要基础之一。但为什么要在公司最困难的时候逆势而为，上项目、建新炉？这是我们要利用金融危机原材料和机械设备的低价期采购设备材料，这样可以节省数亿元的投资。再说，在铜产品市场需求低迷、我们生产压力松缓时期建新的冶炼炉，当新炉建成之际，便会迎上经济复苏之时，那时我们便可开足马力生产，赢得市场先机。"

张麟告诉来访的退休老干部，投16亿元建新的熔炼炉这事是真的。他并想对老人家作一些上项目必要性的解释。

想不到老同志握住张麟的手说："大家都在传这件事，我不相信，专门来问。你做得对，做得好！在公司最困难的时候办这样有意义的大事业，有气魄！公司发展一定有希望！"

在世界金融危机的严峻时期，谁也没有想到公司会在节能环保方面投入巨资搞建设。大家对张麟的远见卓识和英明决策的确由衷地敬佩！

该节能减排项目，引进澳大利亚的澳斯麦特炉作为公司新一代溶炼炉。这座澳斯麦特熔炼炉是目前世界上最大、具有一流技术的熔炼炉，设计年产粗铜能力20万吨，能耗标煤降低50%，二氧化硫排量每年可减少36100吨，大大减轻了对环境的污染。该项目建设投资16亿元。

2009年7月13日，这是大冶有色公司，特别是冶炼厂所有员工最激动兴奋的日子。这一天虽然是夏日高温，但是大家充满期待地集聚在澳斯麦特炉建设工地，见证澳斯麦特炉奠基。

欢庆的锣鼓声，驱散了郁积在人们心头的金融危机的阴云。

掀天的鞭炮声，展示了大冶有色人勇创大业的信心与决心。

从这一天起，无论夏秋冬春、天晴雨雪，工人们夜以继日奋战在工地上。

2010年12月1日，冶炼厂又一次响起喜庆的锣鼓和热烈的鞭炮，铜冶炼节能减排改造工程竣工了。直径6.2米，高18米的澳斯麦特炉，被装在了76米高的房子里，外观根本看不出这座高房子里竟是铜冶炼炉。

澳斯麦特炉每一个操作室和休息室都有空调和空气净化器，主操控室是电脑全自动操作平台，工作环境十分舒适。

熔炼车间澳炉1班班长邵志村，在反射炉、诺兰达炉都干过，切身经受到酸甜苦乐。以前说冶炼炉的工人，"看脸面像挖煤的，看衣服像讨饭的，不大声说话听不到的，没有二氧化碳的空气感觉不正常的"。那时，冶炼炉男工找对象特别难。

邵志村说："现在在澳炉上班，坐在主操控室里，跟机关上班族没有两样，工作轻松、体面，有尊严，有自豪感！"

大冶有色公司节能减排改造项目，大家称为"七最"项目："炉体规模世界最大；因在原厂区改造，场地狭窄，地下管线多，施工难度最大；工程505天完成，速度最快，这样的建设速度，连生产澳斯麦特炉的澳大利亚专家也感到不可思议；工程质量最优，工程合格和优良率居全国第一；施工安全最好，施工事故率为零；投产达标最快；还有一个最"好"，那就是择期在世界金融危机建设，节省资金达2亿元。"

大家说，科学的决策，也是生产力！

大冶有色公司节能减排改造项目完成，节能环保的澳斯麦特炉取代了反射炉和诺兰达炉。黄石市的天空更明净而蔚蓝，黄石市的空气更加充满清新的花香。

张麟董事长和公司班子领导深知，世界最先进的澳斯麦特炉，熊熊烈火冶炼出的铜产品要成为世界品牌，后面还有漫长的路。

为向千亿元企业发展目标迈进，实现"一流铜业，国际品牌"的企业愿景，公司研究决定，重新建一套年生产能力30万吨的电解系统。

2011年8月4日，投资21亿元的永久阴极工艺的铜加工清洁生产示范项目在冶炼厂奠基。2013年5月17日，项目验收通过，这一项目的建成，可实现年营业收入230亿元，利税5亿元以上。

"真的是太好，真的是太好了！"企业文化中心宣传科科长王克礼，站在阴极铜30万加工清洁生产示范项目——电解主厂房里，一边拍照，一边兴奋地赞叹着。他身兼《大冶有色报》的副总编，正常下矿山车间采访，到电解主厂房也来过多次，每次他都感到兴奋激动。他的兴奋和激动来自于对新老阴极铜生产车间的了解和比较。老的铜电解系统，技术装备水平落后、作业环境差、劳动强度大，如一块100多斤重的铜板都需要人工装卸。现在这套工艺，采用世界上先进的永久性不锈钢阴极电解工艺，替代传统的小极板电解工艺，基本实现自动化操作。

科技的发展，既推进生产力的发展，也解放了人的劳苦，这是双倍的好事。然而，能否接受和运用科技进步，促进发展，这需要学识、气魄、胆略和智慧。

一个有学识、气魄、胆略和智慧的企业领导，无疑是企业之福、员工之福，也是国有企业走向再生、再创辉煌的重要基础。

跟大冶有色公司员工聊上几句，人们便一定会说起稀贵金属厂的前世今生，说起公司领导层的这一决策英明。

柯尊焕是一名退伍军人，2003年进冶炼厂稀贵金属车间工作。那时车间只有200多人，生产水平只能从铜阳极泥里提取黄金、白银等七类产品，其他如二氧化硒、铼酸铵、碲等稀有元素无法回收，造成稀贵金属流失。对工人来说，更主要的是工作环境差，粉尘多、劳动强度高。

2006年，张麟上任公司经理后，便把冶炼厂的稀贵金属车间升格为稀贵金属厂。2011年，公司又投资4亿多元建设300多亩的稀贵工业园，发展循环经济，把矿产资源"吃干榨净"，使资源价值达到最大化，推进了资源节约型、环境友好型企业的建设，在实施产品结构调整战略，培育新的经济增长点方面迈出了新步伐。项目全部投产后，可实现年营业收入100亿元以上，年均利润总额1.35亿元。

现在当了稀贵金属厂熔烧班班长的柯尊焕，说起稀贵金属厂的工作环境和发展前景，便满脸笑容。

他说："稀贵金属厂采用新的设备、技术，光环保投入就达4000多万元。现在整个生产系统实现封闭式处理，环节温度、液位自动检测，烟气、烟尘都进行回收，实现集中浆化原料和自动补料，自动化程度大大提高，环保措施和贵金属的回收率也有极大的提高。"

柯尊焕兴奋地说："2009年职工体检，大家各项指标都不超标。有的职工又高兴又不相信，跑到另外的医院去检查，结果一个都没有超标。大家高兴坏了！"

四、资金为王时代的涅槃

"有钱就是王！"这是计划经济时期企业家们的无奈感叹。

在这资金为王的时代，国有企业也会陷入资金短缺的困境。

一次，张麟董事长在武汉机场候机，在与同在候机的王先生聊天时，无意说起企业发展的资金制约。

想不到王先生大为惊讶，说："国有企业怎么会没钱？国有企业是国家养着的亲生儿子，天塌下来有国家给顶着，有什么过不去的坎儿国家给帮着，干好干差国家给护着，这家企业干不好，调到另一家国企照样当着董事长、总经理，高薪照样拿……"

张麟知道，社会上有很多人都有这种认识。这是停留在计划经济体制下对国有企业的认知。在市场经济下，国有企业融资、原材料进货、产品销售等，都进入市场化运作，这些，社会上许多人都不了解。

在企业发展中，张麟深切感受到资金要素的重要。

张麟认为，要跨越发展壮大国有企业，在市场经济条件下，只有银行单一的融资渠道显然不行，必须建立资本市场，拓宽融资渠道，扩大直接融资，更大程度地发挥市场在资源配置中的基础性作用，这样才有取之不尽、用之不竭的"源头活水"。

然而，要建立资本市场，必须要对企业进行大量的体制性改革，要把企业的经济效益作为工作的出发点和落脚点，要做优做强企业，只有提高市场竞争力和影响力，才能赢得资本市场的接纳。

建立和完善企业法人制度改革和有限责任企业制度改革，是转换国有企业的经营机制、建立现代企业制度改革的重点和难点。

国有企业的改制，是一场没有硝烟的战争。

张麟对企业改制有一个根本认知，那就是：国有企业的改制不是甩包袱，而是要与退休职工、在岗职工携手共进，共图大业。因此，企业改制，国有企业性质不能变，职工不但不能下岗，而且要增加收益。

2010年6月，大冶有色金属公司整体改制为国有独资性质的大冶有色金属集团控股有限公司的改制工作顺利完成。2010年7月2日，湖北省委组织部宣布大冶有色金属集团控股有限公司领导班子，张麟任董事长、党委书记。大冶有色集团实现了由传统"工厂制"企业向现代"公司制"企业转变，并整体形成了符合现代企业制度要求、所有权与经营权相分离、以产权为纽带的母子公司管理体制和运行机制。大冶有色集团完成公司改制，积极筹谋在中国内地上市。

常说，机会是给有准备的人，这话一点儿也不假。

一天，张麟接到在新疆探查铜矿的大冶有色公司员工的电话，说有一家在香港上市的"红筹股"铜业公司想出让。

张麟敏锐地意识到，如果收购了这家铜业公司，既能控制一定数量的铜矿资源，又能获取在香港资本市场的融资平台，利用好香港"红筹股"公司董事会在一般授权下，无须审批即可自主增发股份融资的便捷优势，突破长期困扰公司发展的资源和资金瓶颈。

张麟冲着电话高兴地说："叫你去探查铜矿资源，想不到你给公司探了一个金融资源！告诉他们，我们非常感兴趣！"

张麟迅速召开公司联席会议，商讨控股香港上市公司事宜。

通过艰难的商务谈判，2009 年，公司取得了香港主板上市的中国资源开发的控制权，并于当年在资本市场实现增发股份融资。

2010 年，在充分论证香港、内地资本市场上市利弊的基础上，为充分利用香港"红筹股"上市融资便捷的优势，决定以在香港资本市场已控制的上市公司为平台进行资产重组，推动公司资产资本化、资本证券化的进程，做大做强香港红筹股上市公司的规模，更好地利用境内外两个市场、两种资源。

正当大家欣欣然积极准备上市之时，作为资本营运战略合作伙伴的三峡总公司，不同意大冶有色公司在香港上市，而坚持要在内地上市。并说：如果要在香港上市，他们将撤走 10 亿元的资本金。

张麟知道，在内地上市有其优点，然而也有其上市排队等候、上市时间不确定性的不足。在风起浪涌、瞬息万变的市场经济大环境下，没有及时建立有效的资本市场，企业的市场抗风险能力就显得脆弱，不知道哪一个浪潮会把企业这条小船给颠覆掉。

为了不失去香港上市的机会，张麟果断决定，同意三峡总公司撤走 10 亿元资本金。

10 亿元撤资，对正在大上节能减排项目的大冶有色集团来说，显然是一个难关。

挺过难关便是前进。张麟组织了工作班子，一边到处融资，以解企业资金危机；一边紧锣密鼓通过参股、控股、重组实现公司在香港上市。

为实现香港上市的目标，张麟在内地、香港两头跑。在内地，要向国家 9 个部委申报审批；在香港，要与香港上市机构沟通衔接，学习钻研香港的法律法规。

公司要在香港上市，还要逐一与大小股东谈判，在各方都要利益最大化的博弈中，展开了一场漫长的耗智耗力的"微笑战斗"。

经过一轮轮谈判，在即将要在香港召开股东大会签字的关键时刻，突然得悉有一家小股东将要在股东会议上拒绝签字。如果这样，意味着一年多的上市工作都将化为泡影。

香港繁华之夜，在宾馆里的张麟倍感寂寞无助。回想一年多来，为了上市，张麟总觉得迈过一道坎，还有一道坎；爬过一座山，还有一座山。

大冶有色公司的发展，是 15000 名职工、17000 名退休职工的指望，如果企业出现亏损，也难以向股东交代？如果投资失控，就要担负失职渎职的刑事责任。对国有企业负责人来说，这一重重责任，都是一重重精神压力。

以前，张麟对那些跳楼轻生的人很不理解，现在已经十分理解那些跳楼的人。当一个人精神压力超越心理承受能力，跳楼便是他精神崩溃的其中一种表现方式。

在重压面前，张麟显示出"掌舵人"的淡定和从容。他骨子里滋养着的中国传统农民的顽强与韧劲，支撑着他在重压下奋勇崛起。

经过千辛万苦的努力，2012 年 3 月，大冶有色公司终于成功实现在香港上市，成为湖北省第一家"红筹股"上市公司。更具深远意义的是，大冶有色公司从此走进国际化经营行列，为实现大冶铜业走向世界创造了良好的条件。

这几年，大冶有色公司充分利用香港上市公司平台和与金融机构的合作，采取发行"企业债"、"中期票据"、"短期融资券"、"可转债"等多种形式实现直接融资 37 亿元。

有人说，在资金为王的时代，能占有资本市场的企业，便是旭日东升的企业。但对大冶有色公司来说，作为资源型开采冶炼的企业，面临无法回避的一个现实问题是：铜矿资源的枯竭！

大冶有色公司是因铜矿资源设厂而生，1953年筹建生产的新冶铜矿，由于矿产资源枯竭而停产。现有的铜绿山铜铁矿、丰山铜矿、铜山口铜矿、赤马山铜矿也都已经开采了半个世纪，可开采资源存量有限。

因此，几万大冶有色员工心头都有一个"愁结"：不久的将来，公司因铜矿资源的"采完挖尽"而倒闭？大家的出路在哪里？

解决矿产资源枯竭，这是大冶有色公司在生存发展中，多于其他国有企业的一道难题。

在大冶有色公司五大发展战略里，张麟把"矿产资源开发"列为首要的发展战略。他清醒地认识到，对大冶有色公司来说，矿产资源的枯竭无疑等于公司生命的萎缩。

2006年，张麟上任后就把矿产资源部成立起来，"扩大自有资源、控制周边资源、寻找接替资源、开发海外资源"，四面出击，为公司寻找源头活水。

张麟总是挤出时间，与矿产资源部的员工们一起，像一群采蜜的工蜂，不辞辛劳，天南地北找资源。

2011年4月14日，非洲赞比亚首都卢萨卡，总统鲁皮亚·班达握住张麟的手说："希望大冶有色公司到赞比亚投资办厂！"赞比亚素称"铜矿之国"，铜蕴藏量9亿多吨，占世界铜蕴藏量的6%。

张麟到南非洽谈合作，参加2013年的"金砖五国"会议，拓展海外合作渠道，为公司的可持续发展打基础。

现在，在新疆、西藏、内蒙古，在蒙古、菲律宾、吉尔吉斯斯坦，大冶有色公司建立了自己新的铜矿资源。

在中亚吉尔吉斯斯坦采掘的第一批铜矿石装运回国时，公司员工禁不住哭了，他们兴奋激动的泪水扑打着异国的泥土，成为国际化经营的"雕塑"。他们为公司能够走出国门采集矿产资源而自豪，为公司能够开拓出可持续发展的新路而骄傲！

2012年7月24日，《人民日报》在显著位置刊发了张麟董事长的"感言"：《有色行业要学会"造"资源》。文章称：

在资源日益枯竭，绿色、循环经济方兴未艾的今天，有色金属企业必须快速转型升级，学会多条腿走路，不仅要会"吃资源"，更要学会"造资源"。目前，我们把开发资源作为第一战略，通过努力，资源储量已超过 400 万吨。

占有了资源，还要"会吃"、"精吃"，加大资源综合利用，不断完善产业链，增加产品附加值和抗风险能力。

我们还要学会"造"资源。"城市矿产"是大冶有色发展的重点项目之一。目前我们兴建了年处理 60 万台废旧家电的生产线，将力争建成华中地区最大的国家级"城市矿产"示范基地，力争每年回收铜 10 万吨、铁 40 万吨、铝 25 万吨等金属原料，这可为企业实现营业收入 100 亿元。

......

大冶有色公司从资金的涅槃，促进了资源的涅槃，可持续发展的道路金光灿烂。

五、幸福豪迈坚挺起脊梁

曾经，社会上人们一说到"下岗工人"，便会想起国有企业的种种不是。比如，对做出贡献的工人不关爱，造成他们"下岗"；企业污染大，对社会贡献不多等。大家对国有企业职工也少了许多崇敬，职工们也觉得在社会上失去了昔日的光彩。

让大冶有色公司国有企业形象光辉起来，让大冶有色公司职工的钱包鼓起来，让他们的脊梁挺起来，这是张麟董事长和公司领导集体的努力方向。

公司树立大福利理念。这一思想理念的形成，起源于 1997 年张麟在基层召开的座谈会。

那一年，张麟在丰山铜矿当矿长。有一次他到机电车间开座谈会，员工们都提了一些很好的建设性意见，有的也提出了一些尖锐的意见和批评。有一位职工见提了批评意见的人还受到张矿长的表扬，便说："现在工资低，工作环境差，女朋友也不好找，你当什么矿长！"

这么严厉的责问，大家吓了一跳，张麟没有气恼，心平气和地说："你说的都是事实，大冶有色公司里的女孩子不找我们矿山的职工，找冶炼厂的。大家工作服少，都穿得破烂，有人说我们是丐帮矿山。说实在的，看到这些，听到这些，我心里也不好受。大家都想过好日子，但只有企业发展了才能过上好日子。"

这一次座谈会，促进张麟深刻地思索：作为领导者，要找准职工的最基本利益与公司发展的结合点，这样才能调动职工的积极性，促进公司快速发展。

张麟到大冶有色公司上任后，规定公司领导要与一个基层单位接对子，每个月下基层一次，倾听职工的意见建议，及时加以解决。

根据矿山员工的意见建议，公司投入人力物力，下大力气改善矿山生产环境。

过去矿井巷道积水淤泥达到小腿肚深，工人们深一脚浅一脚走到作业面，个个累得够呛，有时还有人会扭伤脚，大家的精力都在巷道的路途中耗掉了。上了8小时班，更加累，又要高一脚低一脚从淤泥积水中走回来，上了矿井，一个个都累坏了。

在矿井下425米深处开卷扬机的明方勤师傅，说起现在井下的工作环境工作条件，由衷地笑了。他说："过去要穿着高帮雨靴下井，在泥水里累死累活走到工作面，现在巷道平整、干燥、整洁，大家都可以穿着皮鞋下井干活了。过去开卷扬机是手动的，风险大，效率低，而且粉尘大、通风不好，整天戴着口罩上班，闷气。现在坐在空调室里，用电脑控制亚洲最大的井下卷扬机，舒适、安全、效率高，而且有一种自豪感。"

丰山铜矿机电13班班长熊志鹏，说起过去的工作环境忍不住哽咽了。过去许多职工不愿在井下干活，都想调到地面上工作。1998年，30个大学生分下来，由于矿山生活苦，工作条件差，不到两个月就跑走了29个。现在井下工作环境起了翻天覆地的变化，工作环境改善了，工资收入高了，在地面工作的职工，现在都想到井下工作。

公司从矿山系统、冶炼系统、加工生产系统、非铜生产系统等单位部门，都进行生产环境大改善。公司的职工们都说，千福利万福利，公司这些年提高科技生产率，改善生产环境，是给职工最大的福利！

公司兴建福利房、廉租房，解决困难职工"住房难"，这一成效得到中央领导李克强同志的批示肯定。

住在黄石市南苑小区公司廉租房2栋2单元101室的郭寿鹏，今年75岁，妻子中风卧床20年，女儿生病没工作。一家人全靠郭寿鹏2000元的退休金维持生活，买房子连想都不敢想。

2009年7月28日，郭寿鹏一家人住进廉租房，妻子哭着跟郭寿鹏说："跟着你生活了一辈子，搬了几十次家，像赶鸭棚一样到处搬！现在终于安家了，你明天一定要到公司谢谢领导！"

在冶炼厂退休的黄志勇，今年63岁了，他是武汉人，退休后不去武汉，愿意住在黄石。他说，现在公司发展形势这么好，作为大冶有色公司的一名员工感到骄傲。公司对退休职工关心，退休管理工作做得好，有温暖感，现在生活过得熨帖！

在张麟心里，从来没有把退休职工当作包袱，而是把他们当作公司的功臣、当作人才给予敬重。退休职工不但为公司的发展拼博、奉献了一辈子，而且还教育儿女、儿孙们继续服务公司。正因为他们对公司怀着无比的深情厚意、对公司无怨无悔的奉献，才有公司60年来的发展壮大；他们一辈子在公司各个岗位上摸爬滚打，积累了无数的技术经验，他们都是公司发展的"顾问"，是公司的"资深人才"。

正是基于这些超常的认识，公司把懂技术、懂管理、懂经营的退休人员，组建成退休职工技术协会，请他们对公司生产经营过程中出现的问题进行技术攻关，发扬"传、帮、带"作用，对他们付出的劳动给予报酬。

有的退休职工感动地说：公司能够把我们这些老职工作为有用的人才来看待，这已经体现了我们的价值。如今公司的领导这样敬重我们退休职工，我们不要报酬也愿意再作贡献！

大冶有色公司始终不忘国企的社会责任，除了在环境保护、节能减排等方面作出重大贡献外，还着力向社会伸出援手、献出爱心。

2008年四川汶川地震发生后，大冶有色公司虽然陷入世界金融危机的困境，还是积极向灾区捐款100万元，并制作了193顶帐篷送往灾区，公司广大职工爱心捐款达120万元。在五六年的时间里，大冶有色公司向社会捐款达2000多万元。

大冶有色公司的社会形象不断提升，员工们为自己是大冶有色公司的一分子而感到自豪和骄傲。

2013年1月18日，长江后浪推前浪浪声激越，铜都旧年迎新春春意盎然。大冶有色公司的铜花大酒店会议室里，500多名大冶有色集团职工代表，以高度负责的主人公姿态，参加改制后的大冶有色金属集团控股有限公司一届一次职工代表大会。

雄壮的国歌，唱出了国有企业员工应有的豪情壮志！

热烈的掌声，掀起了大冶有色员工强烈的创业激情！

总经理翟保金受集团公司董事长张麟委托所作的《竞进提质、克难攻坚、激情奋进，为实现"五个有色"目标而努力奋斗》的报告，振奋人心，催人奋进：集团公司2012年实现销售收入632亿元，位列2012年中国500强企业第236位，公司这艘航船越来越壮大；打造"千亿有色、创新有色、环保有色、文明有色、和谐有色"的奋斗目标，让公司员工越来越鼓舞！

"桃李不言，下自成蹊"。在一批批前来取经的企业家面前，在一批批前来采访的媒体记者面前，张麟董事长谦逊地说：如果说，公司这些年通过干部职工的共同努力取得了一点儿成绩，那已经属于过去，我们要向更高的目标跨越，坚持推进"五大战略"、努力实现"五上目标"、奋力打造"五个有色"，为国家和人民作出更大的贡献，这样才不辜负国家和社会对大冶有色公司这家国有企业的期望！

中国有色金属集团总经理罗涛来大冶有色公司调研时说得好："我相信，只要大冶有色集团公司继续秉持'铜斧精神'，更加忠诚地肩负责任，更加不懈地锤炼融合，更加顽强地开拓进取，更加勇敢地迎接挑战，就一定能开创更加辉煌灿烂的明天！"

怒放的太阳花

——华润万家的成长传奇

朱 竞

在中国，无论你走到哪一个城市，都会在不经意间看到华润万家超市清新的"太阳花"标志。"太阳花"透射出旺盛的生命力。寓意华润万家将以缤纷丰富的高品质商品，致力于为每一位顾客创造充满阳光、健康、快乐的新生活。

当接到要采写华润集团旗下的华润万家任务时，我满怀轻松和欣喜，认为这是一个极具亲和力又非常值得写的企业。万家的零售生意几乎算得上是所有人相当熟悉的行当，因为看得见摸得着、与平凡大众的日常生活是如此的紧密相关。

几天采访过后，我原本清晰的思路反而变得有些凌乱起来，让我有些摸不着头脑了。回到北京，再次走进万家的门店，我的感受变得如此不同：原本整齐的货架上，小到酱油、洗发水，大到家用电器，似乎都在向我讲述物件背后的故事。几十万个单品，行业术语称之为SKU的琳琅满目的商品，开始向我讲述商品管理、供应链效率、销售促进等商业活动背后的逻辑和生意之道。"不识庐山真面目，只缘身在此山中"，这种凌乱的感觉告诉我，我已经真正地走进了万家，就像一个食客走进了后厨，一名观众走到了后台。

如果用传统观念模式来写华润万家这篇报告文学，是远远不能把近年来依靠自我发展和并购快速腾飞起来的多业态零售企业写好的。于是，我彻夜翻阅华润万家的各种档案资料，内刊杂志、影像记录，重新审视几天来与各位管理者的对话，仔细研究华润万家是在什么样的背景下成长发展起来的。华润万家作为央企中唯一做零售业务的企业，他们是如何在激烈竞争的零售市场，赢得千家万户的信任？如何让20万的万家员工心系华润牵手万家？这到底是怎样的一个群体？

离开深圳前，万家总部品牌管理部的相关人员送我几部万家自己制作的纪录短片，看完《人在征途》《老赫的一天》等短片，我含着泪水，陷入沉思。

"就是这样一群平凡的人，创造了中国连锁超市第一位的奇迹。"这是我采访华润万家 CEO 洪杰时，他说的一句话。

好吧，让我们走进这群"平凡"的人。听他们讲述在外人看来绝不平凡的传奇故事。

一、峥嵘的岁月

"这是最好的时代，这是最坏的时代。"

狄更斯在《双城记》开篇的这句话，曾经被无数人引用过。然而华润万家的 CEO 洪杰将它直接作为万家 2013 年经理人年会主题报告的标题，却十分罕见。面对前来参会的集团领导、外部嘉宾、全国各大区各业态的几百名经理人，他用这句激情和理智交织的话来陈述华润万家眼下面临的局面和从战略上如何应对零售业的残酷竞争和挑战。没有人知道，在台上他一如既往地用平和语调，阐述这个拥有 20 万人未来的战略和商业计划的时候，对于"时代"二字的感受，内心是否真如他外表一般的平静？在近 24 年服务华润的职业生涯中，这位亲历了华润万家完整的发展成长、历任过华润万家 CFO（首席财务官）、COO（首席运营官）、CEO（首席执行官）的华润经理人，站在继往开来的时间坐标点回顾过去，展望未来，对于时代的好与坏，在他心中是否还有别样的解读？

1. 用今天的荣誉向昨天致敬

像所有业绩导向的华润集团的利润中心一样，大约每年的阳春三月，华润万家都会召开全国的经理人年会，用荣誉褒奖麾下冲锋陷阵的将士。这一年一度的盛会，对于劳动密集型的零售行业来说，能参会本身已经是一种荣誉，更何况走上讲台，接受这个庞大组织给予的鲜花和掌声。据说，现任华润集团的董事长，曾经担任过华润万家董事会主席的宋林，每次参加万家的年会，都难忍不轻弹的男儿泪。

华润集团的零售探索之路，也就是华润万家历史上的里程碑事件，被华润万家现在的管理层直接确定设立为奖项的名称。例如他们把规模增长奖命名为"1958大奖",最佳新店奖命名为"告士打道奖",最佳成长奖命名为"爱华奖",利润贡献奖命名为"水贝路奖"。不明就里的人完全搞不清楚,为什么奖励特殊贡献的奖杯有着这样奇奇怪怪的名称?

仔细研读华润的零售探索之路后,我终于明白,忠诚于华润零售事业的万家群体,以这种特殊的方式向华润集团的零售探索历史致敬。

华润集团于1938年在香港创立,迄今已有75年的历史,是国务院国有资产监督管理委员会直接管理的国有重点骨干企业,旗下共有七大战略业务单元、19家一级利润中心,共有1200多家实体企业。在香港拥有5家上市公司,其中,华润创业、华润电力、华润置地位列香港恒生指数成分股;在内地间接控股6家上市公司。截至2012年年底,华润集团总资产达9370亿港元,2012年实现利润总额411亿港元,营业额4057亿港元,位列"《财富》全球500强"第187位。集团连续7年被国资委评为A级企业。

2008年,华润集团70周年时,曾结集出版《红色华润》一书,通过访谈、档案揭秘的方式,重温那些峥嵘岁月。

华润万家的零售生意,是华润创业消费品生意的龙头。"我们是近20年来华润集团从贸易公司转型为多元化行业领袖的艰难成长历程中,继承度最高、挑战性最大、发展最快的生意模块!"一位向我介绍情况的华润万家老员工,以不容置疑的口气告诉我。

华润万家内部整理的两份资料,记录了华润集团的零售探索之路。华润涉足零售,可以追溯到1958年投资中国国货公司。

对于阶段性描述,两份资料略有差异。其中一个版本划分为1979年之前计划经济时代,1979—1992的改革开放时代,1993以后的市场经济时代。这种讲述方式,围绕着我们的基本国策展开,凸显了立足香港、肩负国家经济建设任务的红色华润强烈的中央企业色彩。

另外一个版本的华润万家发展史,也是从1958年开始,以标志性的里程碑事件,用萌芽期、创业期、成长期、腾飞期来划分华润万家的零售成长之路。这种划分,是品牌导向、业务导向、外部视角导向的。大致脉络如下:

1958—1983定义为萌芽期。标志事件为1958年投资中国国货公司,正式进入零售业。

1984—2002定义为创业期。里程碑事件为1983年，成立华润采购公司、发展华润超市的业务、1984年第一间华润超市香港告士打道店开业。1992，华润超市进入内地，深圳爱华路店开业。

2003—2008为成长期。标志性事件为更名为华润万家，启用新品牌太阳花标志；并购苏果，确立在华东市场领先优势；收购家世界，进一步加速全国布局的发展规模和速度；收购西安爱家，确立在陕西市场的领先地位。

2009年至今进入腾飞期。成立华润零售全职能总部；欢乐颂品牌诞生；进入湖南市场。太平洋咖啡加入华润万家；收购广州宏成超市；VIVO、BLT高端超市和Voila！酒窖品牌诞生；进入广西和内蒙古市场。收购洪客隆；进入贵州、福建、黑龙江、山东、重庆等市场，确立在各区域市场的领先优势。

无论如何讲述，都可以看出这家75年历史的红色企业，对于零售生意的探索从未停止。我很喜欢他们用奖杯向历史致敬的这个创意。奖杯凝聚了汗水和泪水，代表着成就、进步、成功、荣誉，如果必须要用一种方式，对过往的峥嵘岁月，对前辈的艰难探索致敬，还有比这更好的方式吗？

2. 水贝路——万家的战略地标

2001年，华润集团收购万佳百货，与旗下的华润超市合并组建华润万佳超级市场有限公司。直到2003年，公司更名为"华润万家有限公司"，"太阳花"新品牌正式启用。从这时起，华润集团开始注重零售的战略规划。零售行业成为集团最为关注的行业之一。华润万家这个2003年才诞生的公司名字，却已承载着华润集团零售探索几十年的历史厚度。

2001年，华润集团再次跨过罗湖桥，从香港来到深圳，驻马水贝路。

注定让2001年成为万家发展史上分水岭的，还有一项重大国策。进入新世纪的这一年，随着中国作为正式的世贸组织成员国，兑现承诺，履行义务，中国的市场经济进入了真正的全球化时代，包括零售业在内的很多服务行业向外资开放，港资、台资、外资的零售巨头们大举进军中国市场，跑马圈地。这一年开始的华润万家零售发展之路注定是不平静的。10年之后，国有体制下扛起民族零售大旗的华润万家，重新审视这个年份时，走过的零售之路更是不平凡的。

正是从那时起，深圳罗湖区水贝二路27号，成为华润万家的战略高地。

按照广东人的说法，水为财，贝亦为财。这是万家把利润贡献奖命名为"水贝路奖"的另一层含义。如今的水贝路，珠宝客商云集，已可谓寸土寸金。

一幢看上去很旧的楼房，原是万科大厦，在二层密集的办公区域中，有上百人在工作，通过一条狭长的过道走到最里边，一间房门上写着"CEO办公室"。这是有着传奇故事的办公室。著名万科集团的董事长王石就曾在这里坐过；现任华润集团董事长的宋林、现任华润集团副总经理的陈朗也都在这个办公室里坐过。

如今，华润万家的CEO洪杰坐在这间不算大更不豪华的办公室内，接受了我的采访。

我对CEO洪杰的印象是：一位儒雅的"商人"。

"洪总，您在管理方面，霸气吗？"

洪杰笑了。他说："我是从集团审计做起的，再来做零售，学会了认真和细致。有人说我'抠门'。没办法，万家高层管理人员都明白，零售业的钱太难挣，得从几厘钱几分钱中'抠钱'。"

结合对万家资料的掌握，在水贝路的这间办公室，我突然意识到了，为什么华润万家将每年的利润贡献奖命名为"水贝路奖"。

在水贝路这间办公室，曾经有过多少利润不能承受之重？这间满是故事的办公室的主人们，经历过怎样的挫折？又承载过什么样的压力？

3. 忠诚——坚持到太阳花开

正当华润集团将零售作为主业来发展，并制定了5年时间内投资50亿，实现营业额500亿，年度利润5亿元的"四个五"战略目标时，华润万家却开始面临重重困境。2003年万家面临大幅度亏损，除深圳本地的店盈利外，其他的华润标准超市、深圳以外的万佳店全部亏损。巨额亏损面前，原管理班子成员先后离任、自上而下各级人员异动频繁、整合过程带来的文化理念冲突等诸多矛盾在2003年凸显。华润万家新开的店质量差，旧店业绩不断下滑。

万家团队面临着内外部的巨大压力。集团内部，在其他利润中心年年增长的情况下，万家在亏损；作为华创上市公司的一部分，外部的基金公司也关心万家什么时候赚钱。

罗兰贝格曾经作了战略，但是战略和实际相差甚远，没法执行。两个公司整合起来的局面，各区域人员差异、市场差异、顾客差异、业态差异非常大，整体管理水平也参差不齐；一个新的多元化的团队，既有老的华润超市的同事，又有老万家的人，还有沃尔玛、家乐福的，还有华润其他公司调过来的，各类人都有，造成了文化的冲突和理念的冲突，不同背景团队成员文化价值观的统一与融合难度大，而组织稳定性和延续性也不够，架构不清，沟通成本高。期间，公司在业态定位、区域选择、扩张模式等战略方向问题上有过多次探讨，有过争论，有过摇摆，也有过惨痛的教训。

连续几年，在水贝路的这间 CEO 办公室，曾经有过多少不眠之夜？坚持中的探索，有多少泪水和汗水，有多少升升降降、起起伏伏，有多少的经验教训，才能守得云开见日出？时任万家董事会主席、现任华润集团董事长宋林，2008 年 9 月在他的《情系万家》一文中，曾这样回望过那段华润万家顶住内外部巨大压力艰难探索的岁月：

"现在看来，与其说是华润万家的成长，不如说是团队的再造、人性的重塑，甚至是心灵的荡涤。那时候，首先不是考验你对零售行业的认识和理解，而是考验你对华润事业的忠诚，对华润做零售行业的坚定意志，百折不挠的决心，这远远超出了零售生意本身的范畴。现在想想，那是一种彻头彻尾的磨炼。

回首往事，万家整合和发展的历程，没有什么惊天地、泣鬼神的伟大举措，但每一个细节都是那么刻骨铭心。有谁会想到，这些非常血性的男子汉（不仅仅是陈朗，还有很多人，在此就不一一道来），会流着眼泪接受这个挑战呢？又有谁知道，当他们遇到各种闲言碎语，沮丧、无助的时候，他们是靠一种什么样的内动力走过来的？总结过去很容易，而走过这个过程可是太难了。走不过来的是多数。特别是在最难的时候，希望和目标都模糊了，各种各样的'为什么'都冒出来了，而就是这些带着很多'为什么'甚至还未找到答案的人，还能够继续坚定地走下去，他们是真正伟大可敬的人。"

以顾客价值为核心，坚持不断地改革探索：旧店优化，降低成本；注重新店质量，在技术、流程、设施实现创新；并购发展并重，增加规模效益。华润万家的业态定位从此逐渐清晰，组织能力得到逐步提升。通过几年的恢复，盈利能力大幅提升，现金流量充沛。2007 年 4 月，在白洋淀的华润集团经理人年会上，华润万家获得最佳业绩进步奖银奖。在领奖台上，时任华润万家 CEO 的陈朗说道："我记得董事长说，他一定要消灭华润集团最后一个亏损的利润中心，今天华润万家用 3 年的时间做到了！"一年后，在 2008 年的集团年会上，华润万家又捧走了"现金流增长奖"。

堅持业绩第一的价值观，追求均衡、全面、高质量的业绩，倡导"没有增长的业务不是好业务、没有业绩的团队不是好团队"。是华润的上述业绩导向文化引领当了当年困境中的万家，还是万家的团队用忠诚的坚持成就了这种文化？我没有用这个问题问过坐在我对面的洪杰，但我知道，这个以万家的 CFO、COO 等角色走过万家成长历程的现任 CEO 一定有他自己的答案。

而且，在我看来，这个问题的本身可能就是答案。

二、腾飞的翅膀

到了 2007 年成功并购天津的家世界时，华润万家已突破了重大转折点，展开风雨打湿过的翅膀，开始腾飞。

全程参与采访对接的万家总部品牌管理部总经理沈彤，就是随着那次并购加入到华润万家管理团队。这个在中国的快消品行业中征战多年，他曾经服务过多个"东家"的职业经理人。谈起已经服务了 5 年的华润万家，沈彤用他特有的幽默口吻告诉我："万家在行业内的可怕之处，是这个公司有战略！"我明白，其实他的真正意思是说，很少有一家企业，像华润万家这样，将战略考量看得如此之重。

在顶着巨大的业绩压力那些年，万家团队从研究单店亏损，到慢慢清晰思路，直到应该开什么样的门店，在哪里开店，怎么样开店，逐渐建立起强大的战略自信。2006 年 9 月，在对过去几年发展全面反思的基础上进行了战略再研讨，华润万家明确提出"全国发展、区域领先、多业态协同"的十三字战略，明确 12 个城市群为主要发展地域，最终达成全国市场覆盖。

在我采访的那些天，我所接触的万家的高管团队人员，似乎都愿意把万家比作一辆高速运行的列车，他们反反复复地向我阐述推动这辆列车前进的动力。按他们形象而通俗的比喻，称之为双轮驱动。一只轮子叫并购整合，一只轮子叫自我发展。并购整合是战略导向，自我发展是能力导向。

也许曾经有过背负压力苦苦探索的思考，也许曾经承担过太多的质疑，有了整合万佳百货那碗烈酒垫底，走出困境的华润万家，展翅腾飞，并开始改变中国零售市场的竞争格局。

我更愿意将此时的华润万家，想象成南飞的大雁，开始振翅腾飞。

战略是方向，并购和自身发展是确保腾飞的那一双坚实的翅膀。

1. 并购：战略导向的翅膀

华润在企业界里一直被视为善于资本运作的商业大腕，旗下各行业的快速扩张也都伴随着一系列的大手笔并购整合，而万家的并购之路，却是在顶着巨大的业绩压力下一路走来的，更显得与众不同，也更值得思考。

回忆起 2007 年并购天津家世界情景，CEO 洪杰记忆犹新："2006 年年底的时候，我与陈朗总一起去了天津，当时就有了收购家世界的想法。于是在 2006 年的 12 月 31 日这一天，我一个人又飞到北京，再去天津。2007 年的元旦我是在天津度过的。当时考察完家世界的情况后，觉得很好，认为是收购的好时机。"

背负着稳定市场、拯救一家濒临倒闭的企业的某种政治责任，从商业角度快速反应、敏锐判断，用最合适的对价、在最短的时间内完成全部的收购程序。收购家世界这个项目，是万家团队盘活全国布局的棋盘上的关键落子，更成为华润万家全国战略的关键一跳。

华润万家还有很多类似并购家世界这样的商业杰作。从 2001 年 8 月，华润集团全面收购万佳百货并于 2003 年正式更名为华润万家有限公司起，并购与整合的脚步时至今日，从未停止。华润万家开展的一系列并购令人眼花缭乱，叹为观止。每一次成功并购，都有标志性的转折。

现任华润万家 COO 蔡立斌是公司的元老，这位亲历过并购、参与过整合，从华东区的业务一线回到总部担纲 COO 管理重任的经理人。采访中，他回望华润万家公司这一路走来的并购历程，非常感慨，每个项目的并购过程他都历历在目：

2004 年 5 月，华润集团控股江苏苏果超市，确立了华润万家在华东市场的优势地位；

2005 年通过并购慈客隆、进入宁波市场，进一步扩大华东市场份额；

2007 年通过收购天津家世界连锁超市，进入西北、东北及中原市场，进一步加快了全国布局的发展规模与速度；

2008 年通过收购西安爱家超市，进一步巩固了华润万家在陕西市场乃至西北市场的领先地位；

2009 年的无锡永安；

2010 年的广州宏城，深圳民润；

2011 年 7 月，收购江西洪客隆百货投资有限公司 100% 股权；

2011 年 12 月，华润万家正式接管洪客隆，由华东业务单元管理；

……

截至 2012 年年底，华润万家已进入全国 31 个省、自治区、直辖市和特别行政区，100 多个重点城市，门店数量达到 4425 家。

华润万家在短短几年间，迅速从深圳走向全国，完成了全国战略布局。

收购一个企业，也许并不算难，最难的是如何使并购后的企业健康发展并持续盈利。公司发展阶段有别，并购企业各异，并购形式也多种多样，对于万家的团队来说，无可避免地面临并购后的整合管理这个世界性的难题。虽然华润万家碰过壁，受过伤，有过并购万佳、苏果时的"弱势"，还有快速并购家世界的"强势"，也有西北区对爱家有序整合这样的成功案例，更有依靠小团队大组织对江西洪客隆润物无声式的接管。可以肯定的是，随着公司实力的增强、品牌影响的与日俱增，华润万家对于不同品牌新成员的感召力是越来越大，文化渗透与体系梳理等内功活也日益规范。华润万家依托对中国本土市场的日益精到的理解，依托华润集团整体文化先进性的优势，整合之路也越走越宽，为业界提供了有利借鉴。

但所有人都明白："打铁还需自身硬。"这一切，得益于华润万家自身经营管理能力的同步飞速提升。

2. 自我发展：能力导向的翅膀

2009 年的 6 月，以华润万家为平台，华润集团重组华润创业零售业务，洪杰正式任职华润万家 CEO，华润万家从一个经营超市业态的连锁零售公司，真正成为旗下拥有更多元化零售业态的集团。结合业务需要，展开组织变革，清晰组织管控，提升组织能力摆在他的面前。陈朗曾说，这次重组"意味着我们将以大零售组合拳法去参与竞争，将来考验我们的将是组合能力是否强大，有无生意突破能力"

2010年下半年开始，公司已启动"十二五"战略规划，未来的担子越来越重，面向未来，组织能力建设和领导力提升的任务，依然是CEO洪杰心目中最迫切的任务，2011年9月的领导力培训会上，洪杰向在座高管团队成员抛出一个问题："面向未来，是什么让我们寝食难安，夜不能寐？"

2012年的华润万家，有太多需要聚焦的主题：整合与融合，协同、团队建设、精益管理。2012年的华润万家经理人年会主题便是"拥抱变革"。华润万家是一个越来越大的组织，需要越来越简单的文化，越来越通畅的沟通，越来越谦卑的心态。CEO洪杰在会上呼吁："一个人的成长，一个新业务的拓展，一个组织的成长，都离不开不断地追寻、找寻自己的差距，不断去变革。学会变革就是学会适应环境，在飞速变化的市场里，谁适应得快，谁就能在竞争过程中取胜！我们应该有紧迫感和责任感，通过变革去打造一个充满活力、有生命力的组织！"

如果把华润万家过去10年比作一曲乐章，始终交织着战略发展与团队发展两个主旋律，从在业务中摸索战略到在战略中调整业务，华润万家从一个区域性、只有标准超市和大卖场两种业态的公司走向全国市场、走向多元化。从过去相对简单的单一的业务，到复杂的、综合的业务，从小组织到成倍数增长的大组织，从区域发展到跨区域全国发展，从局部、战术层面的管理到全局、战略层面的管理，如此艰巨的任务、如此大的管理转型，华润万家的组织能力提升必须跟上。

这位亲历了华润万家快速发展壮大的CEO洪杰，他非常清醒华润万家自身的可持续增长能力，基础管理水平与国际领先零售商仍有较大差距，业态发展思路、工具、IT系统、供应链、人力资源体系等，总部必须担当起战略导向型、组织建设角色，积极推动能力快速发展。很多管理人员都是业务出身，在业务方面是行家里手，但管理几万人时要更多关注人，从业务专家成为领导团队、管理组织的专家！即将展开"十二五"发展规划的华润万家，势必更加关注组织能力与团队领导力。

在采访中，业内人士告诉我，劳动密集型的零售行业，往往是一把手个人色彩最浓厚的行业，这让我对采访万家的CEO充满了期待。采访洪杰被安排在我深圳之行的最后一天，采访结束时，这位低调谦和的CEO，反复强调"零售是劳动密集型行业，事情是大家做的，少写个人，多写写团队"。采访中我接触的所有万家管理层，无论职务高低，都在向我强调团队和组织精神。我意识到，这已经不再是传统意义上的"谦虚"。关注团队，关注整体组织能力似乎正在变成华润万家文化的基因。

在《情系万家》一文中，对于 2001 年的万佳百货，现任华润集团董事长宋林曾一针见血地指出："零售行业虽然是典型的领袖式行业，但原公司领导班子过分强调个人作用，把个人的价值观强加给团队，以个人意志代替团队意志，这与华润团队领导的概念完全背离。" 12 年后的 2013 年，华润集团董事长宋林再次"回家"，出席万家的经理人年会，在讲话中，他不无自豪地说："创业者和伟大的领导者，如何平衡个人付出、收获与组织成长的关系，这是华润万家非常重要的一个拐点，历经 12 年的创业，华润万家毅然走向一个由组织推动、文化推动的阶段，个人推动的历史一去不复返。"

强调组织能力、团队文化，这双为万家腾飞助力的翅膀，不仅仅成就了行业中的万家，更会是确保华润集团基业长青的基石。

3. 行业的领头雁

在华润万家的官网上，罗列了几乎不可尽数的企业荣誉。

早在 2007 年 12 月份，华润万家已有 2450 家门店，年销售额超过 500 亿，分布在全国 15 个省、直辖市的 80 多个县级以上的城市，遍布华东、华南、华北、中原、东北、西北和香港，蝉联中国连锁超市第一名。

2008 年中国连锁零售百强榜单上，华润万家以公开数据 638 亿的销售额排名第四。公司规模已处于行业领先阵营，全国布局已具雏形，在消费者、合作伙伴、政府中的品牌影响力逐步提升。

2009 年，华润万家在广东省企业联合会和广东省企业家协会组织的评选活动上被评为"2009 广东省企业 100 强（第六位）"和"2009 广东省服务行业 100 强（第二位）"。

2010 年，中国连锁经营协会发布"2010 中国连锁百强"企业名单。华润万家以 718 亿元的规模名列超市行业第五位。苏果超市凭借年销售规模 368 亿的良好业绩，连续 12 年位列中国超市业前十强。

截至 2012 年年底，华润万家已进入全国 31 个省、自治区、直辖市和特别行政区，100 多个重点城市，门店数量达到 4425 家。员工人数达 20 多万人。

没有人否认，华润万家经过十几年的发展，已经成长为中国市场最具影响力的国有零售企业。华润万家已经成长为民族零售企业的领军者。

华润万家发展壮大的 10 年，正是中国零售业全面开放的 10 年，在这个充分竞争的行业里，在这个国外同行具有先发优势、中国人从模仿开始加入竞争的领域内，华润万家赢得了国内外同行的肯定和尊重，与所有制形式无关。

作为一家国有企业，不靠资源垄断，不靠政策扶持，依靠管理和服务，创造大量的就业和社会财富，华润万家更赢得了社会各界广泛的赞誉。

三、业态的创新

2011 年 9 月，华润万家旗下 Ole'高端超市、voila 酒窖、太平洋咖啡、vivo 药妆、华润堂、中艺 6 个业态品牌，同时进驻广州太古汇，被业界称为中国零售业第一家多品牌聚集于一个商业体的典范。

1. "微笑曲线"

目前，华润集团的业务组合定位于价值链微笑曲线的两端：一端是电力、水泥、燃气等资源控制类产业，一端是消费品、医药、金融、地产等终端消费驱动型产业，该业务组合使华润集团能够灵活应对经济环境变化。

华润万家的消费品生意，是最贴近普通消费者的微笑曲线的那一端。

CEO 洪杰一再重申"零售是人的事业"这一营销理念。面对日益庞大的组织，这位团队的领军者不放过任何机会，他要求团队将眼光对准市场、对准外部、对准消费者。熟悉 CEO 洪杰的同事向我简要介绍了"人的事业"的两层含义：一是华润万家从事的零售行业是劳动密集型行业，需要大量的人（管理者和员工）从事服务工作；同时又是服务别人的行业，直接为千家万户为千千万万的消费者提供商品和服务。人的事业的第一层含义，是内部视角，需要管理层重视组织内管理者和员工服务意识的培养，提升组织服务消费者的能力；第二层意思是外部视角，它关乎华润万家对消费者的洞察，对业态的创新和服务的提升。

统计数据显示，华润万家目前的 4425 家门店，每年到店顾客人次达到 25 亿次，VIP 顾客数达到 1560 万人。这一朵由购物中心、大卖场、标准超市、便利店、高端超市、药妆店、咖啡店和酒窖等多业态组合的大大的太阳花，每天对着光临的消费者展露清新愉悦的微笑。

2. 基于消费者洞察的业态创新实践

CEO 洪杰说："华润万家近年来最值得骄傲的莫过于抓住了中国消费升级或者消费市场细分，在超市细分业态多元上下了一些工夫，因此能准确把握和掌握住顾客的消费趋势。"

在 CEO 洪杰看来，实际上中国快消品零售业本土都是从模仿开始，未来会怎么向前走，取决于基于消费者洞察的优化创新实践。洪杰带领他的团队在探索中前行，他们明白，如果从模仿、跟随变成引领，没有对本土企业和本土消费者绝对把握的能力，没有对消费者需求的把握，想做到完美的优化和创新，是非常难的。

华润万家的高级副总裁秦冬生特意从香港过罗湖海关到深圳接受了我的采访，约定采访一个小时后，他又急着赶回到香港去开一个要紧的会议，晚上他就把要回答的问题发到了我邮箱。作为一名老华润，从他的认真态度可看出华润人的精神。

说起业态创新，秦冬生总深有感触，因为华润万家这家把生意从香港做回内地的企业，依然把香港作为很多业态创新的实验田。

秦冬生说："内地有这么大的空间，我们必须想好，才踩进去，而且要踩得准。就像我们第一家 Ole'，两年之后才开第二家，这个过程需要思考、观察，第二步要怎么踏出去。其实开第二家店是一件很容易的事情，但是要把路探准了。"

这个"准"，就应该是对消费者需求和消费潮流变化的洞察。

Ole' 高端超市：早在 2004 年 12 月，Ole' 在深圳万象城开出第一家店，打破了中国内地传统超市的形态，引领了超市业态的新革命。目前，北京、上海、广州、深圳等 14 个城市都有 Ole' 门店，总数达 20 多家，已经成为国内最具规模与实力的高端连锁超市品牌之一。Ole' 的经营进口商品约占总商品的 70%，通过国际化商品组合，专业化的服务，为现代都市人提供一种全新的高品质购物体验。8 年间，Ole' 始终保持着不断创新，保持品质的历程，在提升品牌价值的同时，通过顶级酒窖、健康服务中心、美容与美体中心、概念厨房等特色服务，充分满足顾客对生活品质以及追求与众不同的购物体验需求。

在我采访中，Ole' 总经理戴红是唯一的一位女性高管。她高挑的个子，披着一条紫红色的披肩，充满自信。她坐在我的面前，慢慢地聊着，她的东北话，让我听着亲切而温暖。戴红告诉我，Ole'是西班牙语"开心快乐"的意思。她说："我们不是单纯的商品销售，这其中我们注入了情感，即使在商品的陈列上，也要以特色表达出自己的想法，给顾客讲述自己的故事，时时与顾客保持互动，让顾客在Ole'享受的不仅是购物之旅，更是体验之旅、情感之旅。传递给顾客的是尊重、关爱、诚信，只有这样，顾客自然会先喜爱。"戴红说：Ole'随着人们生活需求也在不断变化内容和形式，但永远不会变的是——对人们优质生活方式的引领。

Voi_la! 酒窖：搜罗来自世界不同国家及地区的葡萄酒，从日常餐酒到陈年佳酿，当中更包括独家供应的红酒品类，务求满足不同顾客对酒类产品的高品质要求。

BLT：华润万家"Better Life Together"的首个字母组成，经营面积 $1000 \sim 3000 m^2$，经营10000余种商品，50%以上为进口商品。在为顾客提供优质商品的同时，更强调"以客为心"的服务态度，打造亲和、开心的购物环境，让顾客充分享受与众不同的购物新体验。

欢乐颂购物中心：华润万家倾力打造的梦想之城，以所在区域家庭消费者为主要服务对象，兼顾商务及旅游顾客。不仅具备日常购物、休闲、餐饮、文化、金融等服务功能，更是迎合了消费者的"快乐消费"心态，增强了购物中心的游乐场、剧场、影院等各种娱乐功能，为消费者带来"一站式消费"和"快乐消费"的双重体验。

近10年来，华润万家几乎每年都有创新的业态出现，已成为外界对华润万家的高度评价第一印象。而大家比较熟悉的家乐福、沃尔玛、大润发、TESCO乐购等外资企业，以及人人乐、新一佳等内资企业，大多只做一种零售超市的业态。这更加突显华润万家的创新意识。

3. 继承、发展、提高也是创新

2009年的6月，华润创业旗下的华润堂、中艺等业务，并入华润万家。

中艺：中艺自1959年在香港创立至今已有54年历史，经营优质天然翡翠首饰、珍贵玉石雕刻等工艺品、中高档华服、工艺礼品等历史悠久，为推广中国传统文化艺术精粹不遗余力，成绩超然，商誉卓著，致力成为传统文化与时尚工艺融合的、品质保证与服务创新领先的，具感染力和影响力的知名品牌。

华润堂：华润堂是专门为顾客提供健康产品和健康服务的零售连锁店。

以中华的调理滋补理论为宗，结合现代营养标准，为顾客提供燕窝、冬虫夏草等参茸补品，健康食品、维他命和矿物质补充剂，还提供部分中西成药和个人护理品。华润堂拥有专业采购团队，包括注册营养师、中医师以及中药师，由专业角度对产品进行多重筛选，确保产品的质量有更佳的保证。

4. 创新的加法与减法

相比国内其他竞争对手，多业态已逐渐成为华润万家最鲜明的差异化策略，但多业态应该"多"到什么程度？如何取舍？如何形成可复制、有协同的生意模式？华润万家的业态创新做加法，做减法，自有章法。这个章法，还是基于消费者洞察。

秦冬生总说："实际上，我们在经营Ole'的同时，也在做咖啡生意，不过是跟别的品牌合作。后来，华润万家增加了Ole'、便利店、酒窖等不同的经营方式和业态组合，提升超市的档次，而咖啡店被认为是业态组合中很好的文化元素。""做1亿的咖啡生意，相当于做约5亿的超市生意。对华润万家而言，咖啡是一个充满'诱惑'的市场。"

Pacific Coffee（太平洋咖啡）：2010年6月，华润收购香港咖啡连锁店Pacific Coffee（太平洋咖啡），该业务也并入了华润万家旗下。华润万家的多业态阵营又多了一个新成员，此举备受瞩目，当时有媒体写到："本土超市零售连锁业老大华润万家开始进军餐饮吃喝经营咖啡馆。"

Pacific Coffee提出了"一杯、一念、一世界"文化理念，这是太平洋咖啡的品牌口号。一杯，就是为客人冲调每一杯香浓的咖啡饮料；一念，即是透过每天在黑板写上的名言警句让顾客有所启发；一世界，是希望顾客能在Pacific Coffee店内，有一个属于自己的小世界。作为一个中西方文化融合充满书卷气的咖啡连锁品牌，Pacific Coffee提倡"慢生活"。以享受一个雅致的店铺环境和宁静的时光，找到当今高速生活中的喘息空间，静下心来思考，感受自我世界。

放眼国际市场，韩国的新世界集团、日本永旺集团、台湾统一集团等都采取了多业态的发展路径，华润万家的多业态有历史的现实，也是战略的选择，对多业态的组合与协同，将成为未来一段时期内的战略聚焦点。多年来，华润万家从超市、专业店等业态，走向更广泛的业态组合。这一系列面对消费市场的终端组合，使华润万家看到消费提升的趋势、未来消费细分的机遇以及协同的力量。

"一切以人为本、人口驱动增长、尊重人文精神、改善人们生活"。这是华润集团标志中四个"人"字的内涵，它表达了华润经营企业、服务社会、造福大众的根本宗旨。华润的行业选择、产品服务、社会责任的履行，无不建立在"一切以人为本、人口驱动增长、尊重人文精神、改善人们生活"的经营理念之中。华润旗下的华润万家，一朵围绕"人"开放的太阳花，一个"更懂你"式的微笑。

四、在利润之上

走进华润万家这个组织，听各位管理者满怀激情地介绍他们的生意，从针头线脑到大宗商品，林林总总。在很多外人看来，零售生意是个苦活、累活，门店一周 7 天、有些业态（比如 VANGO 便利店）一天 24 小时营业，越到节假日越忙，零零碎碎、千头万绪。内行人说，零售是讲究细节的生意，"细到你自己都不信"。在很多行业的生意人看来，零售又是个微利的行业，毛利率并不高，挣的是辛苦钱。曾经的华润万家 CEO、现任华润集团董事副总经理的陈朗在 2012 年华润万家经理人年会上说过这样一段话："零售生意是最'愚蠢'的。如果愿意从事这个行业，你就选择了一条'愚蠢'的道路。此'愚'并不是真正的愚蠢，人也不是真正的'愚蠢'，这是一条对自己要求很高的道路……要达成这些目标，需要大家的坚持，需要无数人的默默耕耘，大家选择了'愚蠢'的行业，这个行业不是一般人能完成的。谁都知道围绕客户转的生意是最难做的生意，谁都愿意过好日子，所以只有'愚蠢'的人才选择零售行业，而你们选择了对自己要求很高的行业。"

诚哉斯言！华润万家从事的可能是"平凡"的柴米油盐生意，但华润万家人的追求却远远超出了柴米油盐式的"平凡"。而这一切，深深扎根于整个华润集团的企业文化土壤之中。华润万家成为"与您携手、改变生活"理念下最接近消费者的践行者。

1. "超越利润之上的追求"

现任华润集团董事长宋林在《情系万家》一文中，曾经从商业战略和企业文化两个层面阐述了万家零售生意的意义。

"零售业务对集团总体行业战略的意义在于：第一，零售是集团经营理念的突出体现，就是我们所说的与大众生活息息相关、人口驱动增长；

第二，有助于在集团建立非常强烈的市场文化、客户文化，提升竞争力，为华润文化注入新鲜血液，让集团保持市场化的特点。零售行业靠市场竞争，这对华润的影响，比行业本身的意义更大，国企改革就是要走市场化道路。这对华润的文化建设特别重要；第三，对华润的其他行业具有影响力。首先，零售能带动华润消费品业务的快速成长，有很强的拉动作用，是华润未来发展的方向。其次，华润零售行业的整个创业过程非常艰辛，他们坚韧不拔的精神超出了生意本身。人们常说国企靠垄断，靠政府，没有真正的能力。而这次整合，却恰恰突破了这种观念，给所有人一个启示，伟大事业要靠一群平凡、执着、有信念的人，它和所有制没有太大的关系，关键是能否找到或拥有这些人。"

"华润的企业文化中强调对民生负责的理念。华润的主营业务都是民生类业务，与大众生活息息相关，例如房地产、电力、零售、医药、燃气等。华润的经营直接影响到千千万万的家庭生活。顾客真正关心的是高品质的产品和服务，而不是企业的利润。因此，华润人必须追求高品质的产品和服务。换句话说，企业不仅仅是为股东创造价值，同时更是为了全社会创造价值。有了这种"超越利润之上的追求"的理念，员工便能够超越自己、实现精神层面的追求，从而在工作中展示出源源不断的动力。"

（宋林《人的塑造、观念的转变成就了今日华润的辉煌》2011 年 10 月）

2. 中国的声音

2013 年 6 月，主题为"亚洲塑造你的未来"消费品论坛全球峰会在日本东京举行，来自 40 个国家的超过一千位跨国企业的高层管理人员，包括"财富 500 强"中的大多数零售商和供应商企业参会，突显亚洲市场对全球营商者日渐昭著的重要性。华润创业首席执行官及执行董事洪杰作为主题演讲嘉宾，发表了题为"携手共赢中国市场"的演讲，分享他关于中国消费者的真知灼见。

2001 年中国加入 WTO 组织以来，全球主要的快消品零售商云集中国。截至到 2012 年，世界 500 强中综合商业和杂货连锁超市共有 30 家，其中前 11 位企业有 7 位已经进入中国市场。中国快消品零售行业正在发生深刻的变化，零售商面临快速变化的市场挑战，各国经济在生产、分配、消费等各个领域的联系越来越紧密，相互依赖的程度越来越高，商品、资本、服务、技术、信息、人才、劳务等在全球范围内的流动空前加快，势必形成一个统一的世界大市场。华润万家，作为中国快消品行业中的代表，作为居行业地位的国企，正在日益承担起国企在行业中的担当。

而华润万家，目前已经成为可口可乐在中国现代渠道的第一大合作伙伴，宝洁在中国现代渠道的第三大合作伙伴。

3. 国企的社会责任

2008年春，华润集团成立70周年之际，基于感恩回报、履行企业社会责任的价值观念，宋林提出利用华润自身资源优势，利用华润企业和员工的捐款，尝试到革命老区创建希望小镇。希望小镇成为华润集团践行社会责任、产业帮扶、造福一方的创新实践，华润万家依托渠道资源成为华润希望小镇农产品的销售阵地。华润万家秉承华润集团"与您携手 改变生活"的企业理念，发扬华润"常怀感恩之心、践行社会责任、做优秀企业公民"的光荣传统，一直关注并积极参与各项公益事业，努力成为友善、亲和的社区一员，对公益事业的持续投入和长远支持已经成为华润万家长期发展战略的重要组成部分。

CEO洪杰这样谈到华润万家对企业社会责任的认识：华润经营零售业已有超过60年的发展历程，作为华润旗下的零售业务，对消费者，华润万家是新的生活方式，为消费者带来家的温馨、富足、健康，带来越来越好的生活方式；对员工，华润万家是大家庭，努力成为员工价值最大化的零售企业；对合作伙伴，华润万家是资源的组织者，建立"共赢"的战略伙伴关系；对股东，华润万家通过有质量的增长提供稳定的回报，成就华润的零售梦想；对社会，华润万家持续关注并积极参与各项公益事业，努力成为友善、亲和的社区一员；对公益事业的持续投入和长远支持已经成为华润万家长期发展战略的重要组成部分。

华润万家作为生产企业和消费者的连接中枢，不仅拥有其他行业无可比拟的客户群，而且可以直接通过与消费者沟通来达到影响消费者行为的特别优势，通过自己的企业公民行为，带动广大消费者的环保、节能意识，提升消费者的食品安全意识与知识，最终实现"与您携手 改变生活"的企业理念。在长期的实践过程中明确了企业公民建设方向：民生保障、食品安全、农超对接、环保节能、社区公益。

2010年，华润万家提出了"三百工程"的企业公民实践项目，即用3年时间，在全国建立100家环保节能示范店、100家食品安全示范店和

100家农超对接基地。这不仅是华润万家向社会大众的承诺，更体现了华润万家坚定履行企业社会责任的决心。

4. 采访后记

华润万家的几位核心高管都接受了我的采访，从身兼华润创业和华润万家有限公司首席执行官的 CEO 洪杰、负责大卖场营运管理的 COO 蔡立斌、高级副总裁秦冬生、到高端超市 OLE'业态总经理戴红、南区业务单元总经理肖汉华等，总部品牌管理部和营运中心总经理沈彤全程参与，这些管理人员几乎都是万家的元老级人物和零售行业的专家，他们从不同的角度如数家珍地讲述着华润万家的传奇故事。

2013年，步入新的发展阶段的华润万家，确定了"以大卖场为主力业态，依托根据地驱动多业态扩张；通过均好运营及资源掌控，成为行业领导者"的发展战略，以持续改善大众生活品质为己任，引领时尚、健康的生活方式。多种业态优势互补，以客户需求为导向，为消费者提供高品质的商品与服务。

截至目前，华润万家已进入全国31个省、自治区、直辖市和特别行政区，100多个重点城市。2012年实现销售941亿元，全国门店总数达到4425家，员工人数超过20万人。计划到2015年，华润万家销售目标要突破1500亿，门店数目6600家，新增大卖场480家，标超增加1200家，员工将突破30万人，业务覆盖全中国所有省份及直辖市，每年20%的复合增长，在若干区域实现领先优势，实现对消费者、供应链、终端资源、品牌影响力最大限度地占领。

华润万家，必将继续书写新的传奇。

国之光荣

王敬东　钱金标

世上并无现成的前进道路，但在自己走过之后，就辟出一条路来。

——世界著名企业家　井植薰

"谈核色变！"乃世人普遍的恐惧心理。尤其是 2011 年 3 月日本福岛核电站发生核事故后，核安全就像达摩克利斯利剑，高悬在人们头顶。

中国核电安全吗？中国核电是如何起步、发展、跨越的？当地人们又怎样与核电相处？核电未来前景如何……带着这些疑问，我们作家采风团一行，于 2013 年 5 月 29 日，首先来到了位于风景秀美的东海之滨杭州湾畔的秦山核电站。

登秦山望远：碧水蓝天，风清日暖；绿树成荫，鸟语花香，数十万海盐居民与秦山核电人如同生活在一个海滨大花园里，其情依依，其乐融融，好一派安宁祥和的景象。进而漫步花园般的核电厂区，反应堆高高耸立，漂亮的楼群错落有致，穿着整齐的核电人自信而行。

如果说，我国核工业的第一次创业"两弹一艇"的成功，打破了帝国主义、霸权主义的核讹诈，为中国人民撑起了"核保护伞"，壮了国威，振了士气的话；那么，核工业的第二次创业——秦山核电站的建成，则填补了中国和平利用核能领域的空白，实现了祖国大陆核电"零"的突破，使我国成为世界上第 7 个能够自行设计和建造核电站的国家。这个被国家领导人誉为"国之光荣"的核电站，无疑是中国核电发展史上的一个重要里程碑。由秦山核电站发端，大亚湾、田湾、岭澳、红沿河、宁德、三门、福清、昌江等核电站如雨后春笋般兴起，中国和平利用核能的步伐将越来越快。

零的突破

"中国核电从这里起步！"

1995年7月13日，时任国务院副总理吴邦国视察秦山核电站时，欣然题词，表达了国家领导人对中国首座核电站的赞许。然而，等待中国首座核电站落户秦山的这一天，却用了整整12年。

1970年春节前夕，来自上海市委的一份紧急报告引起了中央领导的关注。"上海是我国命脉产业的基地，由于少煤缺电许多工厂面临停产，更有新办的工厂不敢开工建设⋯⋯"人们意识到，单一靠煤炭和石油的能源结构不行，要解决上海的电力问题必须另想办法。

新中国建设之初，毛泽东、周恩来等老一辈革命家对利用原子能发电早就予以关注。1955年1月15日，毛主席在中南海主持召开了中共中央书记处扩大会议，研究原子能事业问题。1958年6月13日，由前苏联援建的第一座热功率为7000千瓦的北京研究性重水反应堆达到临界，标志着中国已正式跨入了原子能时代。

1970年2月初，周总理在听取了上海市缺电情况的汇报后，他说出了一句考虑已久的话："从长远看，要解决上海和华东地区的用电问题，要靠核电。二机部不光是爆炸部，而且要搞核电站。"2月8日，上海市革委会传达周总理的指示精神，研究部署了核电站的建设工作。

中国首座核电站因此被命名为"七二八工程"。

同年12月15日，周总理主持会议，听取了熔盐堆核电站原理方案的汇报。他强调指出：核电站工程建设必须坚持"安全、适用、经济、自力更生"的方针。

1974年3月31日中央专委会上周总理又语重心长地说："一定要以不污染国土、不危害人民为原则。建设第一个核电站的目的不仅在于发电，更重要的是通过这座核电站的研究、设计、建设、运行，掌握核电技术，培训人员，积累经验，为今后的发展打好基础。"一个日理万机的大国总理，前后多次听取核电工程的汇报，足见这项工程的份量！

然而，事情的进展并不顺利。

"设计图纸不全，实验研究不够，设备加工有困难。"1978年8月，某部委向国家计委提交了关于建议停建30万千瓦压水堆核电站项目的报告，并建议与法国合作建设 90 万千瓦压水堆核电站。对此，七二八工程设计队据理力争。

在核电问题上，科学家的话最有份量。

这时，"实践是检验真理的唯一标准"大讨论的展开，使国人思想上获得解放。德高望重的著名物理学家王淦昌，在《红旗》杂志上发表题为《发展核能是解决能源问题的出路之一》的文章，指出，中国已初步形成了原子能工业体系，有一定的自主能力，根本不必整套买。引进的主要目的，是引进核技术，最终建立自己的核电工业体系。他倡导把核电列入规划，争取在 20 世纪末发展到一定规模。

与此同时，国防科工委、二机部等部门也多次上书中央和国务院，请求不要停止七二八核电站的工程建设。

1979 年 1 月 13 日，国务院副总理谷牧主持召开国家各有关部委的联席会议，专题研究七二八工程。会上围绕核电站是自主开发，还是国外引进，展开了激烈的争论。

主张引进方和赞成自建方唇枪舌剑，互不相让。"那就投票表决吧。"谷牧副总理冷静说道。

好家伙！6 个部门 3 票赞成，3 票反对。态势是一比一。最后，谷牧副总理坚定地举起了右手。他说："七二八工程是个原型堆核电厂，搞这个工程主要是为了掌握设计和制造技术，不是为了搞系列化电站。现在已经铺开了摊子，有了初步成绩，在国外的技术专利没有拿到之前，这项试验研究工作不宜草率下马。"

似乎"铁板钉钉"了，可是风云突变。

1979 年 3 月 28 日，美国三哩岛核电站发生重大事故。消息传到国内，给中国的核电站计划带来了非常大的影响，第一个核电站又前途未卜了。

一时间，一股"恐核"情绪飘荡在人们心里。同年 5 月，当时党的一位领导人在会上说，搞核电站就像弄来一只大老虎，让人感到不得安宁。他向中国核电亮起了红灯。

中国核电走到了十字路口。

二机部、国防科委、国家建委、国家机械委等部委一个报告接着一个报告，申诉建设原型堆核电站的必要性和重要性。多名核科技专家也上书中央，建议尽快把原型堆核电站建起来。

1979年至1984年间，薄一波、张爱萍、张劲夫等国务院领导不断批示同意，并上报到最高层陈云、邓小平，得到支持。1984年1月23日，时任中共中央总书记的胡耀邦，在国防科工委上报的政委伍绍祖写给张爱萍关于核电站建设的信和报告中作了重要批示，表示支持国内自己建设核电站。

至此，一场马拉松式的争议，终于尘埃落定！

与此同时，在这场长达10多年关于是否自主建设核电站的争论中，关于堆型选择、科研设计、地址选定也充满曲折。

由于受"文革"极左思潮的影响，有些人对国际上普遍采用的压水堆先进技术不屑一顾，却提出了熔盐堆方案。可这种堆型理论，尚处于研究阶段，还没有一个国家用于工程建设。

在双方争执不下时，一个后来被誉为"开创核电纪元的设计大师"欧阳予出现了。

1971年秋，正在"五七干校"劳动锻炼欧阳予突然接到二机部"急速回京"的电报。刘伟部长对前来听命的欧阳予开门见山："中央决定在华东建一座核电站，中央同意你做技术负责人。"

接任务后，他马上找来相关资料研究。当时，国际原子能机构召开了和平利用原子能的第三次会议，欧阳予将会议的英文资料调出来看了以后，发现压水堆的技术成熟，结构严谨，安全性较好，具有可操作性。他主张搞压水堆。

此议得到了既是革命烈士澎湃的儿子又是搞核潜艇功臣的彭士禄的坚定支持。并向中央领导提出了更改堆型方案的建议。

半年后，美国熔盐堆的黯然下马，证实了彭士禄、欧阳予的正确判断。于是，大家意见统一，压水堆为第一预备方案。

中国"驯核人"会永远记住这一天。1974年3月31日，在人民大会堂新疆厅，周总理抱病主持中央专委会听取汇报，邓小平、李先念、叶剑英、谷牧等中央领导悉数出席。会议最终审查批准了《关于七二八核电站工程建设方案的报告》和《七二八核电站工程设计任务书》。压水堆核电站方案的批准，是中国核能发电工程的重大转折，具有里程碑的意义。

勘察选址，也是一波三折。

核电站对厂址的地质要求非常高，其勘测项目种类繁多。其实，从核电站动议起，就一直没有停止过对厂址的勘察选择。安徽省宁国县西南地区、浙江省富阳县七里泷山区、江苏省江阴县长山都因各种条件不符合项而放弃。

1978年，中国改革开放的序幕已经拉开。上海作为中国经济发达的东部城市，能源基础相对薄弱，电力供应短缺，制约着经济发展的步伐，因而对核电站更有了一份特殊的感情和迫切要求。上海市领导希望核电站建在上海管辖的范围内。经过协商，反复比较，厂址初选在奉贤。

满以为选址大功告成时，不期美国三哩岛核事故的消息传来，人们的"恐核"心理陡增。国务院一位领导在中央工作会议闭幕会上，明确提出"核电站不宜建在人口稠密的北京、上海等大城市附近"。上海市接通知后，停止了筹建工作。

为了寻觅新的厂址，1979年6月，选址五人小组的陈曝之、谢恩吉驱车从上海来到浙江省海盐县澉浦镇长山，看到长山河面宽阔，淡水资源十分丰富，颇为心动。在返回上海的途中，他们将车停在夏家湾，沿着海边走了一段，无意中看到了一个辽阔的海滩。海滩南侧有个高高的山岗，岗上林木茂密，岗下是大片的西瓜地。他俩询问瓜农，得知这座山岗名叫秦山（相传公元前210年秦始皇在东巡途中曾驻跸此山而得名）。山脚下面叫双龙岗，岸边的基岩裸露，围堤开山，可作为一个厂址。

就这样，秦山不经意地闯入"驯核人"的视野。

1981年5月，在征得浙江省同意后，对秦山、长山两个预选厂址进行了资料搜集和地质勘探。当年底，国家建委在杭州召开了厂址方案复查会议，经过充分讨论，认为核电站建在秦山，不会对舟山渔场产生任何影响，初步确定秦山为第一候选厂址。

上世纪80年代初，由于核科技知识不够普及，有些人误把核电站当成原子弹，谈"核"色变，秦山之址一时也难以确定。

此时，几个关键人物走向前台。

一天，在杭州的浙江省政府办公楼里，王介福和翟翕武两个多年未见的老战友见面了。他们当年在山东一起参加抗日，王介福是县长，翟翕武是县委书记。如今，王介福是二机部副部长，翟翕武则是浙江省委常委、副省长。

两个老战友见面有说不完的话，叙不完的情。王介福向翟翕武介绍了我国自主设计建造核电站的意义和作用，而翟翕武考虑最多的是核电站的安全性。

两人"一拍即合"，随后又和二机部副部长周秩一道反复陈情，得到了省委第一书记铁瑛的支持，也取得了省委常委大多数人的赞同。核电站选址秦山取得了共识。

1982年8月，城乡建设环境保护部部长曲格平在上海主持召开了"七二八核电站环境影响评价审查会"，与会代表一致认为：七二八核电站环境影响报告中提出的环境保护指标是适宜的，同意定址秦山。

真是"踏破铁鞋无觅处"，得来还是费工夫。

1982年11月9日，新华社、中央电视台报道了中国第一座核电站定点浙江省海盐秦山的消息。一时间，国人关注，世界瞩目。

科研、设计几乎与选址同期展开。力主压水堆的欧阳予，作为总设计师担负起秦山核电站科研与设计的重任。从1974年起，在他的组织下，二机部第一、第二研究设计院、上海原子能研究所和上海市工厂、学校等30多个单位组成七二八工程设计队，以"大会战"的形式开展科研设计工作，攻克技术难关。

经过"八年抗战"，1981年9月，欧阳予们终于完成了《秦山核电站开展工程建设的可行性报告》。1981年11月14日，国务院批准了秦山核电站建设项目。

万事具备，只欠东风。

"秦山"耸立

"你们作家可得好好写写赵宏，他可是我们秦山核电站的大功臣啊！"争相发言的座谈会"纵深推进"时，与会者几乎异口同声。

1982年4月，还剩最后两个月就要从中央党校毕业的赵宏接到了二机部党组的通知：中国第二机械工业部改组为中国核工业部，张忱被任命为首任部长，赵宏为副部长。要求赵宏接通知后即到位工作。

这可让浓眉大眼、敦实稳重的赵宏进退两难，在中央党校学习不是说走就能走的。赵宏回不来，张部长也犯了难，她立马拿起电话，打给中央军委副秘书长、国务院副总理张爱萍。张爱萍径直找到中共中央总书记胡耀邦，赵宏才被批准提前毕业。蓄势待发的赵宏，以新的工作身份，全力以赴地投入到中国第一座核电站建设中。

1982年11月27日，七二八工程正式命名为核工业部秦山核电厂。

1983年6月1日，秦山工地上响起了隆隆的开山炮声，建设大军移山填海，开始了核电站"三通一平"施工。中国核电站的建设似乎要顺海扬帆了。

然而，仅仅过了不到两个月，一条传出的消息把赵宏震惊了：引进法国技术的广东大亚湾核电站上马，而秦山核电站建设工程要下！

"不可能！这个来之不易的国产化核电建设项目，怎么能说下就下呢？"这样的事赵宏绝不能让它发生！

他迅速向主管核工业的领导伍绍祖、张爱萍报告，二人对秦山核电走国产化道路始终是支持的。他们很快向中央领导写了报告。陈云明确批示："不管广东核电站谈成谈不成，自己都要搞自己的核电站，再也不能三心二意了。"邓小平在陈云的批示上画了个圈。

中央一位负责人最终也表示同意，他把张忱、姜圣阶、赵宏请到了自己的办公室，认真询问具体情况，表示了支持：就当练兵吧！

就这样，秦山核电站建设项目保留了下来。

1985年3月20日，中国首座核电站——秦山核电站正式开工建设。

给赵宏和建设者们更大的考验还在后头。

1986年发生的两件大事，至今让"驯核人"记忆犹新。

1986年4月26日，前苏联切尔诺贝利核电站发生了迄今为止最严重的核事故，灾难引发的恐核心理在世界范围内泛滥。在国内，许多原本就对我国自力更生建设核电站放心不下的人自然会问："我国技术上会过关吗？""万一出现了核泄漏怎么办？""那些废燃料怎么处理……"

言语之间对中国人和由中国人自己设计建造的核电站产生了极大的怀疑和不信任，来自各方面的质疑和阻挠此起彼伏。

毋庸讳言，由于对核电站建设的程序、规范知之不多，管理缺乏经验，秦山核电站建设工程开工一年后，出现了各种各样的问题：设计方案不成熟，施工管理不完善，反应堆厂房通风平台网架支撑结构（"小牛腿"）焊接有裂缝……

随着核电建设的进展，1984年国家核安全局成立，姜圣阶任首任局长。他派核电专家在对秦山核电站建设工程检查后，安全壳被认定为核安全的不符合项被否定。

这也引起了国际原子能机构的重视。

1986年11月3日，应中国政府邀请，南斯拉夫克尔什科核电站总经理杜拉访问秦山核电厂，并签署《中国30万千瓦核电站与南斯拉夫克尔什科核电站技术合作协议》。

当日上午，杜拉先生到现场参观。当时，海盐到现场的道路正在施工，加之雨天泥烂路滑，短短10千米的路程竟走了整整两小时。到达现场后，杜拉看到现场施工设备及材料堆放比较杂乱，场地高低不平，当时反应堆安全壳正进行防腐作业，施工人员手握高压喷砂枪冲刷钢板，粉尘很大，现场较为嘈杂……杜拉不禁眉头紧蹙。回到住处，毫不掩饰地对自己的夫人说道："像中国人这样搞下去，是要毁了核电的。"

陪同翻译不敢马虎，把杜拉说的话加上自己的参观感受，写成《杜拉同志在秦山核电站的反映》，向核工业部作了汇报；部外事局将此整理成简报，转报党中央、国务院，引起高度关注，国家领导人李先念、李鹏、张爱萍多次批示。李鹏指示："派一个比较超脱的组（即核工业部除外）去认真检查一下。"该批示转达到核工业部，蒋心雄部长要求部局采取一系列措施，加强工程管理和质量控制，使国家、人民和国际友人放心。

这场由施工管理问题引发的、经杜拉先生提出、引起中央领导高度重视的风波，被称之为"杜拉旋风"。

"杜拉旋风"惊动中国高层，影响不好，按照惯例，自然要有人"结帐"——承担责任。座谈会上，当有人谈及这一事件时，大伙的目光便齐刷刷地射向坐在我对面的浓眉红脸、年近耄耋的于洪福。

于洪福，1982年二机部的一纸调令，将其从位于大西北的国营404厂副厂长岗位上调任秦山核电厂第一任厂长，可谓创业元勋。他到秦山一期干的第一件看得见、摸得着的重要工作，就是移民开山，在秦山二期干的第一件事，还是移民开山。中国古代寓言"愚公移山"的故事里有个移山的愚公，于洪福姓于，"于"、"愚"同音，也在移山，于是于洪福就有了"秦山愚公"的美称。

迎着这些老伙计的目光，于洪福淡然地说："当时，我被免去了厂长职务。"

"事情过去了这么多年，您怎么看当时的那件事？"我的问话中似乎有些"不敬"。

"总得有人担责嘛！现在回想起来，我们真的要感谢这位杜拉先生。没有他的'敲警钟'，后来我们就不会有那么大的进步。"于洪福郑重说道。

在"杜拉旋风"中，赵宏也差点成了"失街亭的马谡"。

这一年4月，东北大兴安岭的一场大火，使林业部长被撤职。从这时起，在官场上似乎出现了谁出问题就撤谁的"多米诺骨牌效应"。到了秋天，在从北京飞往新疆的飞机上，李鹏、蒋心雄陪同中央领导去视察。中央领导在听到秦山核电站建设中出现问题时，严肃发问："这个工程项目谁负责？

"是赵宏。"李鹏回答。

中央领导说："撤了他不行吗？林业部部长能撤，赵宏为什么不能撤？"

李鹏顿了顿说："这个人我认识，他还能够工作，再让他工作一段时间看看吧！"

赵宏，这位核工业部副部长兼秦山核电公司总经理，留给他的只有一条路可走了：只许成功，不许失败！

"亡羊补牢，未为晚也。"赵宏深知这个道理。

秦山核电站建设工地出现的诸多问题，不论大小都不是偶然的，而是一个必然的结果。问题出在我们初涉这一陌生领域，不懂得怎样建设，我们有热情，有干劲，却缺乏经验，更缺乏一种意识，一种能够规范自己行为的意识。

随后，国务院、国家核安全局先后颁布了《中华人民共和国民用核设施安全监督管理条例》、《核电厂质量保证》等十几个我国有关核电建设方面的法律法规。

立了规矩就好办了，按规矩做就是了。赵宏的当务之急就是要求各参建单位根据颁布的上述法律法规，尽快制定出与自己工作相关的工作法规条文和工作秩序，制定符合核电站建设项目管理的管理方案和模式。这些措施为核电站今后的管理者加强核安全文化建设，确保核电站长期安全可靠经济运行打下了坚实的基础。

接下来的工作，就是把已经出现问题或者怀疑可能要出问题的建设项目，特别是国务院检查组提出的意见，认认真真地一项一项地检查，一个一个地落实。

不是说秦山核电站安全壳筒身20米以下混凝土有质量问题吗？有没有问题专家说了算，科学家说了算。赵宏请来了中国建筑科学研究院和冶金部建筑研究总院的专家，对此进行全面检测。结果都表明：安全壳筒身20米以下各施工层及总体的混凝土抗压强度，满足设计和国家规范的要求。

第三步是对那些费了一番周折还无法解决的问题，赵宏果断决策：推倒重来！

赵宏"补天"，绝不是一件轻松的事，也不是仅凭一己之力就能办到的。在现场管理上，赵宏首倡分工负责制，四个副总经理各守一方阵地：陈曝之负责现场施工，钟兆府负责设备及采购，张怀麟负责生产准备的人员培训，方诗经负责后勤生活保障；党委书记林德舜负责企业思想政治工作和党组织建设。在调试方面，核电厂与设计院成立联合调试队，总工程师钱剑秋、上海核工程研究设计院院长耿其瑞共同负责调试技术。

大家既有分工又有合作，赵宏则负责协调上下左右的关系。建立起强有力的指挥系统后，工作中步调一致了，遇到困难和问题可以及时解决了。用赵宏最喜欢的话说：你们是出力干活的，有问题、有困难找我，我来解决；工作中有了成绩是你们的，有批评、有责任我一个人担着！

经过大家的日夜鏖战和艰苦努力，至1987年10月，秦山核电站建设工程现场整顿和治理初见成效，国家核安全局、秦山核电公司等再次向国务院作了一次汇报。

国家核安全局汇报认为，经过半年的全面考察和检查，秦山核电站建设工程"问题已查清，也得到了解决，赞成工程建设继续进行"。赵宏则对如何查明、解决问题，进行了详细的阐述。

"迄今为止，秦山核电站的工程质量是符合要求的，是使人放心的。"李鹏如此结论后，表示工程可以继续进行。

说完工程情况，李鹏关切地问："还有什么困难吗？"

"有。钱不够！"赵宏马上接口说道，"过去我们没有经验，想得简单了，要求也低了，现在从设计到施工到设备，增加了很多安全措施，科技攻关项目多了，费用加大了。我们对设备制造和采购价格缺乏必要的了解，原来预算的8.15亿已经远远不够了。"

"你说多少够？"李鹏问。

"12亿。"赵宏果断作答。

李鹏深思了一下微笑道："好。给你12亿！"

李鹏痛快地答应了，也没有要求赵宏再去好好算算，因为他对核电工程建设需要多少钱同样心中有数，对赵宏这个"掌门人"也是完全信任的。

不久，国家计委正式下文，将秦山核电站工程概算调整为12亿元人民币。

"姚启明同志，总公司党组决定，派你到秦山工作，担任秦山核电公司第一副总经理、秦山核电一厂厂长。"1990年12月15日，正在北京开会的国营821厂厂长姚启明，被叫到中国核工业总公司（核工业部更名）总经理办公室，蒋心雄对他开门见山。未待姚启明弄清是怎么回事，蒋心雄就命令道："你的任务是在一年内争取秦山核电站发电，给你的时间可不多呀！"

姚启明深知，祖国在期待着秦山，人民在看着秦山，党中央、国务院在关注着秦山，全国各地在支持着秦山，我们再拿不下干不好，该如何向他们交待？然而，实现一年内发电的目标又谈何容易！

1991年1月3日，姚启明准时赶到秦山招待所已是午夜时分，下车后直奔赵宏的房间。"赵部长，我来了。"还在伏案工作的赵宏连忙起身让座。

"我可是等你一晚上了。"赵宏乐呵呵地说，"我已安排明天开个干部大会，宣布总公司党组对你的任命。你就接手干吧，我全力支持你，有问题有困难我给你顶着！"

江南的冬季阴冷而潮湿，但让姚启明的心更冷的是这里的人心和精神状态。

发电日期一推再推，干部职工中弥漫着焦急和失望，劳动纪律日渐松弛，上班打扑克甚至溜号，厂区随意扔烟蒂，经常在办公室用电热炉煮饭……这样的队伍还有什么战斗力，还怎么能够打好并网发电这一场硬仗？"姚启明自问。

尽管手握"尚方宝剑"，尽管有赵宏的强力支持，但姚启明还是感到了前所未有的压力，他意识到自己面临着巨大的挑战。

一生与困难"叫板"的姚启明，毫不犹豫地选择了挑战。

他在调整组织结构、逐步建章立制的同时，开展了"双整顿"——整顿厂容厂貌，整顿劳动纪律。

1991 年 6 月，姚启明使出"第一招"：签发秦山核电一厂《关于加强岗位纪律和文明生产管理的通知》，这是一个措辞严厉、规定细致的文件，涉及劳动纪律、岗位责任、安全生产、环境卫生、夜间值班等方方面面。一时间，领导带头实施，全厂上下积极响应。不久，职工的精神状态悄然发生变化，主人公的意识大大增强了。

姚启明的"第二招"，就是成立公司党委。从 728 工程筹建处以来，机构名称换了好几回，党委书记换了好几任，可党委却一直是临时的。姚启明建议向中共浙江省委请示，召开了秦山核电公司第一次党代会，选举产生了第一届党委会，以加强党的领导。新一届党委把秦山核电一期工程年内并网发电作为一个重要工作目标提了出来，你追我赶，争当劳模的活动由此层层展开。

姚启明"双整顿"结出了硕果，厂容厂貌焕然一新，干部职工精神大振，工作争先创优，效率大大提高，进度大大加快，年内并网发电的目标已是指日可待。

1991 年 3 月 27 日—29 日，秦山核电站进行第一次汽轮机冲转试验并一次成功。

随后半年多时间里，又先后取得了：安全壳密封强度试验一次成功、首次装料一次成功、临界试验一次成功。

1991 年 12 月 15 日零时 15 分。秦山核电站主控制室。中国核电将横空出世。

随着一声指令："5、4、3、2、1……"秦山核电站主控制室，运行当班值长王日清果断下达并网指令，操纵员张初明即时按动电钮，刹那间，强大的电流并入电网，中国大陆第一座自己设计、建造、运行、管理的核电站首次并网一次成功！这标志着中国大陆和平利用原子能实现了"零的突破"，它好似巍峨的秦山在杭州湾畔傲然耸立！

这一刻，让在场的蒋心雄、赵宏、姚启明和现场人员情不自禁地跳跃起来，鼓掌欢呼。这一刻，多年来的委屈、辛酸、劳累、担忧等种种复杂的情绪统统抛到了九霄云外，心里充满了骄傲和自豪。

12 月 18 日，《人民日报》、《光明日报》、《经济日报》、《工人日报》等全国各大媒体向全球正式发布秦山核电站并网发电的消息。

同日，国务院总理李鹏致电祝贺秦山核电站并网发电成功，号召"为夺取秦山核电站建设的全面胜利而努力奋斗"!

一年! 整整一年! 姚启明很是欣慰, 如期完成了中核总交给的光荣任务。这一刻, 不仅向全世界证明了中国, 也证明了姚启明自己。

1992年是关心秦山核电站的人充满着期望的一年。并网试发电后进行了为期8个月的停堆停机检修整治, 1993年3月12日, 秦山核电站再次并网发电, 比原定计划提前了13天。

1994年4月1日, 秦山核电站这座原型示范堆核电站正式投入商业运行。秦山核电站自建成发电以来, 至今已安全运行了20多年, 不仅为浙江和华东地区输送了源源不断的电力, 有力地促进了地方经济的快速发展。电站运行20多年来, 三废排放控制有效, 四道安全屏障保持完整, 长期监测结果表明: 核电站周围环境的放射性水平仍保持在天然本底正常涨落范围内。此外秦山核电站还成为核电人才的"孵化器", 除培养自有人才以外, 向国内其它电站输送了1500多名中高级技术和管理人才, 很多已成为国内核电业界的领军人物。现任国家核电技术公司总经理顾军、中国核工业集团公司副总经理俞培根就是其中的杰出代表。

伴随着整个建设过程, 秦山核电站还完成了一系列制度、管理和技术创新。制度创新有: 持续完善制度体系, 制订运行质保大纲, 落实安全生产责任制, 实行突发公共事件应急管理, 建立核安全文化体系。同时, 完成了多项重大技术改造: 蒸汽发生器三级疏水管线改造, 实物保护系统综合改造, 仪控数字化综合改造, 发电机定子局部改造, 反应堆压力容器顶盖更换, 并掌握了核电站放射性区域的水下检修技术填补了国内空白、申请了多项专利, ……但最重要的科技创新当数整体的"秦山30万千瓦核电厂设计与建设"。

1997年, 在全国科学技术大会上, "秦山30万千瓦核电厂设计与建设"获得了国家科技进步奖特等奖。李鹏总理满面笑容地向站在主席台前的赵宏伸出了手, 当两双温暖的大手紧紧有力地握在一起时, 双方都能感觉到这一次握手的份量有多重! 赵宏心潮起伏: 自己和同事们几年来的努力终于得到党和国家的认可, 秦山核电人终于向党和人民交出了一份优秀的答卷!

秦山核电站自2001年以来取得了连续五个燃料循环的长周期安全运行业绩, 创造了连续运行天数从331天、443天、448天到469天的当时国内最好运行纪录。作为原型堆核电站能够有此佳绩在国际上也是罕见的。在 2002 年 WANO（世界核电运营者协会）性能指标综合指数评价中，秦山核电站提前达到世界压水堆核电站的中值水平。秦山核电公司也因此获得了很多的荣誉：全国五一劳动奖状（全国先进企业）、中国的脊梁——全国优秀企业 500 强、全国科普教育基地、全国青少年科技教育基地、全国国有企业创建"四好"领导班子先进集体、国防科技工业第二次创业标兵单位、浙江省爱国主义教育基地、浙江省文明单位等。

秦山核电基地党委副书记钱金标自豪地说：我们已经完全实现了当年周恩来总理的夙愿。正如 2002 年 6 月 23 日，时任中共中央政治局常委、国家副主席、中央军委副主席胡锦涛视察秦山时所说：秦山核电站是我国立足于自主创新建设的第一座核电站，具有十分重要的战略意义。一期电站建成发电 10 多年来，在大家的共同努力下，保持了安全运行，取得了良好的经济效益和社会效益。同时，为我国的核电事业发展，打下了坚实的基础，积累了经验，锻炼了队伍，培养了人才。也为我国核工业的再次创业和国防事业的发展，发挥了重要作用。……实践证明，党中央关于建设秦山核电站、发展我国民族核电的战略决策是英明的、正确的，也表明我国的核电队伍是一支勇于开拓、自觉奉献、能打硬仗的好队伍。

重大跨越

就在秦山一期攻坚克难之时，秦山二期也悄然拉开了序幕。

1987 年 10 月 10 日，国务院领导在国家计委《关于审批秦山核电二期项目工程建议书的请示》中指示："工程建设拟采用'以我为主，中外合作'，部分引进国外技术的方式，设计和施工中的技术难点，拟向国外提出咨询，总体设计由国内承担。"

次年 11 月，国家核安全局批准了秦山二期工程厂址——秦山南麓的杨柳山。此时，与外国联合设计、联合制造二期电站设备的意向也已谈判成功。

正当二期扬帆起航时，1989 年春夏之交，"六四风波"骤起。由于西方国家对我国实施制裁，对外合作谈判被迫中断，二期工程陷入困境。

外国人靠不住，我们就依靠自己的智慧和力量建造国字号的核电站！

二期刚刚起步，一期又面临全面整治，可谓压力如山。"我把秦山交给你了！"蒋心雄部长对赵宏提出要求：你在国内可以出差，但不能出国，在国内坐镇指挥。

"可以。我执行！"这是上级的要求，也是对自己的考验，但更是对自己的信任。赵宏在以后的工作中，全部接受并严格执行。

于洪福无疑是赵宏手下的一员大将，担任核电秦山联营有限公司总经理任命刚下，他就带领从秦山一期挑选的"八个半"人轻装上阵了。本来要的是9个人，但其中一人是秦山一期计划处副处长，工作一时脱不开，只好兼顾两边的工作，因此就成"八个半"人。

1993年5月，杨柳山如千雷劈波，万狮狂吼，一场惊天地、泣鬼神的移山填海工程开始了。于洪福和他的伙伴们又一次上演了"愚公移山"的故事。

国家调整基建项目期间，尽管主管部门采取"杀一群鸡，保一头牛"的措施，砍掉一批小项目，挤出有限的资金保证秦山二期的建设，但仅仅是杯水车薪，工程前途未卜。

于洪福心里清楚，要保证二期项目，最基本的是确保"三个不停"：设计不能停，设备谈判不能停，现场施工不能停。但要限制进度，维持最低的工作量。而要保证这"三个不停"，就必须有一定的资金作保证。

提起筹集资金这段往事，于洪福印象最深的是"三闯中南海"，一次是找时任国务院副总理朱镕基，两次是找时任国务院副总理邹家华。在多次联系后，邹家华的秘书同意安排接见。可一天天过去了，却迟迟接不到通知。突然有一天，电话来了，让于洪福马上赶到中南海。但事不凑巧，北京办事处的两台车都出去办事去了。急火攻心的于洪福东借西找，好不容易找了一辆行将报废的"老爷车"。到了中南海大门口，警卫核对了车号也不放心，让邹家华的秘书到门口确认了他的身份后才放行。

后来，在邹家华和中核总的支持下，建设资金得以落实，二期工程才逐步走出不能开工的困境。

1996年6月2日秦山二期工程（2台60万千瓦国产商用压水堆核电站）正式开工建设。

此时，赵宏的又一"干将"出场了，中核总调国营404厂党委书记李永江接手核电秦山联营有限公司总经理。

中核总给赵宏、李永江的任务是："为了核电国产化事业，秦山二期一定要按时开工。"

可他们面前横亘着两大难题：一是抢回施工进度，二是算出投资概算。

想方设法把图纸设计赶上去是抢回工期的关键。赵宏、李永江洞悉到这项工作严重滞后的原因：设备采购周期较长，不能及时将技术资料和文件送达设计单位；设计院抓得不紧，工作效率不高，出图纸太少。另外，业主、设备制造单位和设计院缺乏必要的沟通和协调。

为打通这些关节，赵宏拖着一条病残的腿出发了。除自己一个个单位去督促、去协调，还不止一次派人到设计单位急等，只要图纸一出来就立马带上直奔机场，为加快施工进度赢得了宝贵时间。

为了抢回工期，李永江在征求意见的基础上，打破国际上核电工程建设的惯例，做出了"三个提前介入"的决定，即在责任不转移的前提下，安装提前介入土建，调试提前介入安装，运行提前介入调试，使工程建设和运行人员提前熟悉现场情况，提前做好准备工作。

1998年是秦山二期工程建设经受严峻考验的一年。

年初，中核总工作年会上，面对总公司领导"今年11月15日之前1号反应堆厂房能不能封顶"的询问，李永江感到压力很大。反应堆厂房内部共有七八层现浇钢筋混凝土结构，按常规施工进度，每一层的浇注需要近两个月时间，全部完成则至少需要15—16个月，更何况设计图纸跟不上。

李永江和班子成员商定：无论如何要按期完成第一个里程碑目标；继续抓好图纸设计这一关；最大限度地抢时间赶工期。会议一结束，大家分头行动。但由于反应堆厂房内部结构施工及穹顶拼装严重拖期，穹顶喷淋集管的制造安装遇到了难题。

按原施工方案，喷淋集管安装完毕后随穹顶整体吊装，然后再搭设高空平台进行喷淋头的安装。此法将大量占用环吊的作业时间，影响反应堆厂房内主设备的安装，同时存有安全隐患。为此，另一方案被提出：喷淋头先安装在喷淋集管上后，再随穹顶整体吊装。但若用此法，整个流程必须在58天内完成，时间紧迫。通过再三权衡，决定采用后者，这又使本来够紧张的工期更紧张了。

持续的高温和暴雨，百年不遇的台风等恶劣天气，又给工程建设造成了无法想象的困难。没封顶的安全壳内气温高达摄氏50度，上千工人在不同的作业面挥汗如雨，救护车就停在现场。有时连续大雨，工人们就呆在现场，雨稍小一点就冲向作业面。

为缩短工期，加快进度，在赵宏的首肯下，李永江力排异议，从有限的资金中挤出几百万元设立"赶工奖"，直接奖励提前完成任务的，对工程建设有贡献的施工单位和协作单位。事毕，赵宏对大伙说："花几百万赶工奖赢得了工期，值，太值了！"

就这样，大家风雨同舟，齐心协力，终于提前5天实现了1号反应堆厂房封顶重要节点，保质保量完成了中核总下达的艰巨任务。

8年的建设，李永江几乎没休息过一个节假日，工作像赶场一样，会场——现场——机场成为他生活、拼搏的一条线。他率先垂范，和一支勇于拼搏、视事业如生命的团队一道，取得了一回路水压试验一次成功、首次装料一次成功、首次临界一次成功……创造了核电建设史上的一个又一个佳绩。

1999年6月国家将中国核工业总公司改为中国核工业集团公司，李定凡任党组书记、总经理。集团公司对秦山核电二期工程高度重视，在工程建设的关键时期，2000年李定凡一年内曾先后7次赴秦山检查指导和协调工程建设。

2002年2月6日，1号机组提前23天首次并网发电；4月15日比计划提前47天实现商业运行。

2004年3月11日，2号机组首次并网发电；5月3日投入商运。

潮起秦山，浪涌钱塘。秦山核电二期工程全面建成，是我国"九五"期间开工建设的4座核电项目中唯一国产化项目，也是我国自主设计、自主建造、自主管理、自主运营的第一座大型商用核电站。

如果说秦山一期30万千瓦级核电工程解决了我国内地无核电的问题，那么秦山二期60万千瓦级核电工程则实现了我国自主建设大型商用核电站的重大跨越。秦山核电二期工程积累了一整套核电自主建设的经验，具备了批量建设的条件和能力，为我国核电建设的标准化、系列化奠定了基础，为自主设计建造百万千瓦级核电站创造了条件，成为我国核电自主化建设的又一个重要里程碑。

秦山二期自主运营的两台机组发电后，机组电功率达到65万千瓦，远高于设计值。2005年，两台机组平均负荷因子达到89%，绝大多数性能指标达到或超过 2004 年 WANO 中值水平。经专家鉴定，秦山二期核电站的总体性能达到了 20 世纪 90 年代建设的国际同类核电站的先进水平。

2006 年 4 月，秦山核电二期 1、2 号机组通过国家竣工验收，国务院发来贺信；当月 28 日，秦山核电二期扩建工程开工建设，国务院副总理曾培炎出席开工典礼。扩建工程 3、4 号机组的设备国产化率由 1、2 号机组的 55% 提高到 77%，并分别于 2010 年 10 月 21 日、2011 年 12 月 30 日投入商运，比计划建造工期分别提前 6 个月 23 天和两个月。

秦山核电二期的成功建设，得到党和国家领导人的高度评价。温家宝总理在中核集团关于秦山核电二期工程建设的汇报材料上批示，称赞秦山二期"走出了一条核电国产化的路子"。2003 年，核电秦山联营有限公司荣获全国五一劳动奖状；2004 年，秦山核电二期 600MW 核电站荣获国家科技进步一等奖；2007 年，秦山核电二期工程获国家工业大奖表彰奖；2009 年，核电秦山联营有限公司荣获全国精神文明建设先进单位称号。

合作典范

正当秦山核电基地为谋求长远发展，加紧秦山二期核电站建设之时，1994 年 11 月，中国和加拿大两国政府签署了《中华人民共和国政府和加拿大政府和平利用核能合作协定》，决定在秦山建设 2 台 72.8 万千瓦重水堆核电站。这又是一次极好的发展机遇。

当时引进重水堆核电站，中央考虑了诸多因素。1989 年政治风波后，西方核大国对中国实行技术封锁，企图遏制中国核电事业进一步发展。加拿大政府第一个站出来要和中国进行合作，打破了这种壁垒森严的封锁。再则从工程本身讲，主要是为了利用外资，引进先进的管理和技术，扩大核电的容量，与国际真正接轨，以保持中国核电事业持续和适度的发展。

1994 年 12 月，邹家华副总理在蒋心雄的陪同下到达秦山，亲临螳螂山（秦山向东延伸山体）查看，对重水堆厂址甚为赞许。重水堆厂址正式确定。

1996 年 11 月 26 日，中加合作建设的秦山三期重水堆核电站工程商务合同在上海正式签字，国务院总理李鹏、副总理吴邦国和加拿大政府总理让.克雷蒂安出席签字仪式。

1998 年 3 月，时任中核总党组副书记、副总经理张华祝调任国防科工委副主任。不久，中核总组建了新的领导班子。

"工期不能拖一天，投资不能多一分，质量不能出问题。"张华祝对新领导层郑重叮嘱。

1998 年 6 月 8 日由加拿大原子能有限公司总承包的秦山三期重水堆核电站开工建设。

当好业主，做好监督，依据是什么？是合同；防止风险，对加方进行监督和管理，对中方施工单位遵循国际规范，靠什么？还是合同。领导层首先要求大家摒弃"按老经验办事"的框框，熟悉掌握合同，严格执行合同，这是把握工作主动权的出发点。其次是继续加强员工培训。据估算培训经费超过 1 亿元人民币。第三是抓住设计审查和加强设备监造两大关键环节。设计审查不仅让秦山三期对核电站有了更加充分的认识，也通过设计变更和改进使坎杜机组设计达到世界先进水平。

加强设备监造是控制设备制造质量的关键环节和重要手段。秦山三期的设备和主要安装材料全部由外国进口，制造商涉及加拿大、美国、日本、韩国、法国、英国、瑞士等国家。设备制造地域广阔，厂家众多，总经理部排兵布阵，根据设备制造厂区域分布的实际，重点建立了驻加拿大多伦多、日本日立、韩国韩重 3 个设备制造质量监督点。及时发现和处理了主要设备制造中出现的质量问题，设备制造质量和进度都得到了有效的保障。

停工令，或许是能使设备制造质量得到保障的一个有力佐证。

停工令是秦山三期工程主合同赋予业主的权利，也是业主行使权利的有力手段之一。在秦山三期整个工程建设过程中，业主曾多次通过停工令，要求承包商停工整改，直至达到目标要求。

这是总经理部在设备制造中向合作伙伴、总承包商——加拿大原子能有限公司下达的唯一一份停工令。2000 年 5 月 7 日，秦山三期副总经理吴兆远接到驻韩国重工业公司设备监造办公室的传真报告：由加拿大某公司设计、加工的 2 号机组 C 和 D 两台蒸汽发生器的热板，将固定槽开反了。

热板开错槽，继而又在反面再开一道槽，这样的不符合项处理没有事先通知业主。直到有一天，我驻韩重设备建造工程师到车间监督检查时，韩方才通报了这一事件。

我方意识到这种行为将会产生严重后果。在运行过程中热板一旦断裂，蒸汽发生器报废，核电站随之就必须停役。这是中方绝不能接受的。

愤怒之时也引起了总经理部的高度警觉，必须有理、有利、有节，及时、冷静地处理好这件事，先按合同规定以书面形式行使业主的权利，表达我方的意见和要求。与此同时，指示我驻多伦多办事处，尽快与加方当面交涉和谈判。

然而，加方却辩称这只是一个误差，拒绝向韩重下达停工令。

我方寸步不让，反复敦促：开错槽的热板不能用，必须重新加工新热板。

在加方一再拒绝我方要求的情况下，我方按照合同规定向加方下达了停工令。加方最终明白：要让中方满意，只有重新加工热板这一条路。

2001年初夏，验收合格的2D和2C蒸汽发生器终于运抵秦山现场。

随后，这两台蒸汽发生器被吊装进2号机组反应堆厂房，既保证了设备质量，又没影响工程进度。蒸汽发生器热板开错槽事件到此圆满结束。

在整个事件的处理过程中，秦山三期始终坚持维护业主利益的原则，同时又着眼于大局，真诚交流与合作，不斤斤计较，追求双赢，充分展现了中国企业家的政治智慧和领导能力，赢得了许多国外合作伙伴的尊重和信服。

这只是"三大控制"中质量控制的前奏。投资控制的过程是极其复杂的，但结果最能说明管理的成效——秦山三期节约投资约25亿元人民币。"100天赶工计划"又保障了进度控制得以超前。因此，"三大控制"完美收官。

2002年11月19日，秦山三期1号机组并网发电，同年12月31日正式投入商运，比商务主合同规定的日期提前43天，创造了同类核电站首台机组建设周期最短的佳绩；2号机组2003年6月12日并网发电，同年7月24日投入商运，比主合同规定的日期提前112天，充分显示出进度控制的有效性。

秦山三期核电站建设的巨大成功，充分证明在工程建设过程中，核电人所倡导和建立的核电站工程项目管理模式，不但实现了与国际核电站工程管理的接轨，而且科学地与中国国情与工程实际相结合，这是十分难能可贵的，在当前核电发展的大好形势下有着十分重要的借鉴意义。

加拿大原子能有限公司副总裁潘凯恩先生如此赞许："秦山三期工程是中国人努力的结晶，是中国人成功的故事，是中加两国友好合作的典范。"

2008 年 12 月 26 日，秦山核电厂扩建工程——方家山核电工程（2 台百万千瓦国产化压水堆核电站）开工建设。不久的将来，秦山核电基地将是一个拥有 9 台机组、650.6 万千瓦装机容量的国内机组数量最多、堆型最丰富、目前容量最大的大型核电基地。

作为中国大陆核电的发源地——海盐，这个拥有 2000 多年历史，人口不足 40 万，陆地和海域面积各占 500 平方公里的古老县城，也因此焕发了青春，早在上世纪 90 年代就进入了全国百强县的行列，如今更是成为了一个名副其实的中国核电城。

"秦山"裂变，不仅由一期引发了二、三期的成功建设，实现了由原型堆到商业堆、由能自主建设 30 万千瓦到自主建设 60 万千瓦、100 万千瓦核电站的重大跨越，还将核电种子播撒到了国外。

秦山核电站并网发电成功仅 15 天后，中国就收到了国外的一个大订单——邻国巴基斯坦与中方正式签约，拷贝秦山 30 万千瓦核电站，在巴基斯坦再建一座。中国一举成为世界上第八个出口核电站的国家。

1993 年 8 月 1 日，巴基斯坦恰希玛核电站核岛厂房浇灌第一罐混凝土。2000 年 6 月 13 日，恰希玛核电站首次并网成功，9 月 26 日移交巴方管理运行。恰希玛核电站的成功建设，实现了我国从原型堆核电站开发到商用堆核电站开发并出口的历史性转变。

朱镕基总理赞誉："恰希玛核电站的建成，是中巴两国核电建设者聪明才智和辛勤劳动的结晶，恰希玛核电站将作为两国人民传统友好关系的象征，作为发展中国家"南南合作"的成功典范载入史册！"

蝴蝶效应

中国核电潮犹如"蝴蝶效应"，在东南沿海强劲地显现出来。

田湾核电站"花"落江苏，颇具戏剧性。

可以说，从一开始，田湾就承担了"多重"重担，政治大局、技术安全和经济效益都要考量，而且不容任何闪失。

前苏联的核技术先进。早在 1989 年，中苏两国就开始探讨在中国合作建设核电站事宜，1992年叶利钦总统首次访华期间，中俄签订了政府间协议。但是，切尔诺贝利核事故的影响至深，使得国内一度出现不少质疑的声音。党中央、国务院从增进中俄两国政治互信、发展经济贸易、加强两国战略协作伙伴关系的大局考虑，果断决策，力主在核能领域开展高科技合作。为此，中俄双方进行了长期的技术交流、安全论证和艰苦谈判。1997年，在李鹏总理、李岚清副总理和俄政府第一副总理涅姆佐夫的见证下，中俄双方正式签署了合作建设田湾核电站总合同。

其实，与俄方合建核电站，首选地是辽宁省瓦房店市的温坨子厂址。但考虑到辽宁省是重工业基地，基础设施建设完整，电力资源较充裕，而江浙地区经济发展较快，电力需求趋势明显，于是1996年国务院决定将核电站转到江苏来建。连云港田湾厂址地震地质条件好，又近深水海域，紧靠大型港口和铁路，条件十分有利；厂址可容纳6至8台百万千瓦级机组，发展余地大，所以江苏在争取核电的竞争中拔得"头彩"，最终"花"落连云港田湾，并正式组建了项目建设单位——江苏核电有限公司。

田湾核电站于1999年10月20日正式开工建设，一期工程建设2台单机容量为106万千瓦的俄罗斯AES-91型压水堆核电机组，采用了一系列重要先进设计和安全措施，包括安全系统4通道、堆芯熔融物捕集器、全数字化仪控系统、反应堆厂房双层安全壳、非能动氢气复合器等，满足国际上第三代核电站的要求。由于首次采用了多项先进技术，开建以来，可以说是一路披荆斩棘，攻坚克难。

建设核电最重要的是专业人才。田湾核电站建设之初，专业人才比较缺乏，而当时秦山一、二、三期和广东大亚湾核电站仍处于建设阶段，实在抽不出更多支援人手，这可愁坏了当时执掌田湾帅印的原中国核工业部常务副部长、江苏核电有限公司董事长陈肇博，情急之下，他忽然想到了许多退休赋闲的老专家。秦山一期总设计师欧阳予成为陈肇博挖掘的第一个"宝贝"，他亲自登门拜访，邀请老先生"出山"。欧阳予的老伴担心丈夫的身体，陈肇博就请她一同到田湾全程照顾欧阳予先生。陈肇博就是这样想方设法，在田湾集合起一支经验丰富的老专家队伍。同时，也积极组织社会招聘和专业大学生选录。"爷爷带着孙子干"，开启了田湾的建设征程。

田湾采用的ES-91型机组，是俄罗斯在总结系列VVER型机组的建设和运行基础上作出的改进型设计，采用了多项重要先进技术和改进措施，不可避免地出现了设计变更频繁、设备供货滞后等问题，而且全新的施工工艺也带来重大考验。，因为田湾安全壳采用的是预应力钢缆系统，犹如一个巨型钢铁鸟笼般镶嵌在安全壳内，每根竖向倒 U 型钢束，一束束从安全壳底端贯穿整个安全壳到达对称的另一端，这个很吸引人的设计创意，看上去似乎很简单，但真正安装吊拉时却不是那么轻松。任何一个误差都将影响到整个钢缆系统的性能。这样的挑战和考验不胜枚举……

可以说，田湾核电站调试前的土建和安装阶段，场场都是攻坚战，每一环节都考验着田湾人的承压力。到 2002 年底，工程也只完成了总任务量的 40% 不到，但田湾人硬是凭着坚强的意志、过人的智慧和克难的勇气，通过包括中核华兴建设公司、中核二三建设公司、江苏省电建一公司和三公司在内全体建设者的共同努力下，以数以千计的实验为基础，确定相关措施，推动了土建和安装工程按计划或提前实现，项目于 2003 年 10 月提前一周进入冷试期。

田湾转入调试阶段后，再次出现了预想不到的困难。田湾 1 号机组的调试期长达 1298 天，处理计划外的重大不符合项、进行变更和消缺的时间就占了 63.4%，期间产生的工艺设计变更通知单高达 3365 份。这些突如其来的问题让田湾人陷入了无尽的煎熬之中，各种质疑声不绝于耳，甚至有人断言"田湾核电站不可能发电"。

严峻的现实再次逼出田湾人骨子里的斗志，全体建设者全力以赴"打硬仗"，"5+2"、"白 + 黑"成了参加田湾建设的每个人的工作常态。面对诸多不符合项，中俄双方积极沟通，业主加强自主决策，认真落实监管意见，最终确定了方案，逐个认真加以解决，并使这些不符合项得到了妥善处理，为田湾投产并保持安全稳定高效运行奠定了坚实基础。

田湾一年要进行 300 多项技术改造，多项技改已获得了专利，真正形成了自己的品牌。因 1 号机组蒸汽发生器传热管投运前出现腐蚀裂纹，2 号机组的首次清洗和运行后水化学控制的难题曾沉重地压在田湾人的心头，但最终通过精心研究和不懈的努力，以科学和巧妙的方式解决了技术难题，以 WANO 化学指标一直保持世界先进值的控制水平实现了水化学的最优控制；蒸汽发生器内的沉积物逐年下降，1 平方米不到 1 克，传热管表面仍然保持微微金属光泽，刷新了连续运行 6 个燃料循环免化学清洗的同类机组记录，预计 40 年寿期内无需化学清洗。田湾的一些良好实践已经被俄罗斯借鉴，并多次来函要求来田湾学习取经。

正是通过这样的担当和作为，田湾人的前进步伐铿锵有力。别人没有做的事，田湾人做到了；别人没有经历的重重考验，田湾人都成功闯关夺隘。敢于"吃螃蟹"的田湾人硕果累累。

1号机组于2005年10月18日开始首次装料；12月20日反应堆首次达到临界；2006年4月6日汽轮机首次利用核蒸汽冲转成功。

2号机组于2000年9月20日浇筑第一罐混凝土，2007年5月1日反应堆首次达到临界，5月14日首次并网成功。

2007年5月17日和8月16日，田湾核电站1、2号机组相继投入商业运行。

1、2号机组投入商业运行以来，始终保持安全稳定高效运行，各项性能指标优良，大修工期不断优化，能力因子持续提高，发电量稳步提升，取得了良好的运行业绩、经济效益和社会效益。

2013年7月12日，继采访秦山后，我顶着毒辣的日头来到田湾，置身于绿树鲜花簇拥的工厂，虽然酷热难耐，仍觉心旷神怡。站在办公大楼顶端，向西北方向了望，只见1、2号机组在骄阳的照耀下银光四射，又一座核电丰碑傲然矗立在黄海之畔。要不了多久，还有6台机组将由东向西一字儿排开，成为一个威武的方阵接受核电人和共和国的检阅！

我深感田湾核电站建设不容易，建成不简单，业绩不平凡！

多次来田湾督阵、指导的原俄罗斯原子能部副部长列舍特尼科夫高度评价："田湾核电站是精彩美妙的一部历史作品！"

中核集团公司董事长、党组书记孙勤在田湾投入商运五周年庆祝大会上，对田湾的建设成就和运行业绩给予高度评价，并希望田湾："多出效益、多出成果、多出人才"。

由于田湾一期工程建设的良好合作和成功经验，为中俄双方继续深化核能领域合作奠定了坚实的基础。2010年，在中俄两国领导人的见证下，中俄双方先后签署田湾核电站3、4号机组框架合同、技术设计合同和总合同；2012年，中俄两国政府签署《关于在中国合作建设田湾核电站3、4号机组的议定书》。

2012年12月27日，3号机组浇筑第一罐混凝土，田湾二期工程正式开工建设。田湾二期工程成为日本福岛核电站事故后国务院核准开工的第一个新建核电项目。两台机组建设工期 62 个月，计划分别于 2018 年 2 月和 12 月投入商业运行。目前，项目进展顺利。

田湾核电站的成功建设，培养和锻炼了一支意志坚定、经验丰富、敢于创新、追求卓越的人才队伍。"中核田湾人拥有攻坚克难的志气、超越自我的豪气、赢在执行的勇气、崇尚荣誉的风气，田湾的团队就像一支夜行军队伍，始终保持目标方向的高度统一。"现任江苏核电有限公司总经理吴秀江对自己的团队和田湾的未来充满信心：上下同欲者胜，风雨同舟者兴！

田湾核电站全面建成后，将成为我国又一个大型核电能源基地，为建设资源节约型、环境友好型社会和美丽中国不断贡献安全清洁高效稳定的电力能源，为实现中核集团"做强做优，世界一流"的中核梦和我国核电事业安全高效发展做出新的更大贡献！

浙江，不愧为中国的核电大省。

台州的三门湾与核电的第一次"相会"擦肩而过，不过我国经济的迅速发展给三门湾带来了新机遇。进入 21 世纪后，三门核电厂工程可行性研究再一次被提上议程。

2001 年 12 月，浙江省决定将三门核电列为重点工程预备项目，并批复"四通一平"工程立项和初步设计，这为以后国家正式批准该项目立项，创造了有利的条件。

时任浙江省省长吕祖善高兴地指出：加快核电工业发展，是浙江优化能源结构、破解能源瓶颈制约的重大举措。

2004 年 7 月，三门核电站一期工程建设获得国务院批准。这是继中国第一个核电基地——秦山核电基地之后，获准在浙江省境内建设的第二个核电基地。

三门核电工程占地总面积约 3000 亩，采用美国西屋公司开发的第三代压水堆核电技术 AP1000 建造，规划建设 6 台 125 万千瓦的核电机组，总装机容量为 750 万千瓦，分三期建设。

三门核电工程在技术路线的选择上可谓一波三折。"为顺应世界核电技术进步的潮流，国家在比选俄罗斯、法国、美国三大核电'巨头'的技术优势后，做出了以全面技术转让的方式引进美国西屋公司 AP1000 三代核电技术建设浙江三门、山东海阳依托项目的重大决策。"接受采访的三门核电保健物理总监周建宏告诉我。通过几年的招标谈判，2006年12月16日，中美两国政府签署了《中华人民共和国和美利坚合众国政府关于在中国合作建设先进压水堆核电项目及相关技术转让的谅解备忘录》，国家核电技术招标机构宣布选择美国西屋联合体作为优先中标方。次年7月24日，国家核电技术公司和三门核电有限公司、山东核电有限公司作为联合采购方，与美国西屋联合体及主要分包商，在北京人民大会堂正式签订了中国第三代核电自主化依托项目核岛设备采购和技术转让合同。

三门核电一期工程于2009年4月19日开工建设，时任中共中央政治局常委、国务院副总理李克强出席仪式宣布开工并看望慰问建设者。一期工程是中美两国最大的能源合作项目，是我国首个三代核电自主化依托项目，也是浙江有史以来投资最大的单项工程，计划总投资超过400亿人民币，共有2台机组，其中1号机组是全球第一台AP1000核电机组。三门核电站所采用的AP1000核电技术，属于第三代压水堆技术。这种技术可以较大幅度地简化系统，减少设备数量，提高核电站的安全性和经济性。

首堆建设面临着设计、设备等诸多方面的挑战，也给建设进度的控制造成了压力。为应对这些挑战，自2011年下半年开始，三门核电就推动管理创新，加强了对项目管理的主导，在不改变核岛总承包管理模式和管理体系的前提下，充分发挥业主的能力和优势，坚持"一切以工程建设为中心"，通过促设计、催设备、抓建安、调试早介入、恰当的资金周转支持等举措，逐步强化业主对项目的整体控制力，全力推进工程建设。

进入2013年，三门核电继续深化业主主导，从设计管理、采购管理、建安管理、调试管理、计划管理、商务管理等6个领域梳理问题、分析原因、提出对策和目标，制定了一整套管理创新专项工作方案。这一系列举措为核电工程总承包管理模式下如何加强业主主导作用走出了一条优化途径，创新了管理模式，提升了项目效益。

如今，三门核电工程各参建单位工作热情逐步高涨，积极响应业主提出的号召，努力兑现承诺，形成合力，项目取得了实质性进展。2013年初以来，三门核电1号机组相继实现2台蒸汽发生器就位、钢制安全壳顶封头就位、157组核燃料顺利进场、主管道焊接全部完成、核岛环吊可用等重大节点。

2013年7月18日，我乘车穿过银子岗隧道，进入三门核电施工区，被炸平的乌龟山基岩上，1号机组的钢制安全壳已经封顶，2号机组钢制安全壳顶封头也组装完成，工人们正在有条不紊地忙碌着；3至6号机组也预留出地基，将一溜儿地由西向东展开，三门核电站已见雏形。

三门核电一期工程建成后，将能提供250万千瓦供电能力、年均175亿千瓦时发电量，年产值约80亿人民币，预计能承担浙江全省3.3%电力负荷、4%全社会用电量，能为浙江增加约1600亿元/年生产总值提供电力支撑。

而更为重要的是，核电项目的二氧化硫、二氧化碳等污染物基本上是零排放。据测算，建设三门核电一期工程与建设相同发电能力的最先进的百万千瓦级燃煤发电机组相比，可以每年减少500万吨优质动力煤的运输量、1.149万吨二氧化硫排放量、1.909万吨氮氧化物排放量、1345吨烟尘排放量。可以说，核电项目是满足浙江新增电力需求、减少污染物排放、保障全省经济又好又快发展的最有效途径之一。

通过建设三门核电，中国可掌握第三代核电AP1000的五大核心技术核电站核岛筏基大体积混凝土一次性整体浇注技术、核岛钢制安全壳底封头成套制造技术、模块化设计与制造技术、主管道制造关键技术、关键设备大型锻件制造技术，为推进中国核电产业技术水平的整体跨越，为实现我国第三代核电AP1000的自主化、批量化建设打下坚实的基础。

毋庸置疑，三门核电一期工程的成功建设将产生较好的经济与社会"双重"效益。正如原国家发展改革委副主任、原国家能源局局长张国宝所言："它的建设，不仅将进一步加快我国掌握三代核电技术、提高核电设备制造和建设能力的进程，而且对调整我国能源结构，促进经济社会和环境保护和谐发展将起到积极作用"。

昌江核电站，无疑是镶嵌在海南岛的一颗明珠。

海南昌江核电站位于海南省昌江县海尾镇塘兴村。2008年12月3日，海南核电有限公司正式成立。

昌江核电厂址可容纳四台大型核电机组，其中首期建设两台650MWe核电机组，总投资200亿元以上。工程采用"二代改进型"压水堆核电技术，即中核集团自主研发具有我国自主知识产权的CNP600压水堆核电机组技术，项目1号机组于2010年4月7日正式通过国家核准，并于4月底正式开工，2号机组在2010年11月正式开工，计划于2015年建成投产。

海南昌江核电项目意义重大：保障海南省电力供应。核电项目双机组投产后，发电出力近130万千瓦，每年发电量约为90亿千瓦时，将占海南省电力供应的30%左右，将大大缓解海南省一次能源短缺问题，保障海南电力供应的稳定、安全和可持续性。

推动海南国际旅游岛建设。核电建设已成为拉动地方经济社会发展的重要力量，至2013年6月底，项目已完成投资约116亿元人民币，按基础投资项目乘以2.5估算，预计带动各关联产业投资额达325亿元。现场常驻参建人员8000余人，为当地提供大量就业机会的同时，极大促进了当地服务业的发展。然而，这仅仅是开始，核电项目投产后年产值近40亿元，将极大提高地方财政收入，为地方经济发展有提供更多的产业支撑。

促进生态环境可持续发展。据初步测算，核电机组按年运行7000小时考虑，相比同等容量的煤电机组，每年可以减少燃用标准煤约260万吨，可减少二氧化碳约780万吨、烟尘约450吨、二氧化硫约1600吨、氮氧化物约9700吨，环保效益显著。

福清核电站也必将给海峡西岸的人民带来福音。

福清核电站厂址位于福建省福清市三山镇前薛村岐尾山前沿。福清核电工程是国家批准建设的重大能源工程之一，共规划6台百万千瓦级二代改进型压水堆核电机组，实行一次规划，连续建设，总投资近千亿元。1号机组于2008年11月正式动工，2009年6月17日，2号机组比原计划提前3个月开工建设。

福建对这个项目充满期待。福清核电站1、2号机组将于2014年建成投产。一期工程建成发电，每年至少可减少二氧化碳排放1600吨，减少10万吨火力发电用煤的灰渣以及大量二氧化硫、二氧化氮等排放。6台机组计划在2018年全部建成投产，至少可拉动地方经济3000亿元的投资和增加3万人的就业。福清核电站6台机组连续建设还将为中国核电站群堆建设以及核电批量化、规模化发展打下坚实的基础。

福清核电站还开创了"福建速度"和"福清模式"。从国家发改委正式同意福清核电站开展前期工作，到工程具备开工条件，前后仅11个月。未搬迁一户居民，不占用一分农田，福建地方和中核集团通力合作，福清核电一期工程创造了国内核电前期工作最短纪录，被誉为"福建速度"。

福清核电站不同凡响的标志意义，还在于它首创的建设模式，实现了商用核电站建设由法方"交钥匙"工程，到中方"交钥匙"工程的飞跃，实现了国产化率从当年1%到如今75%的飞跃。

自主创新能力的不断提高，使中国核电事业由"适度发展"转变为"安全高效、积极推进"，在当前先后开工的一批核电项目中，除了以三代核电技术引进为依托的三门、海阳项目外，包括福清核电站在内的其他核电项目均采用了我国自主设计的"二代加"百万千瓦级压水堆核电技术。

前景可期的福清核电站，有望成为中国核电发展技术水平、管理模式提升的一个符号，也将是中国核电迈入发展快车道的一个缩影。

核力无限

以秦山为"引擎"，田湾、三门、昌江、福清等核电站相继发展，中国核工业集团公司的核电站可谓星罗棋布，与中国广东核电集团有限公司、中国电力投资集团公司属下的核电站形成了中国核电的"三足鼎立"之势。在国家"安全高效发展核电"等一系列变革的推动下，一个崭新的中国核电发展格局正式确立。

在项目建设、自主引进消化吸收、国家重大科技专项以及核电标准化体系化建设等方面，我国均稳步推进。在核电发展技术路线上，已经明确：国产化为主，两代技术并进，在掌握三代技术之前，建造一批二代改进型核电站，与此同时引进消化三代技术，2015年左右推广，2020年批量建造。我国一直试图实现核电技术路线的统一，这无疑将是中国核电事业里程碑的一步。国家能源局原局长张国宝曾表示，中国核电之前是"万国牌"，引进了几个国家的堆型，每个电站都不一样，这样发展下去肯定不行，一定要统一技术。统一技术的好处首先在于：加工制造厂可以根据统一的技术要求来做，可以大幅度降低成本，提高竞争力。此外，统一技术，齐心协力，也有助于中国企业在国际核电大单争夺中占据更有利的位置。可以预计，未来中国核电必将迎来一个更加广阔的发展前景！

中国核工业集团公司拥有核动力、核电、核燃料、核地质铀矿、核环保工程、核技术应用、非核产业、新能源等"八大板块"，核电只是其中之一。在中国核工业集团公司 2010 年科技工作会议上，中国核工业集团公司党组书记、总经理孙勤，高瞻远瞩地详述了中核集团核工业自主知识产权的研制和战略方向，极大地鼓舞了中核人对未来发展的信心和勇气。

集团公司科技创新工作的总体目标是：围绕国防建设和经济社会发展的需要，加强原始创新和核心关键技术创新与集成，力争在核科技发展前沿拥有一批具有自主知识产权的创新成果，增强集团公司高科技的持续创新能力，带动产业的整体发展和促进集团公司做大做强。

这个目标的 4 个着力点是：多出科技成果，完善科技体系，提升科技队伍，创新科研机制。

多出科技成果。到 2015 年，集团公司在核电、核燃料循环、核技术应用等领域要取得十大标志性科研成果，实现建设创新型企业集团的目标；到 2020 年，要全面提升科技核心竞争力和国际竞争力，形成一批具有自主知识产权的核心先进技术和全球知名品牌产品，为创建国际一流企业集团奠定坚实基础。

完善科技体系。整合优化科技资源，完善集团公司科研与产业紧密结合的科技平台体系，形成功能较强的基础和应用研究能力。以 15 个集团级工程技术研究中心、26 个集团级重点实验室为基础，做到核工业产业链每个生产环节都有科研做支撑，有责任主体单位来承担科技创新任务。

提升科技队伍。实施重点科技专项总指挥和总设计师"两总"制度，设立首席专家、科技带头人、首席技师岗位，并给予相应待遇，拓宽高层次科技领军人才职业发展通道。组建由首席专家和科技带头人引领的集团公司科技创新团队。"十二五"末集团公司高水平的科技领军人才要达到 300 人。要切实营造鼓励人才干事业、支持人才干成事业、帮助人才干好事业的良好氛围，促进早出成果、多出成果、出好成果。

创新科研机制。创新科研成果奖励和成果转化的市场化激励机制，加大对自主创新的奖励力度，充分体现科研成果的效益和价值。从现在开始设立"钱三强科技奖"，奖励做出突出贡献的科技领军人才。绩效考核中给科技创新先进单位特别加分，自主科技投入视同利润。积极探索实施技术转让、提成、持股等成果转化的激励模式。

在集团公司发展的关键时期，集团党组书记、董事长孙勤和总经理、党组副书记钱智民及党组一班人高度重视科技创新工作。2012 年集团公司又出台了"龙腾"计划，进一步以科技创新加快提升集团公司的核心竞争力，以"做强做优、世界一流"的"中核梦"助推"国家富强、民族振兴、人民幸福"的"中国梦"。

中国核电，一路长歌！

无论是实现中国核电"零的突破"、被誉为"国之光荣"的秦山核电站，还是被誉为"核电国产化重大跨越"的大型商用秦山二期核电站，无论是实现核电工程管理与国际接轨的重水堆秦山三期核电站，还是我国第一座采用全数字化仪控系统的核电站——江苏田湾核电站，以及在建的全球首台三代核电 AP1000——浙江三门核电站，还有福建福清核电站、浙江方家山核电站、海南昌江核电站……这一座座核电站，像一个个镶嵌在东南沿海跳动的音符，和大海扬波，共吟着中国核工业克难奋进的颂歌；这一座座核电站，更像矗立在海湾的一座座巍峨的丰碑，镌刻着中国核电人的丰功伟绩。以秦山为首的核电站，不仅是中国的核电基地——创新基地、人才基地、文化基地、爱国主义教育基地、核能科普基地、示范基地，而且日益成为我国华东、乃至更广大地区经济和社会发展的强劲助推器。

中国核电，光荣绽放，光辉闪烁。这一座座巍峨的丰碑，既是物质的丰碑，更是精神的丰碑。40多年的探索实践、工程建设和20多年的运营管理，无数科技工作者、工程参建者所凝聚的"国家使命、企业担当的胸襟，自力更生、艰苦创业的意志，攻坚克难、敢于攀登的勇气，大力协同、科技创新的合力，以我为主、中外合作的谋略，质量第一、安全至上的追求"，无不集中体现了中国核电人"兴核强国、服务社会"的企业宗旨，"追求卓越、挑战自我"的企业价值观和"事业高于一切、责任重于一切，严细融入一切、进取成就一切"的核工业精神。而这种精神就是中华民族"厚德载物、自强不息"精神的精确诠释和生动体现。

中国核电，核力无限！

毫无疑问，有了这种精神的光大发扬，有了这种精神的砥砺奋进，中国核电事业一定会再创辉煌！中华民族伟大复兴的"中国梦"一定会早日实现！

铿锵足迹

——探寻中国西电集团公司"科技创新"之路

文 炜

引 子

这是一家几乎和共和国同龄的企业，它堪称共和国电力装备制造业的长子；这是一家中国最具规模的高压、超高压交直流输变电成套装备和其它电工产品的科研、开发、生产、贸易、金融为一体的制造集团，它的产品覆盖全国，进军海外；这是一家中国最大、最权威的电力装备制造企业，它能够为全球输变电各个环节提高技术创新、系列齐全的产品和服务；这是一家全球范围内输变电装备制造领域的卓越专家，它以50年的坚忍不拔带领着中国电力装备行业追赶并超越世界同行，以民族英雄的形象在共和国民族工业史上留下浓墨重彩的篇章。

它的名字叫中国西电集团公司。

在中国西电集团公司出现之前，中国电力装备和世界发达水平相差几十年，50年后的今天，这个距离几乎为零，而且，中国在很多方面跑在了世界领先。

这个零距离、这个世界领先全是西电人干出来的。

2013年夏日的某一天，我造访了位于陕西省西安市唐兴路7号的中国西电集团公司总部，见证了他们跑步向春天的不懈努力。

一、崛起于荒原

建国之初，中国电力装备行业和整个中国的状况高度一致：一穷二白。

中国输变电所有产品所有技术均依赖进口，连灯泡都被冠以"洋灯"，更不用说大型输变电站了，西安电力机械制造公司（中国西电集团公司前身）应运而生。

西安电力机械制造公司（西电前身）成立于1959年7月，是以我国"一五"计划期间156项重点建设工程中的5个项目为基础发展形成的以科研院所和骨干企业群为核心，集科研、开发、制造、贸易、金融为一体的大型企业集团。1953年起，从老工业基地东北，从中国经济桥头堡上海，一批批科学家、技术人员、技术工人怀揣建设社会主义新中国的万丈豪情，万里赴戎机，关山度若飞，奔赴大西北陕西省西安市玉祥门外的西郊。他们当中有放弃美国GE公司高薪职位的电气专家蓝毓钟，有上世纪40年代就是世界电瓷专家的殷向午，还有从前苏联莫斯科全苏电工研究院学成归来的楼家法等。

来自五湖四海，为了同一个目标——企业强国！这些人聚集到一起，开始书写中国电力装备业崭新的篇章。

始建之初，我国"一五"计划期间156个重点建设工程，西电占了5个，5个全是前苏联老大哥援建项目。从53年张罗这5个项目到1960年老大哥翻脸，前后不到7年，西电连厂房还没盖好呢，高鼻子蓝眼睛的专家就撤了个精光，5个援建项目没有1个落在实处。靠山山倒靠水水流，中国人明白了指谁也不如指自己，他们开始了艰苦卓绝的自力更生。

50年代初，殷向午建立了中国电瓷行业产品统一设计，建立了高低压电瓷分类产品系列，筹建了西安电瓷研究所，组织发展了11万～50万伏高压电瓷和避雷器产品；

60年代，蓝毓钟带领大家试制了330千伏电压等级的输变电设备并建立测试手段；

同期，楼家法带领一支产品设计队伍，设计开发新产品，全部更新仿苏产品，建立高压电器系列，拿下来我国第一条330千伏和550千伏线路所需开关设备。

这三位国际电工委员会中最早出现的中国人为新中国争了光。

1966年，春节刚过，上海市民还没从节日的喧闹中回过神来，一纸命令抵达上海电机厂。这纸命令即将改变上海电机厂所有人的命运，徐基泰就是其中一员。

　　徐基泰，民国时期的上海交大高材生，父亲是曾经出国留洋的电气工程师，可谓电力世家。作为上海电机厂变压器制造厂的一名工程师，1966年，国家命运挟裹着36岁的徐基泰的人生突遭转折。

　　北京来的通知要求上海电机厂变压器研发制造工厂连人带家当全部迁往西安。从中国最繁华的上海滩去落后荒凉的大西北，上海电机厂所有人员无条件地踏上了西行列车，踏上了中国电力装备行业崎岖蜿蜒的发展之路。

　　一共有3个人来站台送徐基泰：妻子、5岁的儿子，还有妻子高高隆起的肚子里尚未出世的女儿。对妻子，徐基泰很内疚很抱歉，但这些都没能拦住他西去的脚步，因为他太想为这个崭新的祖国做点儿事了，他太热爱自己的专业了。

　　来到西电变压器厂，气候的不适应，饮食的不习惯，生活条件的艰苦，离家别子的牵肠挂肚……人们承受了一切想到的没想到的困难。在他们看来，这些困难都不算困难，真正的困难还是工作。

　　坐在盖了一半的厂房里，大家发愁了，什么都没有，甚至没有一台最简单的计算器，所有数据计算只能依靠算盘和笔，起步阶段的中国电力装备行业简陋到了寒酸。

　　愁归愁，活儿可一刻也没耽搁。在蓝毓钟、殷向午、楼家法、徐基泰等专家带领下，大家用最简陋最落后的设备搞出了消弧线圈、移圈调压器、启动电抗器、盐浴炉变压器、感应炉变压器等系列产品。

　　别人的家眷陆续搬来了，再苦再累，有了家就有了温暖有了歇脚的港湾。徐基泰的妻子没有来，那个地道的上海中学女教师离不开故土也离不开她热爱的讲台。不管加班到多晚，回到宿舍都是冷锅冷灶，一盏灯照着一个人，徐基泰干脆夹起铺盖卷住在了办公室，把变压器当成了老婆孩子。

　　那个年代，人们相信"人有多大胆，地有多大产"，虽然唯心了些，但也确实能把人的主观能动性逼出个超常发挥，那一代老西电人就特别擅长超常发挥。

　　70年代，欧美发达国家对我们紧闭大门，前苏联老大哥动不动就用战争吓唬我们，想得到人家的帮助，根本没门。没有老师无处借鉴，中国电力装备业孤独地跋涉在茫茫荒原中。徐基泰千方百计从外文期刊中苦苦寻找资料，哪怕是只言片语也如获至宝。靠着这些只言片语，靠着聪明的大脑，靠着不可思议的坚忍不拔，徐基泰主持并设计了中国第一台220kv变压器，荣获全国科技大会成果奖；研制了中国第一个40MAV12脉波移相调压整流变压组；在电抗器上进行模拟研究，建立了铁心电抗器的模拟理论，并在变压器波过程理论和计算中做出贡献。

当时的国际环境注定了中国电气装备制造业从一开始就必须自力更生，奠定了西电人自主创新的骨气和风气。中国电力装备业的一无所有是第一代西电人的不幸也是他们的幸运，他们既是理论创立者又是产品生产者，这就使得他们的理论和产品的相互论证特别顺畅自如，中国电力装备行业也就在这样的顺畅自如中开始了加速奔跑。

80年代是一个风云激荡的年代，改革开放为中国电力装备制造业带来了前所未有的发展机遇。那个时期的中国人最热衷于引进技术，西电集团也进入了引进技术时代。但他们没有停留在照本宣科的引进，他们的引进只为了超越。

1980年，西电从法国引进500kV单相并联电抗器，作为科技创新和技术攻关专家代表，徐基泰被派往法国学习。整整4个月，徐基泰没心思领略法兰西风情，而是一脑袋扎进车间，扎进图纸，扎进如山的外文资料，贪婪地吮吸着技术精髓。

回到西电，徐基泰带领西电人利用引进技术自行制造了我国第一台500kV电抗器，1984年，该设备投入"锦——辽"线使用，产品的质量和性能都达到了法国同类产品要求，其中三项重要指标甚至超过了法国，这项技术成果获得国家经委技术进步奖。

接下来，徐基泰又主持设计了"晋——京"变压器和并联电抗器，设计了葛洲坝水电站三相发电机升压变压器等新一代产品，为西电未来迈向技术巅峰、走向国际奠定了基石。

一连串的成功让西电人越来越相信科学有险阻，苦战能过关！他们尝到了自主创新的甜头，坚信了那个时代最响亮的一句口号：科技是第一生产力，从此把企业推上了科技创新的快车道。

80年代末90年代初，以蓝毓钟、殷向午、楼家法和徐基泰为代表的第一代创业者陆续退休了。此时，徐基泰离开家已经整整24年，连那个当年爸爸离开上海时，尚未出世的女儿都24岁了。24年来，就丈夫和父亲的角色来说，徐基泰是缺失的，但对中国变压器行业而言，徐基泰是泰斗是元勋。

退休后的徐基泰没有返回上海，而是继续留在了西电，担任技术委员会名誉委员和技术顾问，培养技术力量后起之秀，参与企业在国内外重大开发项目的技术决策。他这个顾问不是挂名的，而是和从前一样天天来上班，天天带着大家攻坚克难。

2009年，泰国在国际市场招标移相变压器，西电中标。这个项目采用最新欧美技术标准，难度很高，西电从来没做过，开发过程中，一串串困难劈头盖脸打来，干不下去的时候，技术人员永远会想到徐老。在年轻技术员眼里，徐基泰就是一根定海神针。有一次，面对一个崭新的阻抗计算方法，年轻工程师陈磊一筹莫展，她想到了徐老。可是，徐老当时正在上海养病，陈磊不好意思打扰他。半个月过去了，陈磊想破了脑袋，依旧无从下手，陈磊硬着头皮拨通了徐基泰的电话。

电话里，徐基泰声音虚弱。听完陈磊在那头快哭出声的请教，徐基泰安慰道："别着急，一定会解决的，你把投标项目的资料和标准传给我，最好是英文原版。"

一周后，徐基泰传回了一个用能量法推算的新的计算公式，还有用英文手写的具体方案，帮助陈磊在这个泰国项目中翻过了一座大山，为日后西电变压器打入美国市场奠定了基础。

2013年，当我见到这位全国五一劳动奖章获得者时，徐老已是83岁的耄耋老人，在西电，他已顾问了23年。

老人清铄，银丝满头，在明丽的阳光下伏案整理讲义。案几上堆满了我看不懂的英、俄、法文专业书籍，还有老花镜、放大镜和计算器，他的背后他的四周是满架满架的书和资料。我听说在他那30平方米的家里，除了一张1.2米宽的单人床和一些简化到极致的生活必需品外，剩下的也全是书。

徐老告诉我这两天要给年轻人上课。边上陪同我采访的同志告诉我，西电集团60多家子公司分布在全国各地，去各地授课是徐老"顾问"生活的一项主要内容。当我问到作为西电变压器公司的原总工，作为国家有突出贡献的享受政府特殊津贴的专家，徐老怎么会蜗居在那么小的房子里。徐老说："我就一个人，房子大了没有用。"我又问："您这么大岁数了，就不想回家养老，享受一下天伦之乐？"老人回答说："我们这代人都这样，没事做就难受。"

正是因为老一代西电人牺牲了天伦之乐，献出了青春激情，才为西电集团的崛起打下了坚实的基础。对西电集团，对电力电气专业，他们充满了宗教式的热爱，他们为自己的信仰奉献了整整一生。

二、一统天下的科技战

在 2000 年以前的一段时间里，有些西电人自我感觉相当不错。他们也确实有感觉良好的证据：西电是中国唯一一家能生产输变电成套设备的企业；国家每次电压等级升级的第一台开关和变压器一定诞生在西电；与国内同行比，最高端产品国内市场占有率，西电稳居头牌！

这样的成绩，让人不飘飘然也难。

群众可以偶尔糊涂，领导可不能一叶障目，集团领导班子从来没敢飘飘然，在他们眼里，集团的问题还很多很多。2005 年，主管科技工作的副总经理裴振江找到上任伊始的科技管理部副部长何利利。

裴振江对何利利说："集团领导始终认为，企业要发展，科技创新是重中之重，它引领着企业的发展方向。目前看，和国外知名的电气设备公司相比，咱们集团在这方面还很弱，长此以往，别说走向世界，就是国内行业龙头老大的位置迟早也会被别人挤掉。"

何利利点头。

裴振江又说："咱得把科技创新提到战略高度，提到企业生死攸关的高度去谋划，咱必须在最短的时间内构建一套系统的科技创新体系，全面提升科技创新能力！利利，你肩上的担子不轻啊！"

说着话，裴振江把双手压在了何利利肩膀上。何利利的肩膀感受到了这双手传递的信任和焦灼，裴振江的双手则触摸到了从何利利身体里升腾而起的炙热激情。

作为大学一毕业就扎根西电的何利利，对集团科技研发现状了如指掌。科技发展这样的方针大略，集团竟然没战略没规划。集团的科技研发制度还是 80 年代的产物，制度上甚至都没有知识产权这个名词，一切早已时过境迁，不仅不能有效管理科技创新，简直快成块绊脚石了。

　　西电当时的科技研发情景有点儿像东周列国时期，下属子公司各自为战，各守一摊，集团总部就像那个被架空的周天子，对下面管不着问不到，说集团的科技研发是一盘散沙一点儿也不为过。

　　何利利做事一贯严谨，作为主抓科技的副部长，他的第一件事就是建立制度，他要用制度让自己下一步大刀阔斧的改革师出有名。

　　很快，何利利带领科技管理部的同志们搞出了科技创新五大体系：一组织体系，包括决策层、管理层和研发层。这三层明确规定了科技创新谁抓战略规划、重大政策，谁组织协调、统计评价，谁具体研发。责权分明，谁也别想推诿扯皮；二运行机制，明确规定科技集团化运作，知识产权集中管理。这下谁也别想搞独立王国了；三制度保证，设立有关科技创新的决策、运行、考评和激励制度。国有国法，家有家规，这些制度以集团内部法的形式为科技管理工作撑腰打气；四基础支持，这条把科技创新涉及的人、钱、信息化保障、产学研配合一网打尽；五文化支持，包括创新理念价值观等创新文化体系与环境营造等。这条看着有点儿虚，但其实至关重要，它打的是心理战，它要在全集团范围内营造浓郁的以科技创新为荣，以墨守成规为耻的氛围。

　　凭着这五大体系，上至集团老总，下至一线工人，全集团两万名员工全部被绑上了科技创新的战车。战车呼啸着向"创建拥有自主知识产权和知名品牌，具有国际竞争力的世界一流电气企业集团"的目的地飞驰而去。

　　建立科技创新和管理体系，收回管理权，立刻掀起轩然大波。别的还罢，关键是总部上收知识产权管理权让一些人不愿接受。有人直接打电话"质问"何利利："我们辛苦弄出来的东西，凭啥给你们？"何利利没客气，提高嗓门反问："什么我们你们的，我问你，你是不是西电集团的人？"对方哑了。何利利乘胜追击："你既然承认自己是西电集团一分子，你们搞出的专利是不是属于集团？"对方继续沉默。何利利放缓口气，开始循循善诱："你说是60多个子公司各自为营小打小闹动静大，还是集团军作战动静大？你说是一个巴掌伸出去有劲还是一个拳头伸出去有劲？咱们有集团军为什么还要派小股游击队去单打独斗？再说了，申请专利那些琐碎具体的工作由集团统一做，也是为了节省大家的精力，让大家更可以全神贯注搞科研，这样不好吗？最后一点，集团不会白拿大家的发明专利，每一项专利一旦授权成功，集团将奖励8000元。你满世界打听去，有几个企业能给这么高的专利奖金？你是个聪明人，还需要我多说吗？"

对方心平气和地挂了电话。就这么着，何利利以四两拨千斤，做通了所有人的思想工作。

新的一年，各子公司接到了集团总部下达的科研指标，每季度还有考核、通报和抽查审计。每年评出 3 名优秀发明人及若干优秀发明课题奖，奖金不菲。根据科技创新五大体系规定，西电的科技研发投入节节攀升，占到主营业收入的 6%—7%，远远高于国家对创新型企业的规定，同期，中国大部分企业这一百分比还不到 1%。

新的平台项目运作机制让巴掌捏成了拳头，一个好汉三个帮，西电集团拉上政府投资，拉上高校，拉上国家级研究机构，拉上用户，发动一切可以发动的力量，轰轰烈烈开展科技大会战。

"政产学研用"五合一，促进科技资源积聚和重大项目突破最有代表性的当属直流 800kV 干式套管的研发。

2006 年，中国超高压输变电设备基本实现国有化，但换流变压器上不可或缺的干式套管，中国人还做不出来，完全靠进口。

干式套管负责把电流电压引入和引出变压器，是变压器关键性部件。就差这么个东西，中国人被外企牢牢卡住了脖子。你没有，人家便奇货可居。你要 10 根，人家说你等着吧，我们的产品供应全球，可不止你中国一家等着用。最后给你 5 根算不错。这影响工程进度还不是最可恨的，最可恨的是外企甚至以套管要挟中国人。买套管？可以，你必须连我的变压器整个买走。什么？你自己能生产变压器？那你也得买我的，要不我就不卖套管，你看着办吧。

谁能弄出这个要命的套管？国家发改委、国家能源局、国家电网的目光不约而同投向西电集团。

西电高压套管有限公司与西安交大合作，聘请交大彭宗仁教授带领总工程师侯建峰等企业科研小组人员披挂上阵。

干式套管体积不大，但场强极高，电场问题、材料选择、材料配方、产品设计、工艺问题……总之问题一大堆。人家外企技术封锁工作做得密不透风，一切都得从头弄。知道难，但不知道这么难。彭教授和侯建峰等人知道自己摊上事了，摊上大事了！

干没干过的活儿，先得铺开摊子，只先期开发一个设计平台就用了半年功夫。为了找到最合适的材料，彭教授和侯建峰他们实验了上百种材料。选定材料，计算出配方比例，万里长征刚走完第一步。照着配方做，难死了。套管由好几层不同材质粘合而成，各材质粘度参数不同，当温度、时间和配方特性变化，胶的粘度参数更加无法确定，界面也就无法粘合。好容易找到最佳粘合点，分层粘好，切削时又挠头了。因为环氧树脂类材料如蓝田玉般易碎，下刀时小心又小心，还是没完没了的失败，看着碎了一地的报废品，大家的心也碎了一地。

一年又一年过去了，成功渺渺无期。有人说想弄成这个套管简直是天方夜谭，且不说那几种粘合在一起的材料会起化学反应，最要命的是材料和工艺之间、产品和技术要求之间根本自相矛盾，根本无法调和，再搞下去纯粹浪费钱！

质疑声来自四面八方，有西安交大的老教授，有国内同行资深专家，也有西电自己人。

最艰难的时候，西电集团总经理张雅林来到攻关小组中。

张雅林，28年前就读于西安交通大学高压电气专业，清华大学硕士研究生毕业，国家级享受政府特殊津贴专家。入职西电集团后，从最基层的技术员一路做到总经理，几乎参与了这些年来西电每一次电压等级升级的科技攻关，是货真价实的专家型领导。

面对各方的质疑，这时张雅林总经理一方面鼓励公攻关小组要敢于面对失败，要有决心攀登高峰。另一方面他亲自出马邀请我国电力电气行业的著名专家，西安交通大学党委书记王建华教授、中国工程院院士邱爱慈教授等，和创新团队一起召开技术研讨会，共同研讨，仔细查找失败的原因和存在的问题，并提出努力改进的方向，为攻关小组成员继续攻克技术难关提供了强大的精神和技术支持。

彭教授、侯建峰等所有人的心又热了。士为知己者死，咱们就是豁上这条命，也要把干式套管搞出来！

六人攻关小组抖擞精神，再次冲上试验台。

干式套管干了整整6年！彭教授和侯建峰他们创新团队经历了千辛万苦。

潘喆的妻子儿子远在湖南，忙于工作的潘喆被儿子称为叔叔。岳功轩母亲重病卧床不起，他只能雇人照料，自己没能在病榻前尽一天孝。暴雨之夜，王欣孩子突发重疾，实验正在节骨眼上，技术人员一时一刻不能离开，柔弱的妻子顶着暴雨背着孩子跑医院，差点儿因延误病情失去孩子。侯建峰更是因早出晚不知归不归而被妻子称为了"过客"。

在那两千多个日日夜夜里，他们付出的何止这些，甚至还有健康和生命的威胁。

干式套管生产环境有很多加热设备，室温高达50℃。长期的加班、熬夜和高温，小组人员晕倒在试验台边根本不是新鲜事。

一次实验观察时，套管连接处突然爆裂，固化剂喷涌而出，直扑众人。这种毒性极大的固化剂能灼伤皮肤，甚至烧瞎眼睛。幸亏大家都穿着防护服，大家迅速脱下被污染的衣服，赶往医院救治。一名技术人员眼睛被灼伤，好在不太严重，经紧急治疗，一个月后才恢复视力。

说起这件事，侯建峰后怕地说："那天我离得最近，幸亏戴着眼镜，否则也许我今天根本看不见你了。"

经历了九九八十一难，2012年，西电人终于造出了中国人自己的干式套管！一试用，很多性能都超越了洋货。立逼外国人从一根套管1300万降价至600万。

采访时，侯建峰不停看表。他告诉我他下午要飞北京，上报国家863科技项目——直流套管。他说他们计划在2016年干出这个全世界都没有的东西，他还说下一步他们的目标是实现套管系列化，和全球唯一做到套管系列化的一家国际知名公司分庭抗礼……

在科技创新五大体系的保驾护航下，西电集团科技研发势如破竹，在"十一五"期间，取得了很多高端产品的重大突破，荣获众多创新科技大奖，去年又获得了"国家科技进步特等奖"这一国内科研领域最高荣誉。

三、突出重围

作为国务院国资委全权管理的央企，西电集团并没有人们想象里央企可能拥有的垄断优势，制造业本就是低利润行业，电力装备制造又是一个充分竞争的行业。在中国，这个行业里生产高端产品的企业有五六家，生产中端产品的多达上百家，低端产品制造商更是不计其数，加上国际上几家知名的、实力雄厚的"百年老店"的大举"入侵"，电力装备制造市场产能过剩，价格竞争异常激烈，中国电力装备制造行业陷入重重包围。作为国内行业龙头老大，西电人认为突出重围，振兴民族工业他们责无旁贷。

既然是走市场，就得听市场的，市场认的是物美价廉，是稀缺，是前端，是独一无二。要想做到有市场，企业的产品就必须加大科技含量，就必须拥有核心技术，这条路西电集团走得坚决而又艰难。

整个80年代和90年代前期，国家的政策是以市场换技术，西电走的也是这条路。

1986年，国家上马葛洲坝——上海输电项目，全部设备引自国外某知名电气公司，西电集团现任副总工程师宓传龙等人被派往该公司总部学习培训。那是宓传龙第一次出国，第一次参观国际一流同行企业，那种强烈的震撼彻底颠覆了宓传龙的自我定位。

那个时候，西电在国内同行中是当仁不让的老大，搞个啥都是中国最好的。和同行开会交流，西电人向来以引领者的姿态备受尊崇，那个感觉，怎一个"好"字了得！

进了该公司的工厂，宓传龙傻眼了。虽然也听说人家好，虽然也知道自己和人家有距离，但没想到人家好成这样，自己和人家的距离远成这样。

人家的厂房纤尘不染，咱的是满地机油；人家的产品体积小、能耗低、用料少，精美得如同艺术品，咱的产品跟人家一比就是个傻大笨粗的粗使丫头；人家的设备更是咱见所未见，所有设计全部由计算机完成，咱的还停留在全手工操作阶段。

真是不比不知道，一比吓一跳！

当晚，在北欧浓郁的夜色中，宓传龙彻底失眠。窗外的月亮又大又圆，宓传龙想外国的月亮未必就比中国的圆，我就不信我们学不来赶不上超不过洋鬼子们！

在国外的那段时间，宓传龙如一块干硬的海绵，如饥似渴地吸收吸收再吸收，恨不得24小时粘在外国工程师身上，问这问那没完没了。

那个大鼻子工程师开始还有问必答，后来被纠缠烦了，就甩脸子嘟囔："你们这些中国人，我再教你也学不会。"

这话对宓传龙刺激不小，有心骂回去，可正跟人家学艺呢，只能在心里发狠："洋鬼子，咱骑驴看唱本，走着瞧！"

1994年，中国从日本某公司买回一批设备，国家给该公司付出3000

万培训费，宓传龙等人再次有机会出国学习。

到了该公司一看，大家肺都气炸了，他们卖给我们的是他们70年代的设备，中国人花费珍贵的外汇买来的却是淘汰产品，真是哑巴吃黄连有苦说不出。谁让我们比人家落后呢？落后就得挨打落后就得吃亏。

知道了这次学习机会的代价，没有人有心思去游览异国风光，除了吃饭睡觉就是学习。日本专家和技术员们根本没打算好好教中国人，上课时惜字如金，动不动就让中国工程师们自己看资料，给的资料还是些毫无价值的过期货。当宓传龙他们把整洁工整的设计方案交给日本专家请求指教时，人家只是随便扫一眼，就扔在了桌子上。宓传龙不放弃，追着人家问："这个参数为什么这样选？"日本鬼子眼皮子都不抬："我的手册里就这样写的。"

一来二去的，中国人明白了，日本人根本没打算教咱，在他们眼里，中国只是他们倾销垃圾商品的好地方。看明白了，宓传龙他们再也不请教日本人了，也不再在那些不值钱的破材料上浪费宝贵时间，他们开始热衷于跑车间，看现场。

就是在这样一次次并不愉快的异域取经中，在别人的轻慢、白眼甚至蔑视下，西电人憋着一口气，努着一把力，功夫悄悄渐长，他们等待着一个华山论剑的机会。

历史没有让西电人等太久，机会来了。

1999年，国家上马三门峡——常州直流输电工程，西电集团中标，合作对象是曾经的老师——国外某知名电气公司。

老师戴着白手套到工厂里转了一圈，在某部机床顶端抹到了一点灰，老师摇着头说"No"。

回到谈判桌上，老师先把学生说得一无是处，然后提出本工程所有设计产品均由他们做，中国人嘛就弄一下最后的组装好了。

这叫什么合作？欺人太甚！

中国人说："不！"

继续谈判，老师让了一步："要不你们做变压器、开关外面那个壳，里面我们做。"

开玩笑！谁不知道核心部位都在里面，傻子才会答应这样的合作。中国人还是说不！

谈判陷入僵局，中国人也有杀手锏："核心部位我们必须占到10%，否则我们宁可不合作。"

该公司当然深知中国市场的广阔，当然不想丢掉这桩买卖，只好勉强同意了这10%，不过临走时撂下一句话："半年后，我们再来看，如果你们的工厂还不达标，就必须用我们的产品！"

这场谈判历时3个半月，西电负责谈判的几位都谈瘦了一圈。

接下来的半年时间，西电人疯了，从总经理到清洁工没有节假日没有上下班之分，全时全员投入到厂房改造中。按照这家公司的标准，厂房空气中的颗粒度几乎为零，温度必须保持在固定恒温，当时西电的变压器制造厂房还不是全封闭，也没有空调，做到这些，难度指数5星以上。人家要求的还远不止车间内颗粒度温度，甚至连厂区绿化率都提出了明确百分比。

世上无难事，只要肯努力。

半年后，这家公司又来人了。一进厂区，他们就惊了，穿过整齐的浓绿草坪，踏进焕然一新的车间，他们更是惊得眼珠子差点掉出来。

这儿看看那儿摸摸，挑剔了再挑剔，终究挑不出个错来，他们彻底服气了。他们的负责人百思不得其解："你们究竟是怎么做到的？整个工厂像完全新建的一样，太不可思议了！"

宓传龙微微一笑："这就是中国特色！"

当然，他们永远不会知道，为了这份不可思议，西电人加了多少班，流了多少汗。

合作正式开始。这家公司派来几位技术指导工人。洋技工们分属各工种，技术自然不错。开始，洋技工们挺牛，走路鼻孔冲天，以为自己是西电的救世主。渐渐地，他们发现西电的工人个个一专多能，全是万金油，比自己能个儿多了。洋技工低下了脑袋，反过来请教中国工人："你说怎么办？"

换流变压器生产出来了，这家公司来人验收。他们提醒中国人准备返工，因为根据他们的经验，每批产品都有一定概率的不合格率，这几乎是一条铁律。

西电人不说话，西电人知道他们的产品会说话。

检验，所有产品一次全部通过！西电人粉碎了洋人的预言。

洋人工程师绷了半天，心情复杂地说了一句话："中国人，太聪明了。"

截止今天，这种换流变压器西电已经生产了80多台，合格率100%。

那是西电和一流外企第一次真正意义上的合作，外方认为合作是成功的，西电没有给他们制造麻烦。第二次的合同书里，西电占到30%的份额，第三次，西电占到70%的份额。

西电从此浮出水面，在国际一流外企眼里，西电正式成为竞争对手。

2000年以后，西电进入高速发展阶段，随着一项又一项核心技术的突破和掌握，除了承担中国所有重点输变电项目，西电开始逐鹿国际市场。

2000年，西电集团和香港最大电力公司中华电力签署战略合同，开关产品占据了香港市场，结束了国外电气公司统治香港电力的时代。

接下来，西电接连挺进新加坡、马来西亚、泰国、菲律宾、印度尼西亚、印度、巴基斯坦、孟加拉、尼泊尔、哥伦比亚、巴西、土耳其、俄罗斯、南非、澳门、台湾等国家和地区，甚至把产品卖到了美国、德国这样的发达国家，在全球承揽了上百座变电站工程。

连一向傲慢的美国人、德国人也不得不承认，西电的产品质量不比他们的差，价格却比他们的便宜。

物美价廉，西电人一出手就击中了所有地球人的软肋。

超高压开关里有一个液压弹簧操动机构，2000年以前，这个东西在全球市场被国外某知名电气公司一统天下，一台价格高达50万元，西电攻克此技术后，他们直降到30万元；

三峡工程和中国核电集团早期用的500kV开关设备全部从国外进口，一套价值2300万，2006年，西电集团掌握此技术，以800万的价格将国外产品价格逼至900万；

2005年，西北电网上马750kV示范工程，设备全部从韩国进口。在一次会议上，西北电网总工程师丁永福对西电集团西开电气公司的总工程师张猛说："韩国的一套750kV设备卖我们6000万元呢！签合同时，我心疼得要流血。老张，什么时候咱中国企业能做出750kV啊？"

丁永福一句话，西电人坐不住了。集团拿出100万奖金，悬赏拿下750kV的勇士。

两年过去了，近800个日日夜夜，西电人把贴着Made in china的750kV设备摆在了丁永福面前，标价仅3000万！韩国人被迫降价至4000万。

试机。国货性能超越韩货，结果只有一个：韩国人出局。

远距离输送的电力损耗一直是中国西电东送的一个瓶颈，唯一的办法是不断抬高电压等级。从 50kV 到 500kV 再到 750kV，2008 年，国家电网公司提出再次升级电压到特高压 1100kV！

不用说，国家电网充满期盼和信任的目光再次投向中国西电集团。

资料显示，前苏联曾试着干过 1100kV，因国家解体早已搁浅，日本人也弄过试验，但仅停留在试验，这就是人类对 1100kV 的全部尝试了。

又是个前无古人的新产品。西电人很兴奋，能做出前无古人的产品，就意味着突出了重围，西电集团总经理张雅林跟国家电网拍着胸脯打下保票："我们行！"

因为攻克 1100kV50KA 时和国外某知名电气公司有合作，在攻克后续的 63KA 一开始时，西电集团想争取这家公司继续合作。但被人家一口拒绝。

这家国外公司认为现在的技术设备根本满足不了攻关 1100kV63KA 的要求，重头开始，起码要花 2 个亿，还不一定能成功，这样的"傻事"他们坚决不干。中国人要上 1100kV63KA，简直是疯了！

中国电网建设不能等，中国经济建设不能等，中国人工业强国的梦想不能等！在集团大会上，总经理张雅林说："西电的理想是做世界一流的企业，我个人的理想是做出世界上最好的输变电产品，西电要做大事，做有益于国家有益于民族的事，就从 1100kV63KA 开始！"

张雅林打响了发令枪，西电人冲出起跑线。上万颗心拧成一股绳，以势不可挡的气势冲向终点。仅仅 8 个月，西电人就拿下来 1100kV63KA，花费仅 8000 万元，远远低于国外公司预算的 2 个亿。

产品投入山西长治——湖北荆门输变电线路，性能优越，运行良好！在现场的张雅林、张猛等西电人并没有欢呼雀跃，他们知道他们只是又一次完成了历史赋予他们的使命，随着中国经济继续发展，他们的使命依旧任重道远。

此时的这家国外公司才回过神来，火急火燎找上门来要求继续合作。西电人笑了，合作？可以，我们的条件是我们占有绝对份额，占有绝对核心部位，你们只能附属。原因只有一个：1100kV63KA 核心技术在我们手上，全球别无分号！

"三十年河东，三十年河西"，现在轮到中国人牛逼了！

从蓝毓钟、殷向午、楼家法、徐基泰的 50kV 时代到张雅林、宓传龙、张猛的 550kV、750kV、1100kV，西电集团反复走着同一条路：学习、追赶、超越。西电的每一次突出重围，不仅仅为国家节省了大笔外汇，更有意义的是，他们对输变电核心技术的掌握，使中国重大输变电工程日渐全面国产化，使中国人能够牢牢把握国家能源安全，这一点关系到国家至高利益。同时西电人也很好的诠释了西电集团"责任之道"这一企业文化的核心理念。

尾　声

经历千辛万苦，走过万水千山，西电集团在近 50 年的国际电力电气马拉松大赛中终于跑到了前列，集团下属的研究机构西高院是国际电工委员会、国际大电网会议的成员单位和 ICE-TC17、ICE-TC28、ICE-TC42 等有关国际电工技术委员会的国内归口单位以及 ICE-TC28 国际秘书处，承担 6 个国家标委会任务，组织行业标准委员会制定和贯彻国际标准、国家标准。

有一组数字对比也许更能说明问题，"十五"期间，西电集团年均出口创汇仅 3000 万美元，而到"十一五"末的则达到了年均 3.7 亿美元！

采访中，西电人气壮斗牛地说："再有 10 年，用不了，可能 5 年，我们将有可能赶超国际上先进的同行！"

走在西电数字化信息化的现代化车间里，走在器宇轩昂的 22000 名西电人中间，我听到了他们跑步向春天的铿锵足迹。

中国创造

——中国北车长春轨道客车股份有限公司的传奇

周启垠

中国北车长春轨道客车股份有限公司，是国家"一五"重点建设项目之一。其前身长春客车厂，始建于 1954 年。2002 年 3 月改制，2009年随中国北车股份公司整体上市。现有员工 14000 多人，拥有铁路客车、城铁客车、转向架、动车组检修四大业务板块，创造了多个国内第一，填补了多项国内空白。已累计生产各类铁路客车 30000 多辆，产品覆盖全国所有的铁路局。生产各类城铁车 7000 多辆，约占全国运营车辆的50%，我国已开通城市轨道交通的 16 个城市中，有 11 个城市选用其产品。近年来，已向 10 多个国家和地区出口，成为生产规模、装备水平、研发能力世界一流的高速车、城铁车和转向架的研发、制造、检修和出口基地。

人们往往喜欢把铁路比喻成国民经济的大动脉，而铁路客车，是跳动在这大动脉搏里的血液细胞。看哪，一列列子弹头式的流线型新式客车，奔驰在千万里的铁路线上，从青藏高原到东海之滨，从椰林海韵到森林城市，凡是有铁路的地方，都有它们的身影在风驰电掣地驰骋。乘坐过这些客车的人不在少数，但可能很少有人知道，这些铁路客车是从哪里来的。

也许答案并不唯一。然而，有一个响亮的名字不能忽视，那就是中国北车长春轨道客车股份有限公司，人们都亲切地称之为长客。

长客成立时间并不长，从 2002 年到今天，算起来才刚过 11 年，当然，如果要向时间深处追溯，其前身是成立于 1954 年的长春客车厂，这么算起来，它比共和国只小 5 岁。

经历过岁月风风雨雨的洗礼，经历过时间这把雕刀的打磨，经历过转型、重组、升级的砥砺，长客已发展成为世界生产规模最大、装备水平最高、研发能力世界一流的轨道客车研发制造企业。现在，不仅生产铁路客车，而且能够批量生产高速动车组、地铁车、轻轨车、磁浮车等多种轨道客车产品。

她的汽笛，穿越崇山峻岭响遍了辽阔大地。

她的声音，穿透风霜雨雪震动了茫茫寰宇。

融入中国创造的潮流

那是 2012 年 9 月的某一天，中国东北，长春。

阳光、音乐、玫瑰，115 位新郎单腿跪地，齐声求婚。欢歌、笑语，似乎让整个城市都飞扬着节日般的喜庆氛围。

这是长客在为职工举行一场规模宏大的集体婚礼。

之所以出现这样的场面，是因为长客近年来为了实现由制造向创造的转变，铆足了劲儿打造企业品牌。在这一发展进程中，他们的青年职工队伍飞速壮大，适婚青年人数随之增加。由于生产忙，很多职工的婚期一拖再拖，于是公司决定组织一场盛大、简约、时尚的婚礼。

这既是长客关心职工生活，践行以人为本的真实体现，也是其企业把全部精力用于生产发展的一种折射。近年来，他们厉兵秣马，孜孜追求，精益求精，以骄人的业绩成为了引起同行业广泛关注的一颗明珠。

从"和谐号"横空出世，到时速 380 公里的动车组成功下线，从我国第一列地铁车——北京地铁，到世界最高端地铁车——香港地铁，从上海、天津等城市轻轨、地铁，到泰国、澳大利亚、巴西的城铁列车，长客的列车以夺目的光彩纵横许许多多的国家和地区。

从本质意义上说，长客是制造企业，多年以来，他们以制造为己任，为铁路事业的发展做出了卓越的贡献。随着经济全球化进程的不断推进，长客人逐渐认识到，制造，从某种意义上只是一种基本的工业活动。人类的工业文明发展到一定阶段，如果仅仅停留在制造这个层次上，已经显得有些浅显。在现代英语中，"制造"指的就是大批量地生产机器。而长客，作为铁路大型客车的生产者，称为制造商名副其实。然而，曾几何时，发达国家把重工业中有关高污染的行业都搬到了发展中国家，让发展中国家廉价的劳动力为世界制造更多的廉价产品。而在这一段时期里，由于中国制造业发展迅速，"中国制造"是全球广受认识的标签，也成为廉价和低等级的标签。

由此，有一个关于"中国制造"的故事耐人寻味。大约是在 2000 年之初，一位名叫萨拉·邦焦尔尼的美国女记者撰写了一本名为《离开中国制造一年》的图书，她的这本书在美国和中国都产生了较大反响，特别是在美国引起了很多消费者的共鸣。萨拉与她的家人，选择从当年 1 月起，开始尝试一年不买中国产品。这个选择，给他们的家庭生活带来了种种不便。结果，萨拉一家的尝试之路走到尽头，在新的一年到来之时，这个家庭只能决定继续与"中国制造"一起生存。

这里体现了"中国制造"的强大力量所在，但同时也说明了"中国制造"引起了西方人的隐隐恐慌，更有一种隐隐的蔑视。

为此，长客已不满足于一般意义上的制造，他们要把中国创造通过有计划、有步骤的实施，闪亮地推向世界。所谓创造，是更高层次上的制造，是在物质和技术积累的基础上不断地创造前所未有的事物，用长客宣传部部长张天的话说："是站在前人的肩膀上，创造出更新、更优、更好，而且拥有独立自主知识产权的产品。"

他们立足于精细化，以质量求生存，靠创新立潮头持续打造中国创造的响亮品牌。

精细，是长客人矢志不渝的追求。长客的核心业务是铁路客车、城铁客车、转向架和动车组检修，这哪一个方面，都离不开精细。

"一点儿也不能差，差一点儿也不行"成了长客产品生产中坚持不懈的准则。

有一个关于螺栓的故事耐人寻味。那是发生在车间里的事，工人李永茂加班为伊朗马沙德地铁车做地线安装工作，在上最后一个设备时发现，一个高耐的螺栓有损伤。由于库房的人已经下班，为了不耽误收工兑现计划，他找了一个相同规格的镀锌螺栓替代。此时，他的师傅荆晓林刚好来了，略有慌乱的李永茂赶紧把这事告诉了师傅，师傅的脸色沉了下来，严厉地说："这个肯定不行的，必须按图纸要求施工，一个螺栓都不能马虎！"李永茂很不好意思起来，只得说现在领不到螺栓了，我明天再来换吧。师傅说："你家远就先走吧。"第二天，当李永茂来安装螺栓时发现，崭新的螺栓已安安稳稳地装好了。原来是晚上走后，师傅联系上库房人员申领了螺栓，并将违规的那个螺栓替换了下来。李永茂说，他保留和珍藏了师傅替换下来的那个螺栓，当工作稍有懈怠，他就会就用它来时时警醒自己。

因为精细，长客的产品越来越以精湛的技艺和超前的创新闪射出了更多可圈可点的亮色。

在长客办公楼二楼，总工程师赵明花一说到产品和技术，就显得滔滔不绝。一面之缘谁也不可能想到这位看上去纤弱、美丽、干练的女子，竟然是长客的总工程师，是技术创新的领头雁。她说，长客从建厂开始就立足于创造，当年接受制造北京地铁列车的任务时，就是从创新开始的。当时一没有技术，二没有经验，只有一张旧得不能再旧的画报，画报上是某个国家的一幅地铁照片，长客人凭着惊人的钻劲和智慧，制造了第一列中国地铁。上世纪70年代，长客制造了平壤地铁，80年代到90年代就开始制造动车组，2000年后做低地板轻轨、单轨地铁、混合动力动车组、CRH380BL型动车组、CRH3A型动车组等等，一系列的创新成就了长客激越时代潮头的兴奋点，也成了一种不断传承的文化基因。

正是因为在精细的生产中打造一流的产品，在立足前沿的研发中掌控一流的技术，长客在东北这个老工业基地的沃土上才呈现出了前所未有的活力。

2011年5月，执行北美车体制造标准的巴西EMU动车组，长客的国家工程实验室主任马梦林在搭建的车体试验台上冲刺压缩载荷363吨的世界纪录，这在国内是闻所未闻的，在长客近60年的造车历史上也是绝无仅有的。那天，马梦林是英姿飒爽的总指挥，号令油压机不断向车体施加载荷。210吨后，现场气氛开始凝重紧张，所有人都屏住气息，注视着布满试验贴片的车体。载荷加在车体上，却像压在马梦林的肩上，她紧张地监控、计算、修正参数，载荷每增加10吨，她的心就提起来十分。200吨以上，是前人未曾涉足的领域，没有经验和数据可供借鉴参考，完全是摸着石头过河，她坚持着。载荷加到280吨以上时，每次加压减少到5吨，那已经是意志和毅力的比拼，她仍然头脑清醒地分析数据，准确清晰地下达指令：363吨！既定目标实现了！听不见周围同事们的欢呼，她虚脱般坐着，眼里含着激动的泪花……

这是长客在全球公开竞标中获得"足球王国"巴西里约EMU电动车组和1A线地铁车辆的销售合同后，量身为巴西打造服务于2014年世界杯和2016年夏季奥运会的高速地铁产品。当前，这些产品已制造成功，并陆续抵达巴西。这是南美首次迎来中国的机电产品，在这个电动车组上，长客完成了一项令美洲人难以置信的创举——符合北美AAR标准、纵向压缩载荷达了363吨，具备了世界一流的强大的抗冲击能力。

巴西人因此在短短的数月内对长客的轨道车辆实现了由怀疑到接受的转化过程。2012年3月，EMU电动车组正式开通，巴西民众用热情的桑巴欢迎来自东方的"中国龙"，巴西媒体用"为中国新车打满分"的大字标题吸引市民眼球，里约州政府网站更用"中国新车将现代化带给铁路系统乘客"的通栏标题，表达了政府对中国创造的高度赞赏。

在长客，最引人注目的恐怕还是新一代高速动车组。

这是融汇了国内外铁路、航空、公路等各种现代公共交通工具特点的新品利器，具有速度高、编组长、定员多、运量大、低阻力、噪音小、服务设施齐全、乘坐舒适性好、内部装饰时尚现代、安全可靠、节能环保等优点。同时，能够满足大众化和高中端等不同层次乘客旅行、观光、会议、办公等个性化的服务需求，可以说是打造了钢轨上的星级酒店和商务中心，引领当今世界公共轨道交通装备设计制造的潮流。

这种产品，设计速度是目前世界上最快的，能满足持续运营350km/h、最快运营380km/h的要求，在牵引功率、网络控制和旅客界面设计等方面都全面接轨甚至领先世界水平，跨入最先进的行列，其难度之大，可想而知。长客人调动了他们积聚的勇于挑战的基因，全面引进国外先进动车组的设计和制造技术，通过消化吸收和再创新，搭建了CRH5、CRH380两大系列动车组产品平台，并在此平台上开发了一系列全新的组合产品。

没有到过现场，就不会真正理解这是什么样的产品。

在动车组列调车间，你才会明白，原来所谓的动车组就是把带动力的动车和不带动力的拖车按照预定的参数组合在一起，并配备现代化设施的旅客列车单元。

没有到过并排陈列的一辆辆动车组的庞大车间，你就不会感受到动车组的壮观场面和恢宏气势，这是仿生奔跑的猎豹头部模样的动车组。远远看去，真的就像奔跑的猎豹势不可挡地在大地驰骋，帅气、霸气而且透着无可抵挡的勃发英气，那种内在的美不仅仅是渗透，而是在喷涌，那种力与美的喷涌，既涨眼，又夺人心魄。这种车时速设计在 350 公里以上，目前运行在京沪高铁或其他高铁上的动车组都是这种车型，用风驰电掣来形容绝对恰如其分。这种车与其说是德国最先生产制造，不如说是在此基础上，经过长客人不断地加工、改进、提高和升级，与最初的设计及参数都有质的变化，与环境的适应力，与铁轨的接触面，与大地的温度、气候，以及速度与力学的矫正技术都达到了前所未有的水平。可以想象，它们飞奔时的模样，拨开空气，又让空气合拢，载着天南地北的带着各种目的的人群，在不知不觉中，甚至没有感受到多少晃动，从一地就到了另一地。某种意义上，这是超越了天空中的飞行。这是贴着大地的飞行，似接似离之间没有翅膀的飞行，把人类间的距离一下子拉得很近很近，它比空中的飞行更加准时和稳定。

在高速动车组制造中心装配一车间，前来介绍情况的车间党支部书记曲强介绍说，这是世界上最大的动车生产车间，欧洲动车企业的一位技术人员来到这里，都感慨地说，这是现代西方工业的一个梦，在发展了如此长时间的西方工业国家，还没有哪一家企业能建造如此规模的动车组装车间。在高速车车体制造厂房，这里一年四季都是恒温恒湿的，因为铝合金的焊接对环境温度的要求极高，保持恒温恒湿的状态，才能保证车体焊接质量。

看起来，这长长的庞然大物原来有着这么精细的要求。而更精细的是，高速动车组已实现智能网络控制，全列车布置了数百个传感器，对车轴温度、列车速度、电机转速、电压、电流、制动压力、转向架横向加速度、关键部件开关状态等数据进行实时监控，任何数据超过限值，传感器都能立即报警把这些信息传输给驾驶员，如果驾驶员没有及时处置，动车就会自动减速，甚至自动停车，这种模式就成了一种本质安全。这看似冰冷的一堆堆钢铁，原来深藏着活力，甚至还有着超越人类的智慧。

这是一个复杂的工程，动车组的一列车，一般由 70 多万个零部件、5 万根导线、10 万个接点组成，相当于几十辆普通轿车的工作量。大到车体型材，小到一个垫圈，每一处都有严格的技术标准作指导，每一处都有精准的理论数据做支撑。哪怕是出现一点点的差错，都可能成为隐患和问题，其技术要求之高实在是非同寻常。

长客人，就是以他们"接轨世界，牵引未来"核心理念，攻下了一个个难关，以罕见的实力，融入中国创造的潮流，并发挥引领作用，成为国内研发能力最强的轨道客车装备制造企业，处于世界领先地位。

数字化助推中国创造

创造着是美丽的，同时，创造着也是艰难的。

长客的创造是在从建厂时作为一个老式客车厂的起点上建立起来的。和大多数中国国有企业一样，他们经历了20世纪五六十年代的艰苦创业、七八十年代的提产扩能、90年代的市场洗礼和本世纪以来走向世界的不同发展时期。

在这个过程中，长客经历了许许多多的阵痛，也迎来了许许多多成功的喜悦。

冰心说，成功的花儿人们往往只惊羡它现时的明艳，然而，当初它的芽儿，却浸透了奋斗的泪泉，洒遍了牺牲的血雨。

为使长客立于中国创造的潮头，他们致力于打造数字化长客，建立与企业总体发展战略相适应的统一信息化支撑平台，形成以信息化为支撑的集中管控能力和智能决策支持系统。由此，他们积极打造企业数字化工程，使数字化成为中国创造的重要推手。

所谓数字化，就是将许多复杂多变的信息转化为可以度量的数字、数据，再以这些数字、数据建立起数字化模型。长客把数字化建设列为企业建设的重要内容，注重整体规划，系统推进，在深入研究国内外企业信息化的成功案例和经验的基础上，整合、优化企业内外部资源，制定了信息化建设的总体规划及分步实施方案，组建了70余人的专业化实施队伍，投入信息化建设专项资金近2亿元人民币，先后开展了信息化基础建设工程、办公信息化工程、产品信息管理工程、虚拟样机系统工程及企业资源计划SAP系统工程等五大信息系统工程建设，使信息化运维管理体系不断完善，信息化团队综合素质大幅度提升。

在具体运作过程中，他们以技术引进、消化、吸收和再创新为契机，开展了产品信息管理工程高标准规划设计，奠定了技术创新基础，使公司积累了强大的技术实力，从容应对各种挑战；国内首创实现了与企业资源计划 SAP 系统的无缝集成；实现了多地点远程异地协同设计，开展了自顶向下设计方法学的运用推广工作，规范了产品设计业务流程，统一了产品编码，实现了产品文档管理、产品结构管理、产品研发过程管理、工程变更管理以及共享知识库管理，在新一代高速动车组以及城铁系列客车研发过程中发挥了不可替代的重要作用；研究并实施了公司电子档案的归档和管理。

他们把振动仿真分析、疲劳仿真分析、动力学仿真分析等 11 个仿真分析领域作为公司重点研究领域并逐步加以实施，同时与新产品研发紧密结合，先后完成新一代高速动车组、伊朗双层客车等百余个产品项目仿真分析工作，增加了产品技术的附加值。

2008 年开始，他们大力实施企业资源计划 SAP 系统，4 年迈了三大步，完成了 9 个功能模块的实施，即产品生命周期管理（PLM）、项目管理（PS）、采购物流管理（MM）、生产管理（PP）、财务管理（FICO）、质量管理模块（QM）和仓库管理模块（WM）、销售管理（SD）和售后服务管理（CS）。通过三期工程，完成了 306 个业务流程梳理和优化工作，形成了 120 多个系统解决方案。在功能应用范围看，系统覆盖了公司的所有核心业务；从上线产品看，除了正在完整支持的新一代高速动车组项目和深圳地铁三号线、香港地铁项目以外，CRH5 型车第三单、EDI 项目也正在进行上线应用相关准备；从管理幅度看，非上线产品实现了采购、财务、物流一体化，公司全部的生产经营数据都在此系统平台上运行。应该说，没有信息化的全方位支撑，就没有具有自主知识产权的新一代高速动车组的成功下线。

在完善企业办公自动化上，他们以栏目功能性整合为主的内部信息网进行系统升级，建立完善满足各平台管理需要的 21 个部门级网站，综合提高了办公效率，实现公司发文、收文、请示报告、计划总结、会议纪要等公文的网上传阅和审批，提高办公网络化和协同化水平，基本实现了无纸化办公，建立了中英文对照的企业门户网站，开辟了"世界了解长客"的又一窗口。

与此同时，他们加强信息化基础建设，建立了具有高带宽、高可靠、高性能、高安全的信息化网络基础环境，为信息系统高效运行提供了保障。

为解决"信息孤岛"问题，他们关键突破，系统集成，实现信息资源的共享与增值，采取逐渐贯通的方式，实现多信息系统间的有效集成，提高工作效率。通过对产品信息管理系统、人力资源系统、技术通知系统、无线扫描设备等的集成性开发，已经初步形成了以 SAP 系统为管控核心、以产品信息管理系统等为主要手段的高度共享、高度集成的国际先进的信息化体系。

数字化，使长客处处涌动着现代化的气息。

数字化，也使中国创造如红日耀眼东方闪亮登场提供了又一种希望的平台。

人才筑就中国创造

按照决定战争胜负的主要因素是人而不是物的这个逻辑，实现中国创造的主要因素，同样是人而不是物。

这在长客体现十分明显，他们深知，装备制造业，技术的进步，生产条件和设备不断占领同行的前沿是很重要的方面，然而，这一切，都要人来掌握，都要人来创造。

为此，他们更加重视人才建设。

董晓峰，这名在轨道交通装备制造行业声名卓著的人物，沉稳、儒雅，自担任长客董事长以来，就一直把人才建设视为己任。他常说，人才是企业的第一资源，不能移植、不能复制，谁拥有了人才优势，谁就掌握了竞争的主动权。

在他看来，人才成长可以概括为"材——才——财"三个阶段。刚通过各种渠道优选进厂人员，为"材"，是基础材料，是毛坯，经过岗前培训，师傅带领，能够独立顶岗工作时，这才是"才"，渐渐成为人才。这还不够，只有通过组织培养和个人努力成为某一领域行家里手时，才能算是成熟的人才，是单位的重要"财"富。

为适应高速动车组生产的需要，他们相继招收了一大批新生力量，很多人在学校都取得了中高级证书，但按照长客的标准他们还上不了岗。入厂后，按照 ISO10015 国际标准，运用接力培训、校企联合、网络办学三大平台，在传统培训目标的基础上，尝试全新的"岗位（工序）能力管理"方法，持续加强培训。

他们的培训有自己的一套。以岗位单元资质证书制度为导向，通过对岗位技术含量、工艺要求和质量标准等方面的调研与分析，确定培训内容，建立模块化的能力模型。只有通过培训，取得相应资格证书后，才能上岗。

为使人才不断增长后劲，针对电焊工培训技术性高、实践性强的特点，他们不惜巨资，投入上千万元建设了国际标准的焊工培训基地。2012年，又针对铁路车辆电气装修工职业专门研制开发了"CRH3型动车组调试操作技能实训装置"，已经向国家申请7项实用新型技术和5项发明专利。

长客如此地重视人才，人才也加倍珍惜这来之不易的机会。在高速动车组制造中心铝车体二车间就有个苦练"三功"的故事。团支部书记在介绍这个故事时，一下子眉飞色舞起来。他说，他们有个工人名叫关广文，他练"三功"是车间里的佳话。

原来，电焊工不仅要有技术，还必须要有过硬的基本功。第一要学会练"蹲功"，就是要增强"蹲"的毅力。为了焊接时能够蹲得稳，关广文坚持吃饭不坐凳子，看书不用椅子，凡事能蹲着就不坐着。一次陪女朋友坐火车回老家，他硬是把座位让给了别人，自己在过道里足足蹲了5个小时，用他的话讲"座位可以不要，'蹲功'一天也丢不得"。第二要练"吃功"，就是要练好气力。不能吃得太多，吃多了容易胖，也不能吃得太少，吃少了没有力气，为此，早餐一杯豆浆，两个鸡蛋，中餐只吃七成饱，晚餐视白班夜班的情况而定——这不是减肥计划，而是作为焊工的"营养套餐"。只有这个吃法，才能保持好身体水平，让蹲焊时既气息平稳，又有劲干活，能够做到蹲起自如。第三要练"端功"，就是要练好腕力。焊接工作腕上功夫非常重要，五斤的重物垂在手臂上端平一个小时，这是他每天必做的功课。为保证焊弧的连续优美，他常用毛笔当焊条在纸上一遍遍做弧，直到每条弧线粗细一致、弧度相同为止。正是靠着这"三功"，关广文如今成了焊接时蹲得最稳、时间最长、技术最好的一个。

为进一步满足高、精、尖产品的需要，长客在人才建设上，还坚持全面培训与重点培养相结合，职业技能培训与岗位技能培训相结合，技术接力培训和技艺传承培训相结合，并采取走出去、请进来的培训方式，聘请国内外专家、选派上百名高技能人才赴欧、开设专项技术研修班和专业技术讲座等方式，不断提高员工的整体素质，逐步搭建起符合公司发展需要的"金字塔"式的高技能人才梯队。

在重视对内培养人才，挖掘人才潜能的同时，他们也重视对外引进人才。在实践中摸索出了五种引进人才的方式。一是从高校直接招聘应届毕业生。每年从清华大学、浙江大学、北京交通大学等高校引进本科、硕士、博士生200人左右，这是公司技术和管理人才的主要来源渠道；二是通过企业博士后科研工作站引进博士后研究人员，已先后与北京交通大学、吉林大学等高校博士后科研流动站联合招收博士后15人，并有多人毕业后留在了长客；三是与吉林电子信息技术学院等职业技术学校建立"X+1"培养的模式，就是采用大专生两年在校，一年在企；本科生三年在校，一年在企的办法，引进操作人才，目前公司高速车制造中心的几千名操作员工基本上都是这个渠道引进的；四是通过社会招聘引进有工作经验的硕士、博士以及外国专家等高端人才；五是通过项目合作引进智力，不求所有，但求所用。

多种渠道引进人才，体现了长客海纳百川的博大胸襟，吸引了越来越多的优秀人才投身长客。

拥有人才的根本目的是为了用才。

企业的现代化，某种意义上是人的现代化，而人的现代化首先应该是观念的现代化，文化的现代化，创造的现代化。创造是人生存与发展的核心所在。人，应当为创造而生。无论人在哪种岗位从事哪种职业，创造是人生的目的和意义所在。没有创造，人生便会虚空。有了人，有了人的创造力，如果不用，那是作为组织者的失职。

长客不仅拥有人才，而且善于用才，在人才的成长道路上，他们千方百计为人才提供成长路径，使每一个人才都能找到自己的发展空间。

第一是建立中高级管理人才成长路径。目前公司有各级中层以上管理人员400余名，建立了严格的选拔任用机制、考核管理机制和后备干部培养机制。第二是专业技术人才成长路径。分为公司内拔尖人才、公司内专家、北车专家三个系列。其中：拔尖人才系列分别设立了C类拔尖人才、B类拔尖人才、A类拔尖人才三个等级；专家系列分别设立了B类专家、A类专家、副总审、总审四个等级。北车专家系列又分别设立了专家、资深专家、首席专家、专业大师四个等级。第三条技术工人成长路径。包括职业技能鉴定系列、公司内操作师系列和北车金蓝领。其中：职业技能鉴定系列分别设立了初级工、中级工、高级工、技师、高级技师五个等级；操作师系列分别设立了青年操作能手、三级操作师、二级操作师、一级操作师、首席操作师五个等级;公司的优秀操作者还可以申请评审北车金蓝领。

这些路径的确立,为几乎所有的员工完备地提供了职业发展甬道,有效地调动了员工的积极性,使大家进有阶梯,干有希望,闯有奔头。

引进人才,成就人才是一个企业正确地使用人才的基础,然而要全面开发人才的潜能,还要采取多种措施。

为此,长客在这方面又进行了有价值的探索。他们分层次和类别为人才提供有竞争力的薪酬待遇。针对中高级管理人才,实行岗位技能工资,在标准岗位系数的基础上又给予一定的奖励系数,充分体现了不同岗位的管理职责及管理复杂程度;公司高管实施年薪制。针对专业技术人才,为各级别专家和拔尖人才设立不同等级的人才津贴、车辆补贴等特殊待遇,与中层管理人员待遇大体相当。为鼓励广大管理人员开展管理创新,每年定期开展管理创新评选活动,设立一、二、三等奖;为鼓励广大技术人员努力工作,制定出台了技术团队项目奖励办法,奖励额度非常优厚。针对操作型人才,不断提高待遇,首席操作师相当于 B 类专家待遇,一级操作师相当于 A 类拔尖人才待遇,二级操作师相当于 B 类拔尖人才待遇,三级操作师相当于 C 类拔尖人才待遇。正是有了这些制度性的办法,长客员工的收入水平,在国内同行业和长春地区都是很有竞争力的。

绩效管理是人力资源管理中的关键环节,也是世界公认的管理难题,但它对评价人才价值、提高企业绩效具有举足轻重的作用。为对人才进行科学严格的评价考核,从 2011 年开始,他们着手创建和推行一套全新的全员月度量化绩效考评体系,这套体系的特点是"工作有标准,管理全覆盖,考核无盲区,奖惩有依据"。在全员绩效考核的基础上,针对中高级管理人才、专业技术人才都建立了独立的考评体系。科学严格的绩效考评,在各类人才的选拔、任用、淘汰过程中起到了重要作用。

伽利略说,给我一个支点我能撬动地球。为使人才施展才华提供更大的舞台,长客不断地为人才的发展创造撬动地球的支点。他们广泛开展技能竞赛、岗位竞赛活动,为高技能人才建功立业脱颖而出创造更多的机会,先后开展了四届以"长赛不断线,短赛攻关键,技术创新提素质"为宗旨的职工岗位和技能竞赛,涌现出了一大批专业知识扎实、技术技能高超、工作业绩突出的操作岗位员工。对于竞赛成绩突出的职工,给予优先推荐参评各种先进、劳模，或参加各级重要会议的政治荣誉；对优秀操作法和职工"五小"成果，以工人个人名字进行命名表彰，并将这些创新成果制作成展示板，长期摆放在参观通道旁，以增强创新人才的光荣感。

同时，他们还善于用优秀典型激励人才茁壮成长，把"选样板，树典型"作为激励人才成长的重要手段之一。长客领导中卢西伟总经理、赵明花总工程师等人都是近几年选树的典型，他们在国内同行业具有较高的知名度。

榜样的力量是无穷的。在他们的带动下，一大批管理、技术和技能人才脱颖而出，并呈阶梯式成长的良好态势。

正是有了这样一大批梯队式发展的人才队伍，才有了长客跨越式发展的局面，才支撑起长客的中国创造大踏步地走向地球的一个又一个角落。

党建护航中国创造

拥有政治优势是中国国有企业的一项核心竞争力。

在应对金融危机中，在总结西方一些大型企业能在一夜之间轰然倒塌的经验教训时，有人答出一个结论：缺乏系统的组织体系，缺乏强有力的政治保障是一些跨国企业一项致命的弱点。

长客为实现中国创造，不断加强和改进企业的党建工作，主动融入生产经营中心任务，坚持"创新求变有作为，发挥不可替代作用"的工作方向，积极推进创先争优活动，团结带领全体党员和广大职工积极打造企业核心竞争力。

他们在全系统创新开展了"党支部书记述职"、"双向培养"、"学技练功"等特色活动，不断提升产品安全质量和企业抗风险能力，促使企业的生产经营、产品研发、基础管理等各方面工作都取得重大突破和显著成效。

一个重大的创新在于，他们积极开展"可视化党建"活动。

他们创造性地利用直观的视觉和听觉手段，将党建工作通过直观的表述，让员工通过直观感受，了解党建工作情况，发挥党员的先锋模范作用和党支部的战斗堡垒作用。

在实践中，他们采取先试点后铺开的方式，构建可视化党建的基本体系。

通过前期分析论证，并结合企业的实际情况，他们先在转向架制造中心、高速动车组制造中心试点，以"授牌、挂旗、佩徽"为主要手段，构建了从生产现场到党员个人的"身份识别体系"，让人们一眼就能看出来哪儿是党的组织，哪儿是先进，哪人是党员，这在阳光下运行的体系，为激发每一个人的内在潜力发挥了巨大的作用。

在取得经验和成效后，他们在各生产单位及部分管理部室中全面铺开，号召广大党员亮身份、展风采、显作用，在潜移默化中自觉强化党员意识，接受群众监督，发挥表率作用，争创一流业绩。

在长客的生产现场，无论走到哪里，都能看得到有关党建工作的标志或痕迹，让人深切地感受到，在长客不仅仅是产品意义上的生产建设，深入员工思想和灵魂的精神建设也以耀眼的色彩在任意的地方延续存在。长客庞大的钢铁群、轨道或者水泥钢筋筑就的每一个工地上，都有旗帜的力量在有力地搏动。

为充分调动党支部书记的积极性，长客全面推行党支部书记述职制度，定期安排基层党支部书记从理论学习、开展党建工作、提高队伍素质、改进党组织活动方式、完成生产经营任务情况和加强自身建设等方面进行述职，运用幻灯片、演示稿等现代手段，全面介绍党支部在抓班子、带队伍、强基础方面的做法和经验，有效展示党建工作服务生产经营的新思路、新点子和新办法，达到提高党务干部综合素质、激发基层党组织活力、优化党员队伍的目的。

他们还利用信息化的手段，在《支部建设》网站上开设"党支部书记述职"专栏，上传党支部书记述职提纲和幻灯片，并邀请述职成绩优秀的党支部书记在支部书记例会上进行工作交流，安排相关单位党支部书记旁听书记述职，学习借鉴其他单位开展党建工作的经验做法，有效地提高了公司党建工作整体水平，增强了党支部书记的责任感和使命感。

正是全面系统富有特色的党建工作，为长客的中国创造不断地保驾护航，使长客的产品持续辐射出熠熠的光辉。

为中国创造谱写传奇

2011年6月30日，这是一个不平凡的日子。

在千里京沪线上，时任国务院总理的温家宝乘坐上了 G1 次列车。这是一次首发式，是京沪线通车的首发式，也是由长客生产的 CRH380BL 动车组的首发式。

温家宝面带笑容，自信从容地乘坐在崭新的动车上，一种呼啸的声音在由北向南地推进，一种流线式的力量风驰电掣般流畅地推移。

此时，长客的领导有着强烈的自信，但心中也不免有些忐忑。他们在紧张中期待着，在期待中把一颗热血的心悬在喉咙眼上。然而，几个小时后，G1 次动车成功地实现了"首发零故障"，集中展现了长客创造的实力和魅力。

这是一种跨越！

是的，经过几十年的努力，特别是重组以来的发展，长客已成功地多次实现了举世瞩目的跨越。

他们已研制开发了世界上运营速度最快、科技含量最高、系统匹配最优、车辆功能最强的 CRH380 系列高速动车组，打造了 CRH5 和 CRH380 两大系列动车组产品平台；在城铁车设计上，搭建了 A、B、C 型不锈钢车和直线电机车等共计 8 个设计平台。仅 2010 年完成了 29 个项目 1704 辆车的制造任务，全年实现营业收入 107.4 亿元、利润 5.2 亿元。

更加骄人的业绩是，他们以响亮的中国创造把产品推向了世界。

1995 年，长客获得向伊朗德黑兰提供 217 辆地铁车辆的销售合同，这批车辆获得用户的认可后，他们的铁路客车和地铁车辆源源不断地驶入中东西亚，长客的品牌效应得到渗透和蔓延。

2008 年，当沙特政府做出修建世人瞩目的朝觐轻轨时，长客毫无悬念地成为首选合作对象。2010 年 11 月，当具有大编组、大运能、耐高温风沙性能的轻轨车辆呈现在远道而来的朝觐人群前时，沙特城市和农村事务部部长助理哈比卜扎因·阿尔·阿比丁说，"这可不是轻轨，每小时运送 7 万名乘客，一点儿都不轻！"麦加市议员、工程师费萨尔·阿尔·谢里夫则认为，"这是一场革命。麦加历史上第一次拥有了一条铁路线。它将让朝觐变得更加舒适，不会再有拥挤、堵车和污染。"

香港地铁是世界公认的最高端地铁，此前一直被西方行业巨头们所盘踞。长客自 2009 年取得西港岛线的地铁车辆销售合同后，2011 年又取得西港岛线的加车合同和南港岛线的无人驾驶地铁车辆销售合同。长客地铁车辆的持续进驻，充分说明了香港地铁运营机构对长客产品的高度认可，他们对长客地铁设计师们连续多次竖起了赞赏的大拇指。

在泰国，长客不仅取得了持续的订单，还与城市轨道交通运营机构BTS公司结成战略合作关系共同开拓泰国市场。在澳大利亚，长客提供的双层客车将悉尼与周边城市连接起来，形成一道亮丽的风景线，他们兴奋地说"这是来自中国的舒服的动车组"，进一步的合作意愿随之开始酝酿。

近年来，被称为金砖国家的俄罗斯、巴西、南非、印度等新兴市场国家日渐崛起，这些国家和地区对运输设备需求空前旺盛，巴西已经将长客的产品用于铁路运输、城市轨道交通。长客已经敏锐地捕捉到世界经济版图的新变化，他们把目光进一步盯紧这些"金砖国家"，为此正紧张地进行着技术准备，如CRH380型高寒动车组的成功研制，将为迈向世界高寒高铁提供强力支撑。

中国创造，好！

长客的中国创造，好！

当美国加州州长杰瑞·布朗在北京登上长客生产的CRH380BL型高速动车组，用不到5个小时就结束了长达1318公里的畅快旅程抵达上海时，他对"长客造"高速动车组表示出了由衷的赞叹。在接受媒体采访时他说："我们乘坐的中国高铁列车空间宽敞，乘坐舒适，实在令人印象深刻。我们必须要加快加州高铁的建设速度了。"

是的，中国创造，正以不可怀疑的力量，带着呼啸而过的豪迈走在了世界的前列！

中国创造，速度，质量，舒适和安全，赢得了世界人民的青睐，为世界人民带来更多的便捷和幸福。

呵，地球村在长客的努力下变得越来越小了，越来越近了，那么多长客创造的列车，把人与人拉得这么近，这么近……

雄鹰，在启航的路上

——西藏矿业发展股份有限公司改革发展纪实

赵晏彪

引 子

这是我时隔 3 年后再次来到雪域高原的西藏。走出机场，迅速地感受到这是离太阳最近的地方，离人类最远的地方，呼吸最困难的地方，也是我向往而又不敢轻易走近的地方。海拔高度平平常常就在 4000 米上下，能呼吸到的氧气只有原来的 2/3。以往快捷的步伐突然间却像踩了棉花似的，双腿轻飘无力。这一切充分显示出她令人仰视的缘由，连脚下的地平线都已遥遥地高出海平面几千米，成为世界屋脊。西藏，让人神往，同时也充满了许许多多的神秘，而准备采访的企业——西藏矿业同样让我好奇，因为对我是陌生的，陌生往往会让人产生好奇感。

司机拉卡接上我，一路上向我介绍着西藏矿业的今昔，办公室主任米玛次仁带我礼节性地拜访了西藏矿业的董事长曾泰、总经理戴扬、党委专职副书记仁增旺杰以及宣传部、办公室等人员。在短短的几个小时里，我遇见的许多西藏矿业的领导和员工，他们的质朴与热情让我的疑惑与不安立即消失得无影无踪了。

驻进西藏矿业宾馆，房间里已经为我准备好了相关资料。翻看着西藏矿业 40 余年的艰苦奋斗史，眼前呈现出一幅幅令人热血沸腾的画卷……

1967 年 5 月 2 日，一群血气方刚的青年，他们背负着西藏人民的期望，朝着海拔 4800 米誉为"生命禁区"的那曲安多县东巧区进发了。在那里，他们创建了西藏第一座冶金矿山——西藏东风矿，也创造了奇迹。

在高寒缺氧、交通不便、无水少粮的藏北，他们住的是难以御寒的帐篷，吃的是干菜，喝的是雪融水。他们用铁锹、铁镐挖矿，他们用人工背矿和推车排土等原始的生产工具，生产出了现代化的冶金工业不可或缺的铬铁矿石。他们用年轻而澎湃的热血，用挥汗如雨的苦干精神，证明了自己，证明了西藏一代工人的伟大。当年自治区的领导曾为他们送来一面锦旗，上书：献给"特别能吃苦、特别能忍耐、特别能战斗"的特别矿工们。他们，当之无愧；他们，为企业打开了一条致富通道；他们，为后人树立了一块不朽的精神丰碑；他们，为后代留下了艰苦奋斗的好品德。

岁月在流逝，时光虽难留有痕迹，但他们的事迹留在了世人心中，他们的功绩，为子孙后代开拓出了一座取之不尽用之不竭的精神富矿。这富矿，凝聚了西藏第一代矿山工人的心血和青春，烙上了西藏第一代矿山工人艰苦奋斗的足迹，透射了西藏第一代矿山工人无私奉献的高贵品质，他们难能可贵的精神在这四十余春夏秋冬中得以彻底地升华！

西藏矿业的办公大楼位于拉萨市南端，站在窗前，望着清澈的拉萨河从楼前缓缓流过，尽管我的正式采访还没有开始，但所接触到的西藏矿业员工，无不震撼到我的心灵：没有被"污染"的微笑，没有"狡猾"的言语，没有"欺骗"的目光，有的只是真诚的眼神和兢兢业业的工作作风以及他们渴望成功、盼望胜利的自信。

这，就是西藏矿业人留给我的第一印象。

第一章　化危为机

一个优秀的管理者，首先是一个"破坏者"，目的在于摧毁"今天"，创造一个不同的"明天"。

——佚名

2008 年对于中国人是一个见喜见忧的年份。千年一遇的奥运会在中国北京隆重开幕，汶川地震让国人悲恸不已。2008，在遥远的雪域高原，有一家企业正经历着前所未有的危机：公司连续 3 年被证监会、交易所、证监局处罚，相关的高管被自治区纪检部门调查、处分，加之内部管理失控以及各种原因，导致人心涣散，公司管理费用居高不下，核心子公司大量占用上市公司资金。巨大的财务风险随时将引发全公司整体系统性风险的爆发。它，就是西藏最大的资源性企业——西藏矿业。

2008年的确不同寻常，一切都在悄然无声地变化着。西藏矿业，这家拥有几十年历史的西藏老国企面临着彻底换血，这次换血将会让这个"巨大的病人"起死回生，焕发新的生命活力。

国庆节刚过，西藏自治区国资委企业改革处处长曾泰便接一纸调令，任命他为西藏矿业任董事长兼党委书记，他感到有些突然。

消息不胫而走。有人说，搞企业好呀，升官发财，有权有势。也有人说，真不知道曾泰是怎么想的，放着公务员不当非要到企业去受罪，图什么呀。更有甚者放话说，西藏矿业就是一座火焰山，谁去谁就如同坐在山顶上烤。

曾泰面对各种议论一语不发。他知道组织上遇到了难题，他是一名共产党员，国家培养多年的干部，既然组织决定把西藏矿业交给他经营管理，他是幸运的，因为有多少人可以在有生之年实现自己实业报国的理想呢。

妻子看到丈夫几日来闷闷不乐，既是安慰又是关心地问："是不是感到担子太重，怕工作做不好？"

知夫莫若妻。曾泰看了看妻子，淡淡地说，"机关与企业最大的区别就是责任很重。在机关当处长没有这么大的责任，领导交办的工作办好了，然后再尽可能考虑得周到一些就可以了。但是到了企业，作为企业的主要负责人，企业的经营、管理、发展、员工的民生、社会责任、安全环保问题全部要担起来，一年中要跟国资委签5个目标责任书，经营、党建、社会治安综合治理、安全、环保等等，这些你必须要完成，这么大的一个企业交给我，真担心对不起党和政府对我的信任。"

曾泰的忧虑是有道理的，他由一名国资委企业改革处处长，主要负责企业改革和企业管理干部，突然变成了企业法人，这意味着他将由一个监管者变成了企业经营者，这个角色的转换既是他多少年的愿望，决心要去基层单位锻炼，将半生所看所学用于企业经营上，但又感到心里没底，因为他毕竟缺少在企业的工作管理经验。

"经验是在实战中摸索出来的"，领导的一句话让曾泰豁然开朗。是呀，对于西藏矿业的整体情况曾泰还是略知一二，西藏矿业发展股份有限公司是一家有着14年上市历史的由西藏自治区国资委控制的资源类上市公司，成立于1967年，公司主营业务包括铬矿、铜矿、锂矿、硼矿开采、销售及深加工。公司旗下的矿权主要为山南罗布莎铬铁矿区 Ⅰ Ⅱ 矿群、山南罗布莎 Ⅳ 矿群、山南罗布莎 Ⅴ 矿群、尼木县厅宫铜矿、日喀则扎布耶锂矿、阿里聂耳错硼镁矿。其中扎布耶盐湖是世界第三大锂盐湖，尼木厅宫铜矿为西藏冈底斯成矿带上最具成矿规模的矿区之一，而山南罗布莎铬铁矿区又为国内铬铁矿主要生产基地。但当时公司业绩平平，民心涣散。

曾泰看着手头的资料，他在自问：如何让企业从困境中走出来，如何让企业得以发展，如何让企业和员工树立美好的战略目标。他思索着，分析着，寻找着突破口，以锂矿资源为主的扎布耶控股公司引起他的注意，一家分公司竟然多达七个点：拉萨一个总部、日喀则一个办事处、加上一个矿区、白银一个加工厂、成都一个办事处、深圳一个销售公司、福州还有一个加工厂，它们就像一只手伸开的五指，分散无力，顾头难顾尾。表面风光无限，实际上已经是四面楚歌。

西藏矿业的主业是什么，要往哪个方面发展？这时传来一个好消息：中国证监会西藏证监局上市公司建管处的处长戴扬调任西藏矿业总经理。听到这个消息曾泰显得无比高兴，对企业而言来了一位有魄力懂业务的总经理，对曾泰而言他拥有了一位有事业心能够和他一同扛起西藏矿业这负重担的搭档。

戴扬上任了，他被公司财务部门报来的财务报表震惊了：一个偌大的西藏自治区内重点国有上市企业，一个总资产近 10 亿元的的矿产业企业，而账面上的现金资产只有 5000 万元，公司核心公司除山南分公司外，几乎都靠上市公司输血生存，甚至有些公司占用上市公司资金高达近 2 亿元。

曾泰和戴扬感到肩上的担子异常沉重。面对严酷的现实，深知企业没有退路了，自己没有退路了，唯有破釜成舟、背水一战，或许会有一线生机。

他们在谋划着如何破解危机，而他们自己却身处于方方面面的质疑危机中。首先是信任的危机，自治区党委政府、企业股东怀疑他们两个"理论家"到实践一线到底能否理论联系实际，让企业转危为安。其二是期待的危机，员工和投资者都热切地期待他们能把西藏矿业搞好，虽已病入膏肓但仍希望他们能妙手回春。其三是市场的危机。破屋又遇连天雨，他们刚刚接手企业，铬铁价格从最高的每吨 5400 元突然跌至每吨 1700 元，在这种巨大的压力下，他们能够化危为机吗？

危机是指一件事情恶化或者转机的分水岭。适者生存，不适者灭亡。能否化危机为机会关键在于决心、决策、决断是否符合客观规律，符合市场规律，符合企业长久发展战略。

数十天的讨论、调研和长考，终于让这两位企业的决策者有了清晰的思路和共识：西藏矿业的点和面过多，资源分散，人财物分散，主次不分，且公司人员95%是西藏土生土长的本地人，没有接触过系统、专业化的培训，管理水平与内地相差甚远。

症结找到了，他们立即制定目标，首先对领导班子进行调整，班子成员就像一个人的大脑，它是最高指挥中心，抓住了领导班子，就如同抓住了本质，让能者上，庸者下，提倡学习之风，从而改变了以往涣散而粗犷型的管理方式，使得企业人力资源利用率达到最合理的配置。

其次，聚焦发展主业：资源开发与加工。那些和资源开发与加工关联不大，甚至没有关联的业务，将不再投入，或者主动退出，在产业结构上缩短管理链条，逐步实现集团管控，将拳头握紧。

其三，在全公司树立"安全生产，科学生产为基础，以矿山资源优势兼并整合铜、锂资源，打造西藏矿业品牌"的工作思路。

其四，让"根植雪域高原、心系西藏矿业"成为企业文化的主旋律，点燃企业生存、发展的希望之火，让全体员工树立"爱企业、爱强大的企业、爱资源富饶的企业"的信念，增强自身的责任感，对企业的信赖感与荣誉感。

其五，向所有同行业发出公平竞争、和谐合作倡议书，告之所有同行，任何行业都存在着竞争，竞争实际上就是合作的一种机会。不可否认，同行业之间有竞争，但也是一个合作的契机，西藏矿业不赞成通过恶意竞争而把谁打垮，或者被谁打垮，而是将企业之间的有序竞争化作共同合作、资源共享、形成一种合力，从而谋求共同发展。

"我们应该做'破坏者'，摧毁'今天'，创造一个不同的'明天'"。曾泰与戴扬以逆向思维方式，以宽广的胸襟，以改革者的锐利，开始了他们大胆地破坏"今天"的计划。

"用扎布耶控股公司小试牛刀"。曾泰和戴扬的高度统一使他们迈出了化危为机的第一步。

扎布耶公司已经亏损多年，之所以亏损就是存在着诸多的不合理现象。扎布耶公司总部在拉萨，矿区在日喀则地区，总部应该放在资源所在地，这样扎布耶公司的总部落户在了日喀则地区，而在日喀则的办事处就没有存在的必要了。一举两得。

西藏矿业发展股份有限公司在成都有一个办事处，扎布耶控股公司就也没必要再设一个办事处在成都，其接待工作由股份公司办事处统一来管理。

扎布耶公司在福州有一个加工分公司，主要是依靠西藏矿业碳酸锂资源做进一步的加工。资源是西藏矿业提供的，然而西藏矿业在福州扎布耶公司里只是一个小股东，这个加工公司也没有存在的必要。

深圳扎布耶销售公司就更离谱了，西藏矿业加工完的氢氧化锂、电池级的碳酸锂等产品，全由深圳销售公司来销售，奇怪的是这家销售公司的大股东却不是扎布耶公司，销售回款西藏矿业拿不到，派去的财务人员、管理人员插不上手，自己生产的产品自己不能销售，不如自己组建一个独立的西藏矿业销售公司。

在成都扎布耶办事处只是进出藏的接待站，做服务工作。一个办事处养活二十几个人，还有十几个专家，专家既不到西藏的生产现场来，对企业不了解，两个字：撤销。

这一招打破了"今天"的不合理建构，虽然有些"阵痛"，触及了一些利益集团，断掉了一些人的财路，但公司将销售统一管起来后，节省了人力物力和资金，整合了资源，使扎布耶公司瘦了身，甩掉了包袱。

小试锋芒，让人们看到了他们的决心，初战告捷，曾泰和戴扬并没有沾沾自喜，他们把目光又投向了更大的战场。

第二章　除了胜利，我们什么都不需要

提出一个问题往往比解决一个更重要。因为解决问题也许仅是一个数学上或实验上的技能而已，而提出新的问题，却需要有创造性的想象力，而且标志着科学的真正进步。

——爱因斯坦

　　人都有梦想，也有许多问题在脑海里萦绕。戴扬有宏大的梦想，也有诸多难以解决的问题：西藏矿业不仅要做成西藏最大的国有企业，而且要用科学化管理，国际化经营模式打造西藏矿业，如何打造，从何入手，方能使西藏矿业尽早实现百亿梦想呢？

　　"西藏矿业太需要一场胜利了。除了胜利，我们什么都不需要！"戴扬在心里勾画着百亿梦想蓝图，但一张报表如同让他做了一场噩梦，心情沉重之极。报表上面有5400万元现金，仔细一看，短期银行负债竟然达2.15个亿。上任后，他接待的第一个客户就是农行的一位副行长，谈的话题就是"还款"。

　　戴扬是监管上市公司企业的，他知道出现这种状况只有一种解释，公司已经没有信誉可言了。

　　"扎布耶呀，扎布耶"，戴扬反复念叨着这个名字，他知道扎布耶控股公司流动资金几乎枯竭了，空有坐拥全球第三大盐湖，亚洲第一大盐湖的美誉，为什么就是盈利不了呢？他寻找着答案，2004年9月，扎布耶锂资源开发产业化一期工程完工试运行。由于资金投入不足、设计参数偏高、生产地域条件艰苦以及管理效率低下等原因，导致生产成本较高，经营效益较低，长期占用上市公司及上市公司控股股东资金，一度资产负债率高达117%。

　　2007年至2008年，公司因对外违规担保、扎布耶公司占用大量上市公司资金（1.94亿元）、银行短期债务1.25亿元（由上市公司、上市公司控股股东提供担保）存在到期不能归还的风险、白银甘藏银晨铬盐有限责任公司占用上市公司近1亿元资金无法归还，严重亏损，面临倒闭等原因，风险集中爆发，如不妥善解决，可能导致其控股股东丧失控股地位。

　　已经4个月没有给职工发过工资了，这样发展下去，他这个总经理是有罪的呀。

　　戴扬失眠了，连续十几天的失眠，他苦思冥想，在为扎布耶寻找解困之道。一天，他在一张纸上写着、画着，突然"债务重组"四个字跃然纸上。对！进行"债务重组"。但有人提出异议，因为前些年某央企提出花3亿人民币重组扎布耶，并且帮扎布耶偿还所有债务。当谈判进入到了实质问题，该企业提出一个条件，每年要达到20%的投资收益率，如果3年之内达不到的话，西藏矿业就要拿股票来抵押，这无疑是一个西藏矿业无法承受的疯狂的对赌。

戴扬非常清楚西藏以往上市公司的重组，都是"救命式、丢包袱式"的重组，只有一个原则，就是赶快把这个事平息了，将上市公司空壳化了，而它的壳资源存在着巨大的潜在价值，但是没有人认识到这个问题。戴扬在想，扎布耶一定要用一个逆向思维来进行重组，以前的重组模式就是把坏账打包，然后打折卖给别人，其后再把它组合后卖掉，这样重组是一个低智商的重组，是对国有资产的严重不负责任。

戴扬一夜未眠。天，渐渐明亮起来，一个大胆的计划在他脑海里形成了，他奋笔疾书，一气呵成，将自己的想法形成书面材料逐级上报给了自治区国资委、自治区政府领导。

"1995 年 2 月，西藏明珠（股票代码 600873，SH，现为：梅花集团）在上海证券交易所挂牌上市，西藏有了第一家上市公司，此后，西藏圣地、西藏金珠、西藏矿业、西藏天路 4 家国企先后登陆上海证券交易所、深圳证券交易所。一时间，5 家国有上市公司成为雪域高原国企改革的排头兵和风向标。但是，好景不长，由于经营不善，短短几年间，西藏明珠率先陨落，西藏圣地、西藏金珠亦因出现重大亏损被内地企业低成本重组。从政府支持企业上市融资到政府埋单收拾残局；从国有上市公司一度主导自治区酒店旅游、交通、矿产、贸易等支柱产业到五朵金花中的 3 家上市公司风险集中爆发，导致公司空壳化并不得不被低价重组，巨大的壳资源被错失。前事不忘，西藏国有上市企业十余年来走过了怎样的艰辛道路？在自治区国有控股上市公司仅余两家的今天，展望未来，路漫漫其修远兮，作为国企高管，我们肩负着怎样的责任？我们应履行怎样的使命？我们能打赢这最后的国企保卫战吗？"

这份报告大胆提出对扎布耶公司实施债务重组、引进战略投资的意向。得到了自治区党委政府以及自治区国资委的高度重视与大力支持。自治区政府分管企业的丁业现副主席与自治区国资委领导听取了公司的汇报，丁业现副主席还专门询问了有关重组可操作性问题，问戴扬有什么需要。

听完公司汇报后，丁业现副主席果断决定协调财政拨付 5000 万元资金，作为此次重组撬动资本的杠杆资金，并要去公司做好近期、中期、远期工作的规划与统筹。为我们西藏自治区其他上市公司重组积累好的经验，为国争光。

有自治区党委政府的支持，戴扬胸有成竹，他首先召开股东会议，他说，现在扎布耶公司欠债将近4亿元，我想困难当头我们股东平分。股东们一听欠债将近4个亿，还要平分，纷纷摇头宁可被q稀释股权，也不要承担债务。

会场一片嘈杂声，戴扬向大家打着手势，大声地说，那好吧，你们不要我要。请大家记住，西藏矿业除了胜利，什么也不需要！

气氛急转直下，扎布耶公司的股权就这样被稀释了。

会后戴扬找到曾泰说："曾总，财政拨给咱们的5000万，你把它承接了然后注入到扎布耶，转化成你的股权。"

曾泰在与戴扬认真讨论后，同意这一想法。此次他们深知西藏矿业开局首段，事关公司整体安危，必须取得胜利。事情按照他的设想进行着，西藏矿业把所有的债务进行了打包，然后由上市公司和控股股东承担了，紧接着他迅速在西南联交所挂牌，和比亚迪、金浩竟然以2.5元的价格转让了。当时是2000万的注册资本，西藏矿业每股实际上是翻了55倍，这样算下来，西藏矿业不仅把所有银行债务清零了，控股股东把账还完了，还净挣了1.1亿，这是控股股东有史以来第一笔过亿的利润！

历经9个月的时间，扎布耶公司债务重组即债务转移、国有股权行政划转、债转股、现金增资等工作于2010年9月宣告完成。

账还完了，西藏矿业也收回了7000多万元的现金，有这些现金全盘就活了。因为有了第一笔成功的经验，为西藏矿业通向资本市场扫清了一个实质性的障碍，接着他们就进行了一个再融资，2010年成功地募集了12.14亿元的现金，西藏矿业整体活过来了。

从此扎布公司以崭新的面貌示人。扎布耶公司注册资本由原来的2000万元扩大至4.3亿元，资产负债率由117%下降至35.58%，夯实了该公司注册资本，全面改善了资产结构、财务结构，恢复了营运能力。并且为优化公司的治理结构，优化股权结构，增强资金的流动性。

有媒体称，2009年以来，西藏矿业创造了两个第一：成为西藏国企里全面实行债务重组的第一家，也是第一个成功以营利式的重组上市的企业。

如今再次谈起这次债务重组，戴扬总经理仍然充满了兴奋，在结束语中他写道："回顾2009年的严冬，面对严峻的市场形势和市场压力，面对全体员工期待的目光，我们告诉大家，西藏矿业除了胜利，什么也不需要！我们唯一能做的，而且必须做的，就是去争取胜利。而今，西藏矿业已基本化解了历史遗留风险，站在一个新的发展起点上，展望'十二五'，西藏矿业发展之路，任重道远，西藏矿业管理层将团结一致，积极进取，努力向自治区党委、政府、区国资委及广大投资者交出一份科学增长、科学发展的答卷。"

西藏矿业胜利了，一场久违的胜利，一场难得的胜利。这胜利是鼓舞生气的胜利，是赢得尊重的胜利。

曾泰和戴扬并没有沾沾自喜，他们马上将目光又投向了领导班子、中层干部的内外兼修上。

企业的问题，说到底是管理问题。对内，他们进行了管理模式的大刀阔斧的改革；对外，重塑西藏矿业良好的市场形象。

如何重塑西藏矿业良好的市场形象？企业文化是企业发展的核心，就像一个人一样，如果没有灵魂，人是没有精神的，企业没有文化一定站不住脚，戴扬首先提出要在全企业提倡"讲学习、求上进、谋发展"的企业文化理念，他将学习分为两个方面，第一是倡导学习专业知识，管理者没有相应的专业知识、金融知识、财务知识是无法管理好企业的，这三种知识非常重要，特别是对于上市公司，领导层要对资本市场有充分认识，这是企业发展的一个前置要件。第二种就是人文知识的学习，提高自身的品位、修养，只要你有了修养，有了品位、情操，你才能知道什么是对的、什么是错的、什么是能做的、什么是不能做的，这就是"讲学习"。

说到"求上进"，公司要上进，首先要建立在个人要上进的基础上。拿破仑说过，不想当将军的士兵不是好士兵，企业员工也一定要有这种"求上进"的精神。在 2010 年新年到来之际，戴扬在全体员工大会上说："我们西藏矿业除了胜利，我们什么都不需要，我们唯一能做的和必须做的就是去争取胜利。如何争取胜利呢？求知使我们强大，学习使我们进步，知识让我们聪慧。"

既学习了知识又有了奋发图强的精神，讲"谋发展"就水到渠成了。

"谋发展"不仅是谋个人的发展，还要谋企业的长远发展，这是西藏矿业非常初期的企业文化理念。戴扬在接受采访时说："现在我们的职工心有所向，高管心有所向，企业也心有所向。"他打开一个笔记本，扉页上用中英文写下两句话："根植雪域高原，心系西藏矿业。"

一个根植于雪域高原的国企，一个让员工爱强大的企业、爱资源富饶的企业、心系这个企业，这就是他们企业文化的魂，这就是他们受到同行敬重的原因：做一个有尊严、受尊重的国企。

第三章　大企业的责任

只为家庭活着，这是禽兽的私心；只为一个人活着，这是卑鄙；只为自己活着，这是耻辱。

——奥斯特洛夫斯基

几日的采访，我被西藏矿业人的精神所感染，因为一个企业的存在，绝对不能仅仅以赚钱为唯一目标。除了赚钱之外，企业还应该服务社会、创造文化、提供就业机会、把高质量的产品和服务以最低的价格提供给消费者。这些都是企业应该具有的目标，也可以说是企业的使命。一个企业如果从管理层到普通员工都能形成这样的责任感，那么这个企业最终一定会有大的发展。仔细研究那些世界著名企业，我们会发现，任何一家企业都不是以盈利为自己的最高使命，它们大多以服务社会、造福人类、改变生活之类的崇高使命作为自己企业文化的核心。曾泰董事长的一段话让我看到了一个大国企应该有的责任感。他告诉我："虽然西藏矿业在全国范围内属于中小型国企，但在西藏是当仁不让的大国企。所以，西藏矿业不仅要考虑到国家形象，更要考虑到西藏国企的形象。"

2011年，经过新领导班子3年的苦战，西藏矿业在各方面都取得了明显成效。公司账面资金从不到5000万元猛增加到现在的10亿多元，采矿业绩每年持续增长，员工工资逐年增长，西藏矿业各项指标超出了预想结果。作为西藏矿业的领头人，曾泰和班子成员把"打造西藏重点企业、服务西藏经济发展"和做大、做强、做优企业作为自己的追求目标。要实现这个目标，关键在人才。曾泰作为公司党委书记、董事长，他深知党的作用至关重要。西藏矿业党委成立于2009年，但因公司内部人事调整事宜，截至到去年9月，一直未配备党委专职副书记，在很大程度影响了西藏矿业的党建工作。因为思想政治工作通了，各项工作则一通百通，企业效益也会随之水涨船高。恰在这时，西藏自治区创先争优强基惠民活动开始了，作为负责任的国企，强基惠民是他们责无旁贷的责任。而首批驻村活动要选择一个领队，4个队长，12个优秀队员。为了出色完成自治区党委和政府交给的任务，打好第一仗，他脑海出现了一个人的影像。

曾泰立即将这想法与戴扬总经理进行了沟通，他们一拍即合，一支西藏矿业配备最强、年龄、学历、工作经验较为丰富的驻村队伍建立了。果然，这16个人不但出色完成了任务，还谱写了一曲曲强基惠民的赞歌。

仁增旺杰，是扎布耶公司的常务副总经理，在西藏矿业他又是藏族后辈干部之一。由他作为领队兼任一队队长，领导班子特别放心，仁增旺杰是一个忠诚勤勉作风过硬的党员干部，有觉悟有水平，既有机关工作经验，又在基层单位挂职锻炼经验，是最合适的人选。

西藏矿业第一批4个队每队4个人，一共16名人员。两支队在昌都地区，两支队分配到日喀则地区。相比较昌都地区的条件要比日喀则艰苦一些，仁增旺杰提出自己和格桑群培同志到条件相对艰苦的昌都地区，其他两队人员去日喀则。

格桑群培同志被西藏矿业公司党委选派到昌都地区察雅县荣周乡麦堆行政村驻村工作队工作，担任队长。察雅县荣周乡麦堆行政村下辖4个组12个自然村，是察雅县荣周乡下辖各行政村中距县城最远的一个村，距察雅县55公里，距荣周乡7公里；也是平均海拔最高的行政村，平均海拔3890米；同时也是人口最多的行政村，全村共有200户，1513人。这比察雅县的部分乡镇的总人口还要多。经济结构单一，主要以青稞、小麦为主，主要收入来源仅靠每年极少的虫草资源。交通设施落后，从县城通往村里的山路崎岖陡峭险峻，一到雨季路面到处积水且泥泞不堪，因雨水导致山体滑坡形成塌方造成交通堵塞的现象时常发生，多数路段只能单车通行不能会车，交通极为不便。水利基础设施落后，制约着当地群众的生产生活。

麦堆行政村条件艰苦，天气寒冷，他却迎难而上，带领队员们挨家挨户地进行入户调研，先后3次与队友走遍了每一家农牧户，入户率达100%，倾听群众所需、所想、所盼，了解村情民意；深入实地了解群众反映强烈、集中的民生问题，爬山涉水搜集各项为民办实事工程和短平快项目的基础数据，集思广益、反复论证，力争用有限的资金为驻村群众办更多的实事和好事，一年下来利用为民办实事经费10万元为驻村7个自然村修通了公路，用自筹资金 8.9 万元为驻村修缮两座水塘，村委会会议室、办公室、配备相适应的藏床、藏桌、卡垫等。经过前期调研，他了解到驻村困难群众较多的情况后，积极倡议设立"帮扶助困"专项资金，他个人注入资金 6000 元。通过队友们的积极响应，共筹得资金 15600 元，为驻村群众解决实际困难 5 次。由于格桑群培同志长期以来从事群众工作，长期接触基层老百姓，他对老百姓有着深厚的感情和工作经验。经常对其他工作队员说："西藏的老百姓是最朴实最善良的老百姓，你为他们办 10% 的好事，他们会回报你 100% 的恩情"。虽然他来自拉萨，他从来不嫌脏怕苦，经常在田间地头席地而坐与群众谈心、宣传政策，了解情况。到村民家里后就与村民们一起吃糌粑，喝清茶。从来不让村民给工作队搞特殊化。村里如果组织劳动他就会带领工作队员们一起参加，与村民们一起劳动，一起休息，一起说笑，一起吃饭。经过一段时间的接触，村民们都"忘记"了他是工作队队长，都亲切地喊他"格桑，格桑"。他把村民当亲人，村民视他如家人。

　　仁增旺杰一行 4 人从拉萨远坐车走了三天三夜才来到察雅县荣周村，荣周村下辖 4 个组和 11 个自然村。有 219 户，1300 多人，是一个非常大的村子。本着真诚倾听群众呼声，真情关心群众疾苦，深入了解掌握村情民意为出发点，在村党支书、村委会主任的陪同下，他们 4 人利用半个月的时间，骑着马，一村一户地走访。有的村与村离得比较远，最少要走两天。遇到过河时有一个钢丝的吊桥，胆小的人不敢过去。他们不怕道路艰险，挨家挨户进行了调查访问。让仁增旺杰他们没有想到的是，这里的百姓生活很苦，唯一的交通工具就是驴和马。在一户一户的访问中，他们见到的是藏民同胞生活的艰辛，特困户有 45 户，见到贫穷的家庭，他们除了以企业名誉捐助外，还自掏腰包解村民之困，当把 11 个自然村都走下来后，仁增旺杰随身携带的 15000 元都捐出去了，以单位名誉捐了 9000 多元，其他同志也都捐出了随身携带的现金。

　　走访结束后，他们立即召开了 11 个自然村村长会议，听取大家的意见。会议一开始，村长们你一言他一语，一共提出了 17 个问题。都是农民最关心的、跟农民有直接关系、牵涉到农民切身利益等的难题。比如水塘、看病、水渠、公路、桥梁、房屋、农田灌溉、通信通讯，那里连信号都没有，打电话都成问题。

怎么办？17项难题个个难办，但仁增旺杰他们抓住主要矛盾，首先解决农民看病难的问题。这里的村民一旦得了病就找喇嘛，喇嘛只能算算命，念念经，根本治不了大病，如果是一般的头痛脑热的还可以，休息一段时间自然就好了，但其他的病喇嘛也无技可施，连个药都没有，就在那儿等死。工作队根据这种情况，立即向县里和公司进行了汇报，从驻村基金和公司捐助资金中分别划分出些钱，盖了一间医务所。有了医务所但医生怎么办？他们跑到民政局、民政厅、县人民医院要政策，如果有医生愿意来荣周村，一是解决医生的待遇问题，正式安排为村医，二是把医务室的设施全部配备齐全。有了梧桐树，凤凰自然来。医生有了，药品进了，可以开始为村民看病了。当时的情景就叫盛况空前。老百姓排着长队来看病，大人小孩拍手称快，以往那些小病小灾的，如牙疼、头疼、感冒、妇女疾病等，医生开了药一吃马上就好了。

自从3·14发生以后，昌都县属于敏感地区，为了做好维稳工作，他们成立维稳工作小组，11个自然村每村选举两人为正副小组长。在宣传党的政策方面，他们不怕辛苦，一个村子一个村子地走："大家不要听信传谣、造谣，你们身在其中，用自己的眼睛看，整个西藏发展变化有多大，现在党的政策是好，各种补贴费、惠民、利民、富民政策，都是为了百姓能够生活得好。"

维稳还有一个任务，就是调解矛盾。比如挖虫草，这是他们主要的副业。村和村之间有纠纷往往是因为挖虫草引起的，打架很厉害，而且是打群架。所以维稳小组抓住这件事，做工作，调解矛盾，说服双方。仁增旺杰举例子说，那天他们又打架了，我去劝架，对他们说："打架斗殴一是违法，二是伤了大家的感情，三是不值得。比如说你一天挖到两根虫草，一根虫草可以卖50元钱，两根是100块钱的收入，你花30块钱吃饭，还可以剩余70块钱给家里，这多好。如果你们打了架，把你抓进派出所，抓一天，你就等于损失了100块钱，如果打伤人家还要赔偿费，如果严重的话出了人命案，还要偿命。不但人家的一生被你毁了，你的一生也毁了。你家里怎么办？你的子女、父母没有人养怎么办？这样的后果你们想到没有？"

"我们的村民是朴实无华的，也是可爱的，只要你把道理讲清楚，他们都是遵纪守法的好村民。"仁增旺杰说，经过细致耐心的工作，并请村子里德高望众的老人出面，两个村子里的人共同划分村界线，挖虫草的季节到来之时，立上一个牌子，两个村子的人，谁也不允许进入另外一个村子的领地去挖虫草。这样矛盾化解了，村与村之间的打架现象没有了，呈现出了一派祥和景象。

农民是靠种地生活的，村里一共有 50 多亩的农田需要灌溉。这里只有一个很小的水库，村民每年挖出一点儿土，然后就把水灌进去，再灌到农田，平均一天灌不了两三亩地。为了解决村民灌溉难题，工作队先做准备，后备资金，西藏矿业出大对，县里也出资一部分，然后他们组织人力修建两个水库，两条水渠。过去 50 亩地灌一次需要一个多月才能灌溉完，现在水库、水渠都修建好了，只需半个月就可以灌溉完成。村民们无不欢欣鼓舞，夸奖他们工作队是为民服务队。

一年时间很快就过去了，当他们要离开的时候，老百姓都流泪了，有的为他们献上哈达，有的送来自己酿的藏白酒，还有的人把家里的吃的东西都拿来了，几个自然村村长搂着他们掉眼泪说，过去扶贫干部只是呆几天多了待一个星期，你们一住就是一年而且为我们做了那么多的事，我们会想念你们。不少群众竖起大拇指，大声地说喊着：工作队"亚莫"（藏语"好"的意思）、共产党"亚莫"。

强基础惠民生，到最需要的地方去，是神圣的使命，也是庄严的责任。他们抛弃繁华而乐享寂寞，他们舍弃安逸而选择艰难……他们捧着真心来，带着热情来，他们构成了强基惠民活动中一道"绿色"的风景线。

驻村活动中，西藏矿业公司一共出资 480 万元进行了扶贫，仁增旺杰和格桑群培同志被评为自治区优秀驻村工作队员。农村工作艰苦，但艰苦之后收获的是喜悦；农村工作平淡，但平淡之中收获的是精彩。实践证明，驻村干部将自己融入进农村生活和工作中，他们用激情和青春为农村奉献，他们是普通的，因为他们只是万千干部中的一员，但他们却又是不普通的，因为他们在服务群众的过程中实现了自己的人生价值……仁增旺杰同志驻村归来后，被任命为党委专职副书记，分管纪委、党委、工会、驻村工作，这不仅是他个人的政治收获，也是公司发现人才、使用人才的最大收获。

在即将结束采访的时候，山南分公司的副经理格桑达娃闯进我的镜头，他主动向我介绍着矿区的一些事，让我从另外一个角度看到了西藏矿业这个企业的社会责任。

罗布萨铬铁矿位于山南地区的泽当，矿区周围是半农半牧的农民。十几年前，当他们进入这一地区时，见到的是用石头垒起的矮小房屋，给村民一包方便面就可以为矿上干一天的活，交通工具大多是马和驴，现在一切都变了，矮小的房子变成了新房，村民们也不会再为一包方便面而去打工，他们有了自己的村办企业，真真正正地富裕起来了。

当初，为了让当地的村民脱贫致富，企业特意制定出扶持村民致富项目，寻找适合村民们的项目，由简单到复杂。首先让当地村民到排土场上拾矿石，这是一项简单的劳动，只要告诉他们什么是矿石，什么是石头就可以了。村民有活干，一年可以挣几百元，上千元，现在万元户已经很多了，村民真正得到了实惠。因为以前这些矿石被当作废石扔掉了，后来一位技术人员发现在这些扔掉的废矿石中掺杂着许多好矿石，而这些矿石由于掺杂在石头当中机器不易操作，企业又缺少人员去处理，所以就发动当地的村民拾矿石，这样让他们不但有了丰厚的收入，企业也节约了资源，增加了矿石的回采率。现在矿山周围的村子富裕起来了，不但组建了小型企业，购买了挖石机，也将附近的村民劳力组织了起来，而企业每吨收购价按照市场价格，一个小小的村庄每年收入达到一千万元，而有些薄的矿产不适合用大型设备去开采的，企业又担心破坏植被，就会找到当地村委会，让他们组织人力物力去开采，然后企业收购。

村民富了，交通改善了。过去村民们要自己背上干粮走三四个小时到矿区干活，现在有骑自行车的，骑摩托车的，开汽车去的，当地村民见到西藏矿业的人就会说，企业是我们的大恩人，我们今天的幸福生活都是靠企业给予的。说到这些，严肃的格桑达娃，脸上露出了幸福纯洁的笑容。

走出西藏矿业的办公楼，曾泰董事长的话仍然回响在耳畔："责任感并不仅仅是企业的事情，企业的所有事情最终都要落实到每个员工身上，使命感是员工前进的永恒动力。工作绝对不仅仅是一种谋生的工具，即使是一份非常普通的工作，也是社会运转所不能缺少的一环。小赢靠术，大赢靠德。这是大企业的追求，也是大企业的责任。"

结束语

我采访过许多企业，只有在西藏，才会遇到如此单纯如白纸的人们。

无论干部或者是员工，他们眉宇间散发出的是纯净，是淳朴，没有一丁点儿杂质。员工的笑是发自内心的，是真诚的、幸福的微笑，这种微笑是源于人生的信心，源于生活的美好，是源于对企业未来发展进步的认同，是源于对领导班子的无比信任和对企业的无限憧憬。在采访中他们带给我的是亲切，是友善，是和谐，是激励，是一种不可形容的雄鹰之美。

戴扬总经理制作了一个宣传片，在一座茫茫白雪的高山上，有一群雄鹰不惧严寒，不畏冰雪，在雪岭的上空高傲地飞翔着，它们征服重重困难，向着理想的天空，勇往直前。而那段话外音久久在我心里回荡……

"记得 2009 年我们刚刚来到西藏矿业的时候，公司的资产只有 9 亿，短短 5 年过去了，公司的资产已经达到 25 亿，净资产也已经超过 21 个亿，在账上有十几个亿的现金储备，企业已经发生了质的变化和量的发展。西藏矿业从一个主营业务单一、结构不甚合理，到我们现在总体抗风险能力进一步增强，公司的后续发展得到了一定的保证，我们的矿权也增长了很多，为我们后续的资源储备也奠定了一些基础。而且我们能和很多国际跨国企业还有国际五百强企业和国内五百强企业在一起谈判，虽然有些没有谈成，但也有谈成的，无论怎样，我们赢得了他们的尊重，我们能在一起交流。作为一个国企，西藏矿业正在逐步成为一个有尊严的国企，这是我们非常欣慰的，如果有一天我们离开这个企业，我也想光荣地离开这个企业。"

离开了西藏矿业，但曾泰与戴扬给我留下了这样的思考：一个事业的成功，秘诀何在？秘诀就在于"同道相成"这四个字，志同道合的人为了一个目标团结起来，再难的事业也能够成就。

西藏矿业的成功体现了"同道相成"的道理，大家共同看好这样一份事业，于是走到了一起，成就了这番事业。

西藏矿业如一只盘旋于雪岭之巅的雄鹰，她已经启航，正朝着更加广阔的天空飞翔而去。

榆家梁煤矿班组纪事

周启垠　刘永武　姜茂林

神华神东煤炭集团有限责任公司是神华集团的核心煤炭生产企业，地跨陕蒙晋三省区，自 1985 年开发建设，拥有 20 个矿井，整体年产能超过 2 亿吨。在快速发展过程中，充分依托神华集团矿电路港航油运一体化、产运销一条龙运营模式，坚持"高起点、高技术、高质量、高效率、高效益"的建设方针，努力打造生产规模化、技术现代化、队伍专业化、管理信息化的千万吨级矿井群模式，积极创建"本质安全型、质量效益型、科技创新型、资源节约型、和谐发展型"企业。已累计获得省部级以上荣誉 80 多项，先后获得"全国五一劳动奖状"、中华环境大奖；全国煤炭工业科技创新先进企业、中央企业首批企业文化建设示范单位等荣誉称号。榆家梁煤矿是神东骨干矿井之一，核定生产能力 1630 万吨 / 年，井田面积 56.33 平方千米，可采储量 3.84 亿吨，曾创造出"中国第一"乃至"世界第一"的建井速度。

引　子

在世界最大的煤炭生产企业神华集团千万吨级矿井群中，榆家梁煤矿是耀眼的明星之一。

榆家梁，一听这名字就会让人想到这是哪一个土得掉渣的地方。土归土，但土得有意味，掉渣也未必不是好事，正因为掉碴，这个地处陕西省神木县的疙瘩村野，地底下蕴藏着巨大的煤炭储量。

而自从神华集团把开采的力量延伸到这里，这里便变得热火朝天起来，不再是荒凉，昔日的荒凉变成了轰隆隆的掘进，各种各样的高楼和建筑慢慢地拔地而起，把榆家梁变成了一个小小的乡村都市，繁华似锦还谈不上，但正是因为煤矿的开采，这里一天天变换着模样，成为了遥远北方不同寻常的小小地标。

榆家梁煤矿由神华集团旗下神东煤炭集团直接管理。神东，四化五型大神东，这响当当的名字不仅仅享誉中国的煤炭界，在中国能源工业，特别是煤炭工业史上，这是旗帜一样的名字，一般人一听到这样的名字便不由自主地肃然起敬——这是创造煤炭帝都的重要工业基地。多年以来，神东以轰隆隆的声音，掘进了中国的煤炭行业，更掘进了世界的煤炭行业，其影响力，远远高过一般人的想象。

有一组数据可以说明一些问题。从1985年开发以来，依托神华煤、电、路、港、航、油与煤化工一体化运营的优势，神东建设了20座安全高效矿井，累计生产原煤16亿吨。年产能达到2.1亿吨，产量占全国同期煤炭总产量的6%。2000—2012年累计生产原煤15.6亿，百万吨死亡率0.027%，4次实现生产亿吨煤炭无死亡，这是一种可以引以为骄傲的业绩，为世界煤炭业瞩目，甚至可以让世界煤炭行业以仰望的目光注视！

是的，这种注视也是有意味的。那远处的乌兰木伦河在静静地流淌，流经大柳塔，也流经榆家梁。每到冬天，那苍茫的榆家梁幸好有结了冰的乌兰木伦河，更幸好有散发着能量和热流的榆家梁煤矿。

榆家梁表面上的沉静掩饰不住地底的开拓，神华的现代化开采机器，在地底深处轰隆隆地掘进，几乎是不舍昼夜。榆家梁煤矿以它独有的方式为神华、为神东一年年贡献着千万吨的开采量。

开采煤炭是核心任务，但生产、生活不仅仅只有开采煤炭。榆家梁煤矿在建设一流的现代化大矿井的同时，在神东集团工会的倡导下，把矿区文化建设作为铸魂、育人、塑形的重要措施，大力发展矿区文化，特别是基层班组的安全文化，为煤矿的安全发展提供有力的支撑。

在班组文化建设中，他们创立了"区队自治、班组自主、员工自律"的"三自"管理原则和"安全生产一体化、日常管理自主化、专业管理精细化、革新创造奖励化"的"四化"管理方法。这些原则和方法，在实践中行之有效，催生了一系列具有榆家梁煤矿特色的故事。

群星演绎矿工人生

这是一个真实的故事。

那几天，综采一队的超前支护工刘伟有了新的头衔"导演、编剧、总策划"，只要刘伟走在厂区内，熟悉的人遇到了就会问，"刘导，《矿工的爱情故事二》什么时候能播出呢？"

原来，由刘伟和综采一队的矿工兄弟们自编自导的短片《矿工的爱情故事》，链接上优酷网后，几天之内点击率就噌噌地窜上了四位数，让刘伟和矿工兄弟们"火"了一把。

这部不到 10 分钟的微电影，剧中综采一队全体员工的精彩出演也让他们一时间成为矿里耀眼的"群星"，也让榆家梁煤矿推出的记录矿工生活 DV 大赛逐步走入人们的视野。

2013 年以来，榆家梁煤矿为调动员工积极性，增强区队、班组凝聚力和战斗力，充分发挥文化的引导和号召作用，用一种时髦的"微电影"方式培育班组文化，强化文化引领作用。矿上以各支部为单位发放了 DV，组织开展让矿工当主角演绎他们自己的真实生活、生产、爱情等短片的记录活动。

在活动开展过程中，综采一队率先组织拍摄完成了首部微电影《矿工的爱情故事》，电影中除了女演员之外，其余演员都是综采一队的员工。影片从策划、到编剧、再到拍摄都由综采一队的员工们自己独立完成。整个剧情除了展现男主角阿牛的恋爱经历之外，还大量地展现了矿工们的生产、生活环境，同时结合工作实际融入了公司正在开展的百日安全生产活动。

这样的微电影来源于矿工的真实生活，一方面可以丰富广大员工的业余生活，激发他们参与活动的热情；另一方面在短片中将公司开展的各项活动融入其中，让员工亲自参与、用心体会，推动各项活动深入开展。

这些天，随着《矿工的爱情故事》的播放，矿上的矿工兄弟们对于自己的工作和生活有了更多的思考……

综采一队的员工们说："其实，影片还可以多加点我们的创新工作，再加点儿井下各个岗位的画面，还有我们的吃住洗等方面内容。影片拍完后，我们都将它带回家给亲戚朋友看，他们看了之后，都对煤矿工人的生活和生产有了新的认识，这样的影片也是展现我们的一个窗口，让社会各界认识我们煤矿工人的另一面，让他们更多地了解我们的生活和工作，给予我们更多的支持和理解。"

的确，煤矿工人需要的就是更多的支持与理解。在影片拍摄期间，最后一个镜头是女主角得知男主角受伤后跑到矿上看望男主角，当女主角看到满脸黑黑的男主角毫发无损的时候紧紧地抱住了他。其实，在拍摄过程中，参演的女主角一开始并没有什么压力，她只觉得拍电影很好玩，但随着拍摄工作的深入，她对矿工的生活和工作有了更深的认识，她越拍越有压力，就怕自己演不好。当拍摄最后一个拥抱镜头时，导演告诉她，'轻轻的一抱就可以了，小心弄脏了你的白衣服。'而她却紧紧地抱住了男主角。后来她说，自己只是真的融入了戏中，将自己当成了一名矿嫂……

总结这次拍摄的经历，刘伟说，以后有机会还要邀请我们的家属助演，目的是为了让更多的家属支持与理解我们的矿工兄弟，让她们做好家属协管工作。

让普通的煤矿工人走上荧屏再现真实的生产与生活经历，用荧屏展现他们的故事，这样更具有真实感，更具有感染力。

榆家梁煤矿党委书记祁阳介绍说，过去搞的一些班组文化建设总是用文字和图片记录，缺少了直观的真实感，缺乏让员工参与的热情。矿上考虑到青年员工比较多，他们的思想比较活跃，为了充分发挥他们的作用，凝聚他们的力量，矿上积极鼓励他们以班组为单位，自己当策划、自己当主角，自己写剧本拍摄他们自己的生活和工作，进一步激发他们对工作的热情，对美好生活的创造，同时营造团结、和谐、向上的集体。

目前，榆家梁煤矿员工自编自导的短片除了《矿工的爱情故事》之外，《煤矿工人许达相亲记》《青春无悔》和《劳务工的故事》等作品也将陆续上演。矿上也准备从各类影视作品中进行评选奖励，以此鼓励广大员工积极参与各项班组建设活动。

编外雷锋团

班组文化建设，重在培育特色，贵在鲜活多样。榆家梁煤矿在这方面动了不少脑筋。

这不，在号称全矿辅助运输"大动脉"的车队里，就流传着编外雷锋团的故事。

这天，车队修理厂里，秦宪斌正和几个工友忙碌地为刚升井的一辆故障车做"治疗"，秦宪斌是车队里一名应急车司机，也是矿里"编外雷锋团"的成员。

炎热的夏天让紧紧扎在老秦脖子上的毛巾显得很不协调，看着他来回在车里车外查询故障的身影，让人不由得想起他们班组墙上那几幅显眼的雷锋头像，这是他们"编外雷锋团"的形象大使，向人们传达的，就是一种细微的、执着、周到的服务精神……

老秦所在的车队负责着榆家梁的运输任务，安全、标准、畅通是最起码的工作要求，要做好这些工作离不开日常对员工的培训和教育工作，而在这一过程中最不可缺少的就是日常班组文化建设。可车队人员变动快、年龄和文化水平参差不齐，对于班组文化建设是一个难题。

为了破解这一难题，营造良好的文化氛围，2012 年以来，榆家梁煤矿车队积极探索班组文化建设道路，针对服务性强的特点和车队自身的实际情况，提出了"雷锋车队"的建设口号，并根据雷锋精神的不同内涵，结合车队四个班组的工作任务，推出了规范班组、勤劳班组、奉献班组、高效班组的建设目标，以雷锋为文化形象，引领员工向雷锋学习，提升自己，爱岗敬业，安全驾驶，争创行业标兵。至此，矿里的"编外雷锋团"正式成立了。

榆家梁矿车队的党支部书记张斌武介绍说，之所以将雷锋作为文化形象大使，提出了"雷锋车队"的建设口号是因为对于任何文化层次和年龄段的人来说，雷锋的形象和精神都是比较熟悉的，而车队最主要的任务就是为矿里服务。雷锋和他们一样是一名普通的司机，但是在普通服务岗位上却做出了不凡的贡献。他们就是想通过雷锋这样的形象引导车队的员工向雷锋学习，做好服务工作。

"编外雷锋团"成立后，接下来的工作就需要进行"团部"建设。为使"编外雷锋团"尽早步入正轨，车队首先对所有内业资料进行了标准化整理，在整理的过程中对所有的内业资料用雷锋图案进行统一封面、统一图标，目的是为了从视觉上让员工时刻对雷锋形象加深认识，时刻铭记自己是雷锋车队的一员。

　　为了让雷锋的精神真正固化于每一名员工心中，车队又多次组织了新时代雷锋精神的讲解、学习、讨论等活动，帮助员工尽快融入到"编外雷锋团"的角色中。

　　良好的执行力是推进"编外雷锋团"步入正轨的"加速器"。在"编外雷锋团"的建设期间，榆家梁煤矿车队制定了与之匹配的文明用语制度和文明驾驶规定等，并将这些规章制度与日常考核挂钩，用制度保障执行力。

　　一系列的措施和活动，助推了"编外雷锋团"的成长与进步，队里的员工习惯了用"请、您、谢谢……"等平时看似简单却从说不出口的文明用语。渐渐地，大家也有了集体荣誉感，"我是雷锋车队的一名，大家都看着呢，我不能为车队丢脸……"

　　车队的工作没有确定性，可能随时随地需要出发，这也让他们的工作具有了流动性的特点。在推进"编外雷锋团"建设期间，他们也将雷锋精神在各处蔓延……

　　5月份的一天，车队的工程车司机陶飞送完了材料准备升井，行走了一半的路程后，他发现离乘车点不远的地方有一名矿工光着脚站在巷道中向他招手搭车，按照平时的规定不在乘车点搭车是不能停的，可看见那名矿工光着脚陶飞想一定是出什么事情了，他马上停车让那名矿工上了车。后来才知道，原来那是一名第一天下井的抽水工，由于没有工作经验，在抽水的过程中，不小心滑倒在了水坑里，水靴里满是煤泥，没办法只好将水靴脱掉。了解到了事情的经过后，陶飞仔细地向那名工人讲解了下井的注意事项和规程，并嘱咐他在不知道巷道里水深浅的情况下千万不能贸然的独自蛮干。升井后，陶飞不放心又将自己的几本安全规程书籍送给了那名工人，并再一次叮嘱他一定要加强本岗位的安全规程学习。

　　后来，陶飞告诉大伙，以前自己对于雷锋的形象仅仅树立在助人为乐、勇于奉献、为人民服务的层面，其实他的精神里更多地包含了将自己拥有的而恰好是别人需要的东西传递给他，让别人心里觉得舒服、快乐了，也将这种精神继续传递给下一个人，或许有一天某种正能量会循环的传递回自己的手里，经历再一次的传递，那么这样的正能量会聚集越来越多的人。

　　"雷锋车队"的文化理念，潜移默化地渗透着员工，为员工树立了学习的标杆，也激发了班组活力，调动了员工的工作积极性。正如陶飞所说，正能量就是这样在他们班组里循环传递的，凝聚着他们的力量，让他们的班组建设工作走在了矿里的前列。

2013 年以来，"编外雷锋团"逐渐成熟起来，车队的各项工作得到了矿方的认可，在矿里再也听不到外施工单位对车队的抱怨声，各种车辆的检修也有条不紊地进行着，车队的整体服务形象也有了很大的提高。

在践行"雷锋车队"的义务时，他们不忘为雷锋精神赋予新的意义，规范、严谨、勤劳、奉献……

"小课堂"与"大讲堂"

"我乘坐接班车在 52213 顺槽机头下车，接班几分钟后，主井三部皮带机头漏煤斗由于被大块矸石片卡住，造成主井三部机头堆煤。我当时忙于处理故障，没有及时汇报当时现场情况，也没及时接听电话……"这是 6 月 10 日运转队班前会上"名家"讲坛话"时政"的场景，主讲人慕潮潮讲解的"时政"话题是自己亲身经历的一次未遂事故案例。

为提高班组文化建设水平，强化班组人员安全意识。榆家梁煤矿结合现场工作实际，从创新班组学习方式入手，组织开展各班组内部以讲、学、论为宗旨的"三分钟亲身讲解未遂事故活动"，人人上讲台、人人是"名家"、人人是学生。

每班班前会的"三分钟小课堂"，把工作中自己或者他人遇到的未遂事故作为讲解的重点，提前备课，轮流上台讲解，台下员工可以即兴发言讨论、可以当场提问，回答不全面地由其他员工或班组长进行补充。有讲、有学、有讨论，将发生在自己身边的未遂事故讲出原因和认识，最后达到互相学习教育的目的。

为了激发员工学习案例的热情，提高"三分钟小课堂"教育培训的效果，让员工亲身感受安全工作的重要性，从而切实提高个人安全意识，在"三分钟小课堂"讲解完成后，运转队还要现场开展抽奖问答活动，在这一过程中，跟班队长可以现场随机选取人员进行抽奖。抽奖的员工根据抽取到的题目现场回答问题，如果回答正确，在当日的考核中加 20 分，回答错误则扣 20 分，同时参与班前会的其他人员还可以继续抢答，直到获得正确答案为止。

"三分钟小课堂"讲解未遂事故教育活动开展以来，深受广大员工的好评，通过讲述贴近员工实际工作的安全事故案例，起到了教育、引导广大员工时刻绷紧安全弦，增强安全意识的作用。

在推进"三分钟小课堂"的同时，"名家"讲坛话"时政"活动还延伸到了大讲堂。为了锻炼班组长的归纳总结能力、演讲能力、分析能力和沟通能力等班组管理必备的能力，榆家梁煤矿还开设了专门针对班组长专项培训的"班组长大讲堂"。"班组长大讲堂"每周进行一次。由班长主持讲课，讲课内容可以是班组管理经验、自己的工作经历，当下社会各界的热门话题等。在讲课过程中，所有的员工都可自愿听课，并对讲课效果打分评价，根据评价成绩评选最佳讲师，并将此作为评选优秀班组长的依据。

讲课就需要备课，而备课又需要收集各种各样的资料，收集事故案例，在这一过程中，班组长会对其中的各类资料有进一步的认识，对于提高班组长的综合能力也有着重要的意义。

通过这一活动，班组长们也认为，与不同岗位的不同人员共同分享技术方面、机电方面，班组管理等方面的经验，对于自身来说也是一种综合素质的提升。

目前，榆家梁煤矿的"班组大讲堂"活动已经开展了9期，通过讲课活动，加强了班组长之间的沟通交流，也有利于相互学习借鉴好的管理经验，取长补短，促进班组管理的全面提升。

"小课堂"与"大讲堂"汇集了各专业的大批"名家"，他们用自己的亲身体验与独特的认识，论"时政"、说变化、话发展，为榆家梁煤矿的班组文化建设注入了活力。而正是这些身边人讲身边事，在煤矿职工中产生了深远的影响，收到了出乎想象的效果。

送上"家门"的"通关"指南

爱玩网络游戏的人们都熟知，如果某一关卡闯不过去，只需轻轻点击一下旁边的"通关"指南，根据指南的提示与指导就可顺利通关。榆家梁煤矿在加强班组文化建设过程中，为了加强对"重大不安全行为"

人员的管控，及时从思想上改变"重大不安全行为"人员的错误认识，减少"不安全行为"的发生，他们创新发明了"过五关"制度。违章人员在矿里送上"家门"的"通关"指南的指导下，"过关"合格后，方可重新上岗。

这几天刚刚通过"五关"考核的魏某重新回到了工作岗位，一个星期的待岗培训让他对安全工作有了更多的思考。几天前，他因翻单体时没有按照标准作业，超翻了一排，导致空顶面积过大，造成冒顶隐患，被矿里定为"不安全行为"。为此，他需要待岗培训，这也意味着培训期间，他必须通过矿里的"五关"考核合格后，才能重新回到工作岗位上。

2011年以来，榆家梁煤矿为了从思想上改变"不安全行为"人员的错误认识，减少"不安全行为"的发生，杜绝事故，确保安全生产。他们创造性地提出"不安全行为"人员过"五关"的措施。"五关"包括亲属关、区队关、工会关、安全部门关、矿领导关等，违章人员只有在每一关卡的考核中合格后才可以重新上岗。

为了彻底矫正魏某的"不安全行为"，从思想上改变他对"不安全行为"的认识。培训期间，矿里将每一关的关卡"指南"送给魏某，指导魏某顺利通过"五关"考核。第一关，矿里组织本区队的相关人员对魏某进行有针对性的矫正违章行为并进行考核；第二关，矿里组织家属通过帮教协管和亲情感召来矫正魏某的不安全行为；第三关，矿工会通过"人情化"的教育，让魏某认识到不安全行为的重大影响；第四关，安管办组织魏某进行全面的培训，进一步强化安全作业的规章制度；最后一关，矿里的分管矿领导与魏某面对面谈话，考核魏某的培训效果，强化矫正的影响力。

在"通关"指南的指导帮助下，魏某提升了安全生产意识，认真总结了自己的不安全行为，用实际行动获得了每一关卡相关负责人的签字，最终确认各关卡考核合格，重新回到了工作岗位上。

仅2012年，榆家梁煤矿就有36人次通过了过"五关"培训。这一培训，不仅强化了员工的安全意识，更进一步夯实了矿上的安全基础。

尾 声

故事归故事，但所有的故事都折射出这样一个事实，神东集团公司榆家梁煤矿的班组文化建设在不断的创新中呈现出了崭新的境界，这是神华文化的重要组成部分，是神东文化的具体体现，是大文化向小文化的过渡，是文化的落地，是神华文化在神东基层最集中的展示，也是榆家梁煤矿探索和实践神华文化的投影。从这里，让人们看到神华正以文化领航，蓬勃地出现了"星垂平野阔，风正一帆悬"的壮阔景象，也让人感受到了神东集团不断上升的力量。

也许，正是因为在以生产经营建设为中心的煤矿，他们不断拓展和深化文化建设的内涵和外延的缘故，使榆家梁这片西北的小村，越来越呈现出矿山的美了。2013 年 1 月，由国家能源局煤炭司和中国能源报社共同举办的"寻找中国最美矿山大型公益活动"颁奖仪式在北京举行。神华集团神东煤炭公司有 4 个矿被评为"中国最美矿山"，榆家梁煤矿位列其中。

这是神东人不断努力的结果，是榆家梁煤矿人不断努力的结果。榆家梁煤矿把企业文化建设作为提升矿井软实力的重要举措，力促文化建设与矿井安全生产有机融合，不断促进全面发展。

人们说，管中窥豹，略见一斑，小事件见大道理，榆家梁煤矿的班组文化建设还真有值得解剖的。

有人总结说，榆家梁煤矿文化的精髓是"创新、严谨、和谐"。榆家梁从 1999 年建矿，仅用 18 个月就建成了一个现代化千万吨矿井，创出了"中国第一"的建井，率先建成了全国首个 400 米加长综采工作面和中厚偏薄煤层自动化综采工作面，这是榆家梁煤矿创新的最集中体现；榆家梁煤矿基于 MIP 多媒体交互平台开发了班组管理系统，分班组会议、班组文化、培训学习、考核管理、班组核算 5 个板块，为矿上的班组建设开创了新的局面，这是榆家梁煤矿更趋严谨的集中展示；不断营造良好氛围，注重地企关系、干群关系、员工关系的处理，形成"严制度、宽文化"的管理特色，这是榆家梁煤矿和谐的主要反映。

而在最基层，班组文化丰富多彩，各具特色，亮点纷呈。

连采五队结合自身工作场所流动性大的实际情况，将文化形象定位为"泰山文化"，以泰山为文化标识，提炼出了"区队安全为泰山之本，班组和谐为泰山之基，员工利益为泰山之巅"的文化理念；连采一队根据班组的不同特点，将文化确定为"色彩文化"，采用不同的色彩为文化标识，检修班为绿色心情班组，生产一班为蓝色天空班组，生产二班为红色奔放班组，生产三班为黄色收获班组；运转队采用虎、马、蛇、牛、鸡、雁、鹰作为各班组的"图腾"标识，将"强素质、保安全、增效益、促和谐"作为管理理念，将"安全运输出每一块煤炭"确定为工作目标；车队提炼确定了"服务至上"的理念，确定雷锋形象，将文化标识与理念完美融合。

这是多么丰富多么形象的文化大篷车，让人们听到了滚滚的车轮正碾动着时代的潮音。

特高压电网与风电、水电、太阳能光伏发电

——国家电网公司破解能源迷局与发展新能源战略

上篇：国家动力

古清生　高　靖　房晓童

1月18日上午，北京，人民大会堂里华灯绽放，国家科学技术奖励大会在此召开。

"特高压交流输电关键技术、成套设备及工程应用"荣获国家科学技术进步奖特等奖。这是国家电网公司迄今为止获得的国家科技进步最高奖项，也是我国电工领域在国家科技奖上收获的最高荣誉。

当时，习近平微笑着将大红的获奖证书授予了项目第一完成人、国家电网公司总经理、党组书记刘振亚，并亲切握手祝贺。

一路走来不寻常。实际上，特高压近年来荣获了中国机械工业科学技术奖特等奖、中国电力科学技术奖一等奖（最高奖项）、国家重大工程标准化示范奖、国家优质工程金质奖以及中国工业大奖等一系列奖项。而这一天的奖项，是党和国家对特高压成就给予的最高褒奖。

（一）能源往事

能源迷局求解

2010年9月的一天，伴随着迟缓而沉重的刹车声，司机冯宝民又一次无奈地将刹车一踩到底，内心涌起一阵焦灼。从上午10点到晚上10点，整整12个小时，他和他满载着48吨煤炭的大卡车就一直瘫在从内蒙

古到北京的高速路上。一年来，这条高速路就成了"停车场"的代名词。

不仅内蒙古，还有山西、陕西，这三个省份尤其是三省交界之地，埋藏着我国当前最丰富的煤炭资源，被称为能源"金三角"。然而，在享受资源红利的同时，"金三角"也在承受运力之痛。

每年，数以千计的中型卡车奔行在这条高速公路上，将煤炭、石油等"工业粮食"从西到东进行"空间大挪移"。

公路如此拥挤，铁路呢？煤炭的使用和运输一直是个瓶颈。2010年年初，铁道部甚至把原本属于一级运输物资的棉花降为二级，以保证煤炭运输，即使这样，依然难以满足全国的用煤需求。

要了解严重透支的交通运输系统，还要从我国的能源资源禀赋谈起。

从资源禀赋来看，我国能源资源与经济发展分布并不平衡。山西的煤电、内蒙古的风电、青海的太阳能光伏发电、西南的水电，哪一处能源富集的地区与东部负荷中心不是相距千山万水、隔了上千千米的路程？2003年以来，我国煤炭产量占能源总产量的比重始终保持在3/4强，而煤炭资源的2/3以上又分布在晋陕蒙"金三角"内。资源富集、土地广袤的西部地区能源需求却少得可怜，用电量仅占全国的22.4%，GDP占全国17.3%，本地煤炭消费量占全国17.5%。过低的经济总量与富集的资源角色形成巨大反差。这样的能源布局给了我们两种选择——要么在负荷中心区建设电站，要么在能源中心区建电站输送！

在过去很长一段时间，我们都选择前者。

负荷就地平衡的思路，曾经为东部沿海沿江的经济发达地区竖立起一座又一座烟囱与冷却塔。以江苏为样本，2010年年底，江苏火电机组装机占全省电力装机的84%。而随着我国经济近十年的高速发展，东部地区的"工业血脉"——电力供应却逐年吃紧，终于在2002年到2007年迎来"硬缺电"。2004年，我国"硬缺电"达3000万千瓦，创历史纪录。

资源与环境的双重约束下，煤电运顽疾如同环环相扣的九连环，不能用头痛医头、脚痛医脚的传统医术来诊治。如何创新思维，跳出自我发展的小圈子？

"能源科学发展，需要统筹兼顾，树立大能源观。必须坚持可持续发展的理念，以电力为中心，统筹考虑能源禀赋和能源需求，统筹考虑能源生产、输送和消费各环节。从基本国情出发，解决我国能源和电力供应问题，关键要实施"一特四大"战略，加快发展特高压电网，规模、集约、高效开发大煤电、大水电、大核电和大型可再生能源。"刘振亚总经理面向整个能源行业作出了这样的论断。

特高压破题

2004年年底，时任国家发改委主任马凯，与同车赶路的刘振亚谈起了电力发展。马凯说，电力企业挨骂解决不了问题，有什么好办法？答案早已在刘振亚心中盘桓许久："电网薄弱是缺电的重要原因，最好尽快开展特高压电网建设，这是解决煤电油运紧张问题的关键，也是破解能源棋局的一步'活棋'。"这个提议当即得到马凯的赞同。

2005年新年前5天，国家电网公司召开专门会议，对启动特高压工程进行决策。深入讨论之后，会议决定正式向国家发改委提交特高压立项报告，成立刘振亚任组长的领导小组及工作组，并聘请院士、专家组成顾问组。

2005年6月下旬，国家发改委在北戴河组织专家就特高压进行专业讨论。32位专家各抒己见，讨论集中在输煤输电优势比较、特高压技术可行性、特高压同步电网安全性等方面。

2006年年初的全国科技大会上，一个响亮的词汇——自主创新，如春雷掠过大地。《国家中长期科学和技术发展规划纲要（2006－2020）》特别提到："提高能源区域优化配置的技术能力。重点开发安全可靠的先进电力输配技术，实现大容量、远距离、高效率的电力输配。"

2006年8月9日，1000千伏晋东南—南阳—荆门特高压交流试验示范工程获得核准。

（二）激情燃烧

攀登

十几年前，刚毕业不久的汤广福到我国首个直流工程换流站参观，心中很是震撼："不仅换流阀等核心部件都是纯进口的，连草皮都要从国外打包进口。"如此严密的技术封锁，对他触动很大。十几年后，汤广福和他的团队站到了世界电力技术的前沿。他们自主创新研制出性能卓越的特高压直流换流阀，不仅打破了外国企业的技术垄断，降低了建设成本。

今天，汤广福已经是我国特高压直流领域的学术带头人，同时还在国际电工委员会（IEC）等诸多国际组织任职。他带领着200多人的科研团

队正在研究 ±1100 千伏特高压直流换流阀。

辉煌的成功，背后不是一马平川一帆风顺，成功是由无数次失败累积而成的。

2008 年 3 月，是参与特高压交流试验示范工程项目的工程技术人员难以忘怀的"黑色三月"。两家国内顶尖变压器生产商提供的变压器双双实验失败，给项目组带来了沉重的打击。那是国家电网公司副总经理舒印彪一段难熬的日子，设备问题犹如一块巨石，压在他心头久久不能离去。

舒印彪鼓励科研人员："依靠自己的力量制造特高压设备的决心不能动摇。因为自主创新是一个使命，是一种责任。有失败正说明特高压难，科学的道路本就不会那么平坦。"一周以后，变压器实验再次进行，一场迟到了半个月的欢庆终于在武汉特高压交流试验基地降临，从此刻开始，中国在输变电技术上真正走在了世界的前列。

特高压的"品牌效应"为我国整个电力产业链带来不少跨国订单。2010 年 7 月，巴西能源矿业部长带团到中国参观上海世博会，直接促成了国家电网公司在巴西的合作项目，特高压成为该国远距离输送能源的战略要素。2010 年，沈阳特变电工获得印度国家电网公司逾 1 亿美元的特高压输变电设备采购合同。特高压电网的成功经验成为我国电力企业海外并购以及电力装备制造企业走出国门的"金字招牌"。全国政协经济委员会副主任、国家能源局原局长张国宝说："正是得益于特高压这样的重大工程，国内电力设备制造企业在技术水平、产品质量和服务方面已和当年不可同日而语。"

托举这一成功的是超级"豪华"的技术方阵。包括 30 多位院士在内的 3000 多名研究和工程技术人员，以及国内外 11 家权威机构和组织参与了特高压调研和论证，国内主要电力科研、设计单位和 9 所大学参与了特高压研究设计。老、中、青三代科技工作者为了一个共同的目标不懈努力，系统开展了 321 项特高压关键技术研究，解决了过电压与绝缘配合、外绝缘设计、大电网安全运行控制等多项世界难题，掌握了关键技术；建成了国际一流全套特高压关键设备和元器件。

全国政协副主席、科技部部长万钢这样评价我国特高压输电技术："我国首个特高压试验示范工程正式运行，标志着我国在特高压工程设计、建设、运行和设备制造方面达到世界领先水平。"

会战

2006年年底，贺虎第一次前往特高压试验示范工程晋东南变电站。正值隆冬，贺虎眼前是一片被积雪笼罩的荒芜，但他早已习惯这样的生活——从一无所有到高质量现代化的变电站。穿着厚厚的棉衣，寒风还是一丝一丝地浸入身体。作为晋东南变电站的项目经理，贺虎在这里度过了三个刻骨铭心的寒冬。

"能够参与特高压建设，是我们送变电人的光荣，再怎么苦，再怎么难，也一定要把它攻下来！"这是湖南送变电公司总工周孚民的话，也是所有建设者的心声。通过层层严格选拔，中标工程建设的送变电队伍都有着光荣的历史和丰富的经验。更重要的是，他们身上都透着一股敢啃硬骨头、敢打硬仗的韧劲。

像贺虎、周孚民、付明翔一样投身特高压建设的工程人员有数万之众。来自全国500多家建设单位，铺开了一场规模超前的建设"大会战"。

（三）时光印证

"水"畅其流

2012年，"水电"无疑是能源领域的一个关键词。从春天开始，气象部门就预计，水情将与1998年相仿。从5月份开始，华中地区多个水电厂满发。整个夏季，长江、黄河两大流域洪峰接踵而至，长江来水较上年偏丰48%，黄河来水偏丰60%。

有"水电王国"之称的四川，此时面临消纳水电的巨大压力。这个夏季四川外送水电创纪录地接近1110万千瓦，约占全省发电能力的一半。前10个月，四川电网外送电量256亿千瓦时，同比增长过半，甚至到了往年已经进入枯水期的10月份，水电仍在大发。

四川盆地"盛满了水"，要让清洁水电不浪费、不窝电，需要畅通其流。

在锦屏—苏南工程的投运前一个月，2012年6月13日凌晨，1000千伏晋东南—南阳—荆门特高压交流工程由华北—华中反转为华中—华北送电，直到10月29日电流再次"掉头"，一共输电30.4亿千瓦时，全部为华中富余水电。这些电并不限于四川的水电，还包括湖北、湖南等多地水库满发的电量，经统筹调度后输往华北。

对于特高压交流试验示范工程，这其实并不新鲜。早在2009年夏天，工程才刚"半岁"的时候，四川的清洁水电就从这条大通道送入华北电网，缓解了山东等地的缺电问题。

煤从空中走

回忆起特高压交流工程投运的第一年冬天，也就是 2009 年年底、2010 年年初，湖北省经信委电力处处长刘文忠说，那算得上是湖北省有史以来用电最困难的时段。多亏特高压工程每天送来的近 2000 万千瓦时电，解决了大问题。累计起来，特高压扩建前，共给湖北输电 133 亿千瓦时，相当于运了 600 万吨原煤。

2011 年 1 月 6 日，特高压交流工程启动扩建。晋东南变电站增加变电设备，输电容量增加一倍，原先河南南阳的开关站扩建为变电站。经济快速发展的河南、湖北两省，成为这条高速路上的两个站点，电力"下车"即用。

在刘文忠办公室的书柜上，一本《特高压电网》摆在特别显眼的位置。他对湖北的用电问题有着很现实的忧虑：随着经济的发展，预计到 2015 年，湖北省社会总用电量将增至 2100 亿千瓦时。如果还要靠就地建设新的火电厂，需要占用土地 600 公顷，电煤消耗也将增加 3000 万吨，多排放二氧化硫 54 万吨……这几年运煤尚且捉襟见肘，建发电厂，煤要怎么运？地又从哪里来？生态环境怎么办？他相信，特高压是解题之道。

2005 年到过山西采访的一位记者，曾惊讶于煤炭外运给城市和乡村带来的污染：道路上都是遗撒的煤渣的黑色痕迹；空气很脏。而 2010 年再度到山西，让他惊讶的是已换成了壮观的特高压输电铁塔和新建的电厂。

这些年来，国家经济"快跑"对原煤的需求，每年增加 2 亿吨以上，其中大部分用来发电。李建伟很清楚，这种增长速度，不是单靠建铁路、建公路运输就可以解决的。坑口电厂就地将煤变成电，再从"天上"送出去，既可以破解煤炭输送的难题，满足山西省内外对能源的需求，还可以为山西本地的经济发展带来更大的贡献值。

输电与输煤，对山西省国民生产总值的贡献率是 6∶1，就业拉动效应是 2∶1。精明的山西人算得清这笔账——建设火电厂与输电线路，将发出来的电力输送出去，比单纯输煤更有效益。以前，山西省发改委有一位官员曾抱怨，山西拥有全国最丰富的煤炭资源，但没有获得应有的经济效益。

长风吹万里

2012 年 11 月 10 日，十八大新闻中心举办主题为"实施创新驱动战略，加快转型发展步伐"的集体采访。据刘振亚介绍，目前，中国已经完全具备大规模建设特高压电网的条件。他说，发展特高压，也是发展清洁能源的需要。中国的清洁能源主要是风电和太阳能，且集中在中国的北部和西部。那里的资源几乎是取之不尽的，但必须通过特高压向东南部输送。

美好的未来，正在一步步向我们走来。

（四）构筑能源支柱

站在历史长河中考量，2012 年，在中国电力发展史上有诸多值得铭记之处。这一年，中国成为世界风电第一大国，国家电网并网风电超过5000 万千瓦；这一年，水电罕见大发，四川电力外送创下新的历史纪录；这一年，全国首个百万千瓦光伏发电基地成功并网，国家电网并网光伏发电比上年增长 5 倍多；这一年，是特高压建设的关键年，新的特高压交流、直流工程接连获得核准开工，皖电东送、锦苏工程、哈密南—郑州、溪洛渡—浙西工程建设全速推进。

这一年 12 月 12 日，我国第三条特高压输电工程锦屏—苏南 ±800 千伏特高压直流输电工程正式投运，每年将 360 多亿千瓦时的四川绿色水电送往华东，这样的能源"空中大挪移"，不仅为渐有起色的东部出口型经济送去没有污染的动力，也为渴求中部崛起的水电大省带来汩汩流淌的效益。

23 天后，2013 年 1 月 5 日，皖电东送 1000 千伏淮南—上海特高压交流输电示范工程淮河大跨越工程完成放线施工，成功跨越淮河，国家电网第二个 1000 千伏特高压交流工程取得重要突破。

通向浙江的另一条在建特高压工程，是 ±800 千伏溪洛渡左岸—金华特高压直流输电工程。它建成以后，加上向家坝—上海、锦屏—苏南，3条特高压直流输电工程的输电总容量能达到 2160 万千瓦，水电出川，将丰富的清洁能源直送华东。

目前，国家电网共有"一交两直"三项特高压工程投入运行，开创了世界电网发展新纪元。特高压工程的优越性日益突出，已经成为不争的事实——电网输电能力大大增强，输电距离大幅提高，输电损耗明显降低；与输煤相比，输电在运输成本上、效率上以及对公共交通运力的释放上，都有着明显的优势。

2013 年是中国发展新的起点。站在这个点向后看，5 年来，电力装机由 7.2 亿千瓦增长到 11.4 亿千瓦。水电新增装机 1 亿千瓦，达到 2.49 亿千瓦，居世界第一。风电装机由 500 万千瓦迅速增加到 6300 万千瓦，年发电量超过 1000 亿千瓦时，并网风电居世界第一。光伏发电装机由基本空白增加到 700 万千瓦。核电在建机组 30 台、3273 万千瓦，在建规模居世界第一，在役机组保持安全稳定运行。

站在这个点向前看，我国能源开发重心西移北移、负荷中心在东中部地区的基本格局长期不会改变，能源大规模、远距离输送和大范围优化配置仍是必然选择。煤电运紧张矛盾依然存在，西南水电、内蒙古和西北电力外送"瓶颈"问题日益突出。新能源发展迅猛，2020 年风电装机将超过 2 亿千瓦，光伏发电超过 5000 万千瓦，必须依托大电网、大市场进行优化配置和消纳，全面提高国家电网的安全性、经济性和适用性，守护中国能源战略安全，保障中国经济社会持续健康发展。

发展特高压是重中之重，是解决能源和电力发展深层次矛盾的治本之策，是满足各种大型能源基地和新能源大规模发展的迫切需要。从 2013 年起的 8 年间，国家电网将走出特高压发展的三大步，到 2015 年、2017 年和 2020 年，分别建成"两纵两横"、"三纵三横"和"五纵五横"特高压"三华"同步电网，同时到 2020 年建成 27 回特高压直流工程。届时，东中部地区受入电力流达到 3.5 亿千瓦，每年输送电量 1.6 万亿千瓦时，占当地用电量的 30% 左右。

如果规划中的特高压骨干电网能够顺利核准开建，只需数年，我国"三西"煤电基地、内蒙古和河北风电基地、西南水电基地的电力，就能"打包"批量送往京津冀鲁、华东、华中的负荷中心。如果特高压输电能力超过 5000 万千瓦，每年就能输送电量 3000 亿千瓦时，相当于运输煤炭 1.5 亿吨，中东部因煤导致的缺电局面将逐步缓解。

下篇：风光无限

徐　剑

已经是坝上秋草黄的季节。稻荙遍地，朔风四起，在白色大风车的点缀之下,一片绝地风景。

2012年9月4日,全国政协副主席、科技部部长万钢伫立在观景大平台上,俯瞰张北国家风光储输示范工程,偌大一片,眼睛遽然一亮,扭头对国家电网公司总经理刘振亚说,比我想象之中建设得还要好啊,堪称国际一流,看了很有震撼力。

万部长过奖!刘振亚谦逊地说,这项工程前无古人,我们也是一边摸索一边干,还有不少地方需要改进。

是啊!这是中国科技创新的一个窗口。万钢部长说,国家电网公司在科技创新上,一直是国际电力界的领头羊啊。美国总统奥巴马说,中国有七个方面领先美国,坚强的智能大电网就是其中一项。

携手托起"金太阳"

2008年美国次贷危机后,一场席卷世界每个角落的金融危机,使中国蒸蒸日上的光伏产业,遭遇了一场冷冬。

这一年,中国太阳能光伏电池的产量达到了200万千瓦,已经连续两年居世界第一,成为世界上最大的太阳能电池供应国。而金融危机之后,海外市场大幅萎缩,对中国光伏生产造成了巨大的冲击。党中央和国务院决定将这个新能源制造技术引入国内市场,这样,国内生产多晶硅和单晶硅片的厂家就有了出路。

当国务院应对世界金融风暴会议召开之后,国家科技部和财政部两位部长一拍即合,决定启动"金太阳"工程,以国家财政补贴为主,发展中国的光伏发电。

中国的第一台风机安装于山东威海。第一个风电基地建于新疆达坂城,然而,2005年之前,仍然进展缓慢,但跨过这个坎之后,风电和光伏发电突然发力,群雄并起,蒙西、蒙东开中国大型风电基地之先河。2009年,酒泉千万千瓦装机"陆上三峡"的提出,使中国的风电进入群雄逐鹿的阶段,对于这样一个朝阳产业,国家电网公司仍在竭尽全力支持。

2005年年底,国家电网公司科技部就将风电和光伏发电的技术研究列入科技创新目录,做了许多技术落地的工作。

国家电网公司科技创新总是跑在其他央企的前头。

国家电网公司一直在进行光伏发电和风电的并网接入研究,风光发电最大的特点是它的波动性、间歇性和不可控性,注定了它对于大电网接入的干扰。风电和光伏发电发展大国，采取抽水蓄能调峰，扼制其间歇性和不可控性，而我国的风光发电资源主要在"三北"，系缺水之地，无抽水蓄能可以调峰。因此，国家电网公司提出，要像当年发展交流和直流特高压一样，在武汉、北京建实验基地，希望建设一个风光储输的示范工程，为中国乃至世界新能源的发展探索一条新路子。

刘振亚总经理阐明了世界电网所走过的历程，就是要先有试验基地，拿到所有的数据，试验各种运行模式，成功之后，再大规模地铺开。

此议甚好！万钢一听国家电网公司要搞科技含量很高的风光储输示范工程，兴奋地说，值得搞，我完全支持！

刘振亚总经理沉思着说，根据我们以往建设试验示范基地的经验，建风光储输示范工程和风电检测中心，大约要30亿元。

万钢举重若轻。张少春说，这样吧，科技部将这项工程纳入国家863、973工程，投一些科研经费，财政部再支持一些，大头由国家电网公司自筹。

2009年7月9日，刘振亚总经理带领一班人，驱车270千米，一路往蒙古高原边缘的张北疾驰而去。

此时已经是北方的仲夏了。北京城里赤日炎炎，可是张北却凉爽如秋，大风呼啦啦地刮，太阳照在头顶上，风光资源堪称最佳地域。刘振亚总经理先看了风电检测中心的选址，觉得点选得不错。然后，驱车到了一大片野草萋萋的荒野上，考察可以建一个占地6000多亩、世界上最大的风光储输示范工程。

踏勘过后，刘振亚总经理点点头说，此地甚好，给你们一年时间，务期必成。

于是，中国第一个风光储输示范工程驶入了快车道。

中国唱响大风歌

2012年10月14日，甘肃省电力公司风电技术中心主任汪宁渤说，1995年之后，中国石油由纯出口变为进口，如今一跃到45%依赖进口，55%自产。如果遇有战争，被人家扼住了喉咙；如果被敌国控制了，立即让中国制造业瘫痪一半。

即使这样，我们的煤和油还可以供50%啊。汪宁渤说，还有风光电啊。

我默默地点头称道，前些日子刚刚采访过张北的风光储输示范工程，除张北之外，中国风能和光能禀赋之地如何布局？

汪宁渤在中国地图上轻轻一点：在西北和西南的北方，10%的人口拥有90%的风光煤油的能源储存，而往南看，就是中国的南方，富庶之地，包括大东北的一大半，90%的人口，只拥有10%的能源。

汪宁渤还说，中国最好的风能基地，第一个在蒙古高原，第二个在青藏高原，第三个在张北，第四个才轮上我们酒泉。随后，汪宁渤讲起了酒泉千万千瓦级风电基地，说这是"陆上三峡"。

那是因为电力输送颈瓶的问题，只有一条750千伏超高压线路，最大输送能力能送到360万千瓦。

国网能源院专家白建华和李琼慧一直强调风、光等新能源，从某种意义上被认为是"垃圾"电源，因为它的间歇性、波动性和不可控性，让世界的风电和光伏发电商都十分恼火。风电大国丹麦、西班牙、德国、荷兰，都采取抽水蓄能和燃气轮机用来调峰，其所占发电的比重也不能超过20%，这是世界的标准，也是一条红线，可是在甘肃，居然能成为主流电源，在全部发电量中所占比例，一般在40%，高的时候达到了60%。

我曾读过刘振亚的著作《中国电力与能源》，他雄心勃勃，想干大事，交流特高压工程，智能电网，连美国总统都有些妒忌中国在这方面领先了美利坚。他提出一个并非危言耸听的观念——中华民族未来的发展就要靠西北风和太阳。

在这部著作中，刘振亚明确提出，我国的风能资源主要集中在陆上的"三北"地区及东边的沿海地区，可开发潜力逾25亿千瓦，陆地50米高度3级以上（风功率密度大于300瓦/平方米）的风能资源开发量约为23.8亿千瓦，近海5～25米水深区50米高度的3级风以上风能可开发约为2亿千瓦，而我国的风能资源总的技术可开发利用量为7亿～12亿千瓦，陆地的实际可开发量达6亿～10亿千瓦，而沿海的可开发潜力15亿千瓦。

八面风来，风光无限。风从北中国高原上吹来，吹生了新能源狂飙般风起云涌，尤其是2007年以来的5年间，中国的风电发展经历了一次次跨越，风电装机速度年平均增速接近100%，到2012年，风电并网装机容量超过5000万千瓦，是2005年的49倍，形成了八大风电基地的格局。

刘振亚曾前瞻性地特别提出"建设大基地，融入大电网"的发展思路，我国可集中建设酒泉、哈密、河北、蒙西、蒙东、吉林、江苏沿海、山东沿海等千万千瓦级风电基地，要实现风电大规模开发与高效利用，需要加强风电消纳的研究，统筹考虑风电基地与外送通道建设，预留消纳市场，同步建设跨区特高压输电工程，将西部和北部地区的风电输送到华北、华中、华东等用电负荷中心。

刘振亚描绘的中国风电发展线路图清晰明朗，给人一种振奋之感。

马踏酒泉　浮起风电"三峡"

2008年8月8日上午11点18分，国家发改委副主任、能源局局长张国宝、甘肃省委书记陆浩一起按下了象征玉门风电基地开工的按钮。

春风不度的玉门关，突然大风起兮，叶轮飞转，由国家电网公司承建的750千伏超高压线路也正式开工。

这条750千伏超高压线路，是风电基地外送的一条大动脉。国家电网公司党组尤为重视，全国风电尚未起飞之时，便成立了新能源研究机构，加强对世界和中国风电发展标准、管理模式和技术支持平台的超前研究，而国家电网公司总部则统揽全局，协调有关部门，做好全国八大风电基地的规划、建设、运行和技术支撑，定期研究风电发展和运行中的重大问题，并建立了风电会商制度，对于全国一些风电基地建设中的重要问题、重大工程和重要节点，公司领导则亲力亲为。国家电网公司员工的吃苦精神也让人感动啊！李建华副省长忘不了这一幕：河西走廊的冬季，气温骤降到零下40多摄氏度，白毛风呼啦啦地刮，塔架上都结起了一层冰，架线工爬上去就很艰难，上去下来要一两个小时，只好带着尿不湿、干粮、水上到塔架上，一干就是一个上午。李建华当时站在地上都冻僵了，何况是站在几十米高空中的电网人。当时的场景确实让人热血激荡，甚是感动啊。

一场艰巨的大漠之战，终于落下帷幕。

2010年11月3日，在北京的国家电网总部与酒泉瓜州，新疆与西北750千伏联网工程投运仪式正式举行。刘振亚总经理予以高度评价：这是21世纪的电力"丝绸之路"。同时，为甘肃一期516万千瓦的风电外送提供了通道，有效地解决了风电外送的瓶颈问题，是国家电网建设史上重要的里程碑。

时任副总理的李克强在看到国家电网的报告后欣然批示：国家电网公

司成功投运新疆与西北750千伏联网工程，甘肃千万千瓦级风电一期外送工程，有利于促进西部大开发战略落地，推动西部能源优势转化为经济优势，更好地服务西部地区发展。希望国家电网公司继续努力，再创佳绩。

李克强同志的批示，无疑是对国家电网公司支持风电发展的充分肯定，那些无名的建设者们，一如酒泉千万千瓦级风电基地一样，必然镶嵌进西部历史的天空。

张北风电检测中心：中国标准就是世界的

张北风电检测中心建成后，欧洲风电大国丹麦、荷兰、德国都将他们的风机拿到这里来检测。

印度苏司兰风机制造商的老总来张北风电检测中心参观后，羡慕不已，说中国电网人，太让人妒忌了，你们设计制造出世界一流的检测设备和手段，印度无法企及。

英国一所著名大学的教授大卫·英菲尔德，是欧洲著名的风电研究资深专家，他来张北风电检测中心参观过后，喟然长叹："我到过德国的风机检测中心瑞青（RIS）和美国的风电研究中心（NREL），可以确定地说，这个风电基地是我看过的最先进、最复杂、最精致的风电检测中心。"

2012年9月，世界风电协会秘书长来到风电检测中心参观，他在留言簿上写下这样一段话：这里的实验设备及其人员的检测能力，给我印象特别深刻，中国风电的发展前景非常光明。

毋庸说，中国风电的检测标准，在某种意义上说，就是世界的标准。

坝上唱大风，风光储输工程傲然世界

阎忠平是那年的9月份被任命为张北风光储输有限公司总经理的。到任伊始，他与总工雷为民带领一班人，围绕着风光储输示范工程的技术路线进行预研。当时国家电网公司科技部就风光储输示范工程确定了七个大项目21个子项目，分工明确，风光储输示范工程的工程设计交由上海电力设计院，电站的总体控制则由国网电科院承担，而对风光储输有功和无功的调节、风功预测、储能研究皆由中国电科院承揽。全国十几所著名的高校清华大学、东南大学、浙江大学和华北电力大学等院所皆参与其中。

自从坐到国家电网公司总经理的位置上，刘振亚便带领团队驾驭着这艘中国能源的巨型航母，驶过惊涛骇浪，应对从容，走向国际，使国家电网公司一跃成为世界电力行业和科技创新的领军团队，让世界感觉到了中国电网人的力量。最早的官亭至榆中的 750 千伏线路，直流和交流特高压实验基地，长治至南阳的交流特高压工程，智能电网，一一成型，让世界对走在 21 世纪的中国电网刮目相看。这几年他最关心的是中国的能源发展战略，欲想建立电力高速公路，将西部的风光煤电输送到中国的东部、中部，然而这个建设坚强骨干电力网架的战略能源构想，仍然举步维艰，步履蹒跚。

这个技术方案，实现了他与万钢部长和张万春副部长拍板的初衷，规划建设风电装机 50 万千瓦、光伏发电装机 10 万千瓦、储能 11 万千瓦，第一期工程风电装机为 10 万千瓦、光伏发电装机 4 万千瓦、储能 2 万千瓦，而风机有 8 种装备比对、10 种展示，具备可操作性。工程项目经费已经完全到位了，除国家财政部金太阳工程给的 6.7 亿元，科技部科研经费拨款 6000 万，国家电网公司配套的 1.9 亿外，其余 30 亿元都由国家电网公司自筹了。

他想到举一个大型央企之力，做一国之大事，在国家电网公司屡见不鲜。从抗冰抢险，到特高压工程，乃至青藏联网工程，都是这样走过来的，国家电网公司在主动地承担着巨大的社会责任。

拿到批件，张家口风光储输有限公司迅速启动了。2010 年 3 月 8 日，已经是人间三月天了，春绿大江，垂柳鹅黄，可是此时的塞外，蒙古高原的毛毛风吹过，零下 40 多度的低温和狂风掠过，一群从新源公司各个电厂、施工项目部和冀北公司拉调而来的建设者、管理者，抵达张北一线，在蒙古高原西北部的边缘上，开始了一场冰雪之战。其生存和工作的环境之艰苦，令人难以想象。许多从北京城里来的博士、硕士，走出象牙塔，便参与到这项世界新能源的伟大实践之中。

上海交通大学毕业的刘汉民博士，是从华北电科院调来当风光储输示范工程生计部主任的。在北京城里，他无数次地想象环境怎样的艰苦，可是等车出长城外，他还是发现超乎想象。三月的塞外不啻是炼狱之地，白毛毛风，挟着雪花而来，呼天动地。指挥部放在两所小学破旧的小土屋里，也只有开会时临时待一会儿，而站在风中，穿着大头鞋，棉大衣，5 分钟就冻僵直了，只好爬进车中暂时暖和一下再出来。从 3 月份离开家后，刘汉民就没有回过家，他的夫人已经有 200 天没有见到丈夫了。

2011 年 8 月 30 日，张北风光储输示范工程正式调试并网发电，第一期 10 万千瓦风电装机、4 万千瓦光伏发电装机和 1.2 万千瓦的储能，将以风光、风储、光储、风光储等模式捆绑发电，此为世界第一家。张北风光储输示范工程，以其最先进的新能源发电技术，傲然于世界。

以点带面的设想实现了，毫无疑问，张北风光储输示范工程的发电模式，将对未来中国新能源的发展产生深远影响，在中国电力史上，写下浓墨重彩的一笔。

瓶颈与出路

白建华与李琼慧是两位风电专家。李琼慧说："中国的风电自 2007 年发力，5 年时间，我们走过了西方大国 15 年走过的道路。"白建华说，有些人说，我们现在虽然是世界第一风电大国了，但是国外一些先进国家的风电装机在整个电力装机中的比例达到 20%，这也是一个极限数字，而中国电力总装机 10 亿多千瓦，风电装机 5300 万千瓦左右，仅占到 5%，以此认为我们这个世界第一风电大国的含金量不高。白建华摇头道，这只能说明他们对中国风电的资源禀赋和布局不太了解。不能与外国风电大国进行简单对比啊，我国幅员辽阔，八大风电基地大都分布在三北和沿海地区，就其风电区域的细化和消纳来说，蒙东、蒙西、新疆和酒泉，还有吉林的风电装机，能在本地消纳的不足 10%，而更多出力则要外送，而丹麦、荷兰、西班牙、德国和美国的风电，都可以在本地消纳。

但是，中国三北地区的风电和光伏如果没有抽水蓄能电站、燃气电厂、储能电池调峰，或者风火打捆送出，风电和光伏的风光无限就会是风光无用，成为一堆垃圾电源。

中国奇迹，5 年走完西方 15 年的风电之路

李琼慧列出的一组数据：到 2012 年 6 月，全国并网风电装机达到 5258 万千瓦，国家电网范围达到 5026 万千瓦，6 年年均增速 87%。2011 年风电发电量 706 亿千瓦时，年增长 96%，我国已经取代美国成为世界第一风电大国，国家电网成为全球风电规模最大、发展最快的电网，大电网运行大风电的能力处于世界领先水平。

然而，历数中国风电的发展之路，李琼慧说，世界一些先进风电大国，比中国的风电发展早了 10 至 15 年。2006 年是一个分界线，因为"十一五"规划中的可再生能源规划，也因为这几年中国减排的压力加大了。特别是哥本哈根会议之后，中国的风电发展开始发力。但是如果没有

大电网接入上技术性的突破，以及风电检测中心上马后，中国风机装备标准的出台，没有风光储输等一系列风电创新模式的跟进，不会有今天这样的格局，不会有中国的风光无限。

说到中国的风电能够在 5 年间走过西方风电大国 15 年的发展之路，一跃成为世界第一风电大国，李琼慧说，对此，国家电网公司功不可没，可以说，是花了钱，出了大力的。

在没有抽水蓄能和天然气发电调峰的西部，风光、风储、光储、风光储一体的发电模式等于告诉发电商，风电、光伏发电和储能应该怎样配比才合适，这应该说是对世界新能源发展的一个巨大贡献。

风从"三北"而来。八大风电基地，风轮旋转，吹出了中国新能源的一片高天。

分布式光伏并网，中国光伏业迎来春天

人类对太阳能直接利用的历史并不长，特别是太阳能光伏发电，大规模应用也就是近几年的事情。而在我国，光电还没有真正实现大规模应用，目前全国太阳能光伏发电总装机只有几百万千瓦左右，在中国 10 多亿千瓦的装机总量中几乎可以忽略不计。

目前国内的光伏发电分为两部分，一是光伏电站，二是分布式光伏。中国已建成的光伏电站，规模大、投资高、建设周期长，且多位于西部太阳能和土地资源丰富的地区，加上并网电价高于平时的火力、水力发电，因此产能过剩的问题相当严重。此外，由于过度依赖出口，欧美等国针对中国光伏产品的双反案例愈演愈烈，中国光伏产业面临着前所未有的挑战。

2011 年 7 月 24 日，国家发改委发布了《关于完善太阳能光伏发电上网电价政策的通知》，光伏发电并网电价进入"1 元时代"。

分布式光伏倡导就近发电、就近并网、就近使用的原则，降低电力传输过程中的损耗，可广泛应用在工厂厂房、公共建筑和居民屋顶。光伏发电最适合于分布式发电，适合于在用电侧安装光伏电站。但是，要平衡各方利益，特别是电网企业的利益不能忽视。电网企业是国有企业，承担着巨大的社会责任。

服务意见一出台，带来的影响如同火焰一般，点燃了整个中国光伏产业，也点燃了中国普通百姓的"光伏梦"。

政策出台仅一个月，国家电网公司就受理分布式光伏发电并网报装业

务 123 项，总装机容量达 17.64 万千瓦。12 月 21 日，国家电监会公布 11 月电网企业服务分布式光伏发电项目情况，肯定了国家电网公司为分布式光伏并网提供的良好服务。当天，山东省青岛市一小区居民徐鹏飞申请成功并入山东电网，这是国内首个居民客户分布式光伏发电项目正式并网。

坚强智能电网，带来新能源发展无限风光

刘振亚在《中国电力与能源》一书开篇便给出统领整个国家电网公司 10 年发展的"大能源观"。

在"大能源观"下，我国加快转变经济发展方式，必须加快转变能源发展方式，核心是着力解决过度依赖输煤的能源配置方式；转变能源发展方式，必须加快转变电力发展方式，核心是着力解决就地平衡的电力发展方式；转变电力发展方式，必须加快转变电网发展方式，核心便是实施"一特四大"战略。

2009 年 5 月，在特高压输电国际会议上，中国国家电网公司首次提出了建设"坚强智能电网"的目标和发展思路。

"一特四大"战略在国家电网人手中以前所未有的速度变成现实，通过实践证明了其科学性和可行性，有力促进了我国新能源的安全健康发展，成为我国能源发展战略转型最强大的推手。

2013 年 1 月 24 日，《能源发展"十二五"规划》（以下简称《规划》）发布，"十二五"期间，我国还将大力调整能源产业结构，大力开发非常规天然气资源，加快发展风能、太阳能等其他可再生能源。到 2015 年，风能发电装机规模达到 1 亿千瓦，太阳能发电装机规模达到 2100 万千瓦。分布式太阳能发电装机容量达到 1000 万千瓦，建成 100 个以分布式可再生能源应用为主的新能源示范城市。

安全可靠、经济高效、清洁环保、透明开放、友好互动的坚强智能电网，正在并将更加深刻地影响我国经济发展方式和人们的生活方式。未来，新能源必将风起云涌，中国会迎来绿色能源消费模式引领发展的全新时代。

钢铁汉子和他的钢铁情怀

——记武钢集团董事长、党委书记邓崎琳

白　方

2012 年，我国钢铁行业雾霾笼罩，愁云一片，全行业从微利一步步陷入亏损境地。

8 月，武钢人纷纷传抄着一首叫作《坚守》的诗。在他们的信念中，钢铁工业是国民经济的脊梁，钢铁工人必须勇敢地面对困境，毫不退缩，度过寒冬，争取最终胜利，而这首诗正好道出了他们的心声。诗中写道——冬天 / 严酷无情的冰雪，市场 / 变幻莫测的风云，挡不住 / 前进的道路 / 成功的搏斗。坚守 / 是信念 / 是意志 / 是拼搏！人生 / 就是一个个坚守的轨迹，人生 / 就是永不停息的奋斗！

年底结算，武钢人不负众望，终于守住了微利不亏的底线，超额完成国务院国资委下达的经营目标。

人们说，这像是一段传奇，更像是一个神话。

于是，我们将目光聚焦武钢，看看创造神话的武钢人，也看看诗歌《坚守》的作者。

邓崎琳——这位身材魁梧、举止从容、目光犀利的钢铁汉子，2013 年 7 月，党中央、国务院决定，在新成立的武钢集团董事会中，邓崎琳从总经理任上调任武钢集团董事长、党委书记。

一、孔子云：君子坦荡荡

时光切换到 2004 年年底，邓崎琳执掌武钢"帅旗"。

严格地说，他是在武钢"土生土长"起来的。1975 年从武汉钢铁学

院毕业后，历任技术员、工长、车间主任、副厂长、厂长、集团公司生产部长、总经理助理、副总经理兼武汉钢铁有限公司总经理，一步一步，成为优秀的冶炼专家和特大型国有企业的出色管理者。

2004 年的武钢，有着近 50 年文化和技术积淀。

但是，陈旧落后的观念和管理，使武钢步履沉重，显露了潜在的危机。

武钢地处内陆，所需矿石 85% 以上依赖进口，运输成本奇高，每吨铁比近海的钢厂高 160 多元。

还有环境成本的压力，重工业在大城市中的环保容量有限。

早先的武钢，在武汉市属远城区。可后来，武汉发展扩张，总投资140 亿的武汉火车站离武钢厂区只有一箭之遥。

当时的宝钢已达 3000 多万吨规模，鞍钢达到 1700 多万吨规模，连莱钢、济钢这些原来几百万吨的地方钢企都也已达到 1000 万吨规模。

前景不容乐观。

武钢怎么办？邓崎琳认真思索着。

那是一个早春的夜晚，邓崎琳来到厂区，走在宽阔的林荫道上。发黄的桐叶在夜风中飘荡，远处，不时传来生产线上咣咣的声响。

几代武钢人的奉献，国际国内经济形势的现状，未来的路指向何方？作为武钢这个特大型钢铁企业的新"统帅"，他认真地思考这些问题，也从火热的生产线汲取前行的动力。

来到现场，铁水奔流，红光满天，他头脑中想起了岳飞的《满江红》——怒发冲冠，凭栏处、潇潇雨歇。抬望眼，仰天长啸，壮怀激烈。

神游八荒。

没有思想观念的转变，就不可能有创新的思路和举措。

不久后，他撰写了《贯彻落实科学发展观推进武钢第三次创业》一文，首次提出了第三次创业的理念、奋斗目标和总体思路，武钢要走出去，走向沿海，走向国际，提出实施"中西南发展战略"。这篇文章被称为武钢改革发展的总纲领。

他认为，武钢第一次创业，建立了中国钢铁工业的基础。武钢第二次创业，开创了引进国外先进技术和装备的先河。

第三次创业探索中国钢铁工业向更高水平发展和由内陆向沿海布局的

新模式，由"滚动式"发展变为"跨越式"发展。

那么，由单纯的生产经营型向质量效益型转变，由"一业为主"向"一业特强、适度多元"转变，由内陆发展向沿海、国外发展转变这样的"三个转变"，就成为第三次创业的核心内容。

第三次创业的发展路径是推进武钢中西南发展战略。

武钢采取了三个不同的形式进行了国有企业战略重组，基本实现中西南战略布局。集团公司产能达到4000万吨，是2004年的4.4倍。

重组鄂钢，是在与地方政府利益一致基础上的国有资产无偿模式重组；

重组昆钢股份，是调动企业积极性，采用增资扩股的模式重组；

重组柳钢，则是以防城港项目和地方经济发展为主线，采用吸收合并组建新公司的模式重组。

武钢的战略重组过程，其实是一个科学的系统工程。也是邓崎琳这位纹枰高手精心部署的三招妙棋。

2005年4月，鄂钢成为武钢旗下具有独立法人资格的控股子公司，湖北省国资委保留49%的产权。这是中西南战略的开山之作。

重组以后，武钢主导了鄂钢的技改。2007年11月，鄂钢1500mm冷轧薄板工程竣工投产，这是重组后的第一个重点工程，结束了鄂钢没有板材的历史。

2005年12月19日，武钢与广西壮族自治区国有资产监督管理委员会正式签署《武钢与柳钢联合重组协议书》，共同出资设立武钢柳钢（集团）联合有限责任公司。这是我国中部钢铁企业首次重组西部钢铁企业。

更加重要的是，武钢柳钢（集团）联合有限责任公司将作为向国家申报核准防城港千万吨级钢铁基地项目的业主，计划投资500—600亿元，兴建一座临海现代化钢铁联合企业。借助武钢的技术、资本、人才优势，结合广西的资源、区位、政策优势，武钢柳钢（集团）联合有限责任公司将努力打造中国钢铁行业强势品牌，创建世界一流企业。

2007年8月，武钢战略重组昆钢股份。

同时，从2005年开始，武钢向国家发改委申报了武钢"十一五"发展规划，2006年3月得到审批。武钢本部钢产量从不到900万吨/年改造成1800万吨/年。这不仅是数量的增加，而是整个工艺、品种结构的大调整。铁、钢、材生产装备实现大型化、现代化、自动化，完全满足世界一流品质生产需要。

至此，武钢的中西南战略布局基本实现。集团公司产能达到4000万吨，是2004年的4.4倍。

早在4年前，一家国外钢铁巨头就盯住了昆钢，频繁抛来橄榄枝。迫于国家产业政策的压力，昆钢也急需借助外力，加快品种结构优化调整步伐，实现工艺、技术、装备和产品的全面提升。

重组昆钢前，邓崎琳专程拜会云南省领导，表达武钢愿望。

他说，振兴民族工业，武钢责无旁贷。有着50年积淀的技术、产品、人才、装备优势的武钢，也需要一个能力释放的空间和平台。

随后，云南省政府派员考察武钢。紧接着，邓崎琳一遍遍催问结果。他的理由是，云南省选择是对的，可以"嫁个好婆家"嘛。可是，拖是不行的，昆钢"拖不起"，钢铁行业"拖不起"。

云南省政府没有正面回答。只是很快对武钢进行了第二次考察。

邓崎琳立马再访昆明，向云南省长"索要"时间表。雷厉风行的工作作风，给云南省领导留下了深刻印象。

与昆钢同行谈判时，邓崎琳的筹码，除了武钢的技术优势，很重要的一点，是他的坦诚。

向昆钢频繁抛橄榄枝的那家国外钢铁巨头，几乎答应昆钢的每一个要求，他们并不具备硅钢生产能力，却违心地承诺想办法。

邓崎琳则说，做得到的我做，做不到的，不符合产业政策的，坚决不做。重组对武钢有利，对地方经济发展有利，对民族工业有利，所以重组后，我一分钱不拿走。武钢是一个负责任的中央企业，要对云南省、对昆钢、对昆钢职工负责。

铿锵话语，掷地有声，赢得合作者的尊敬与信赖。

重组昆钢时，还有一段鲜为人知的佳话。

那年5月，昆钢集团一位叫王长勇的领导约邓崎琳在北京相见，这位领导从怀里掏出一幅丝绸面料的东西，小心翼翼地摊在地上，一幅昆钢地域的实景地图映入眼帘。随后，他仔细地拂去灰尘，方方正正地叠好，郑重地递到邓崎琳手上。那情景，很有点儿"张松献图"的味道。

时常感动他人的邓崎琳也被感动了。他紧紧握住王长勇的手，半晌无言，两颗心一起为民族工业的振兴而博动。

二、沧海横流，方显英雄本色

邓崎琳非常喜爱岳飞的《满江红》，不单是出于对古诗词鉴赏的偏好，也不是因为他身上理想化的诗人气质，更多的是他的报国志、民族情与岳武穆精神的共鸣与契合。

硅钢有钢铁艺术品之称，而取向硅钢更是号称"工艺品之花"，其生产技术代表着冶金行业最高水平。

早在武钢引进"一米七"时，武钢就想引进低温 HIB 钢技术，结果未能如愿。后来，武钢再次提出引进要求，结果被国外断然拒绝。

特变电工股份有限公司是我国重大装备制造业核心骨干企业，也是武钢的老客户。这家公司分管原料采购的副总经理说，以前，我们需要的 HIB 钢完全依赖进口，价格贵不说，还经常被人"卡脖子"。你要 100 吨，它只供应 50 吨，或者干脆就不卖钢材，让你连变压器一起买。

为了硅钢这个民族品牌，武钢人通过消化吸收，发展到以开发创新为主，积累了丰富的生产、科研和管理经验。成功攻克 200 多项专利，先后获得 3 项国家发明奖，最终形成了自己特有的硅钢生产核心技术。而以前 100% 依赖进口的顶尖 HIB 钢，从 2004 年的市场零占有达到了国内三成的市场占有量。

强烈的责任感、使命感，使得邓崎琳给人以专注工作、不苟言笑的感觉。他的"严"是出了名的，批评人时常常让当事人下不了台。

一次，在生产经营分析会上，一位女部长汇报的经济数据前后矛盾，邓崎琳当即打断，"不要说了！自己没弄明白不说，部下的材料你还看不懂，汇报什么？你糊弄我可以，糊弄他们？没门儿，在座的可都是专家！"一时间，那位部长面红耳赤，张口结舌。从此，在会上照本宣科的现象再也没有了。

会后，他的一位副手对他说，邓总，你其实应该给人留点儿面子的。他头一扭，甩了句：你以为批评是温良恭俭让，还要讲客气？

有一段时间，武钢的产品质量出现较大波动，用户颇有微词。

在他的授意下，武钢电视台就这些问题走访用户、生产线的上下工序，请现场职工分析原因、责任部门和责任领导，制作成系列批评报道。

他的要求是，问题剖析越细越好，批评力度越大越好，整改措施越具体越好。当这些报道连续在每月一次的月末会上播出后，相关责任领导一个个脸热腮红。

这时就有人说了，老邓这手太绝了，还不如在他办公室被他臭骂一顿。

2008年2月，中国钢铁工业协会质量标准化委员会换届大会在武汉召开，邓崎琳当选主任委员。针对有关部门脱离实际，国家质量标准远低于企业内控标准的情况，邓崎琳用武钢适应市场需求，用企业内控标准创造世界级钢铁品牌的经历，毫不留情地批评这个他刚刚履新的委员会墨守成规。

没想到，他的发言换来的却是经久不息的掌声。

我国钢铁产业集中度低，对海外铁矿石资源的依赖性却逐年上升，武钢所需铁矿石80%依赖进口，铁矿石谈判十分被动。连年上涨的矿石价格，令武钢苦不堪言。

2008年全国"两会"期间，邓崎琳在接受国内外媒体采访时直言不讳地说，矿石商垄断经营，完全失去"理性"。既背离市场原则，也毫无道义可言。

也正是在这样的情况下，邓崎琳敏锐地抓住金融危机给世界经济带来重大调整的时机，从2009年开始，以较低成本投资开发加拿大、巴西、澳大利亚、利比里亚等国的铁矿石项目，锁定权益矿资源数百亿吨，获得丰厚的投资回报。随着项目的投产，每年将可获得优质铁矿石6000多万吨。

武钢已成为全球钢铁制造商中最大的铁矿石资源拥有厂家，极大地增强了资源保障能力，可有效打破矿石巨头垄断，维护国家利益，同时也显著提升武钢的国际影响力。

2010年年底，当武钢与加拿大ADI公司商讨合作项目时，邓崎琳发现这家公司的矿藏图邻近区域有很大的一片矿脉。他立即让我方工作人员详细了解情况。证实这是属于一家叫世纪公司的矿藏，而它的主人是一名加籍华人，正在国内联系合作意向。

邓崎琳说，同是华夏子孙，沟通应更加容易，尽可能快地以我的名义请他参观武钢。武钢的盛情相邀，让这位刚刚在多伦多机场落地未稳的矿主立刻转机，返回国内。

资源开发部副部长肖金发说，邓崎琳对资源开发业务细致得近乎苛求。

当加拿大 CLM 项目的前期考察报告交给邓崎琳时，已经临近下班了。第二天一大早，这本报告上被贴满了标签，邓崎琳提出的问题多达百条。比如，巴拿马运河扩建工程何时动工？竣工后的通航条件？比如魁北克最大的湖泊多大？水产资源如何？林林总总，五花八门。

面对这样的领导，武钢的专业团队也不含糊，疑问逐一解答。就连巴拿马运河的船闸的制造商是武昌造船厂这样的细节也不漏掉。

2011 年年初，拥有数百亿吨资源量的 ADI 项目和世纪项目上市公司股权交割和项目合作协议签署，武钢成为这两个上市公司的重要股东，迈出了构建海外矿产资源战略体系的新步伐。

2013 年 6 月，利比里亚邦矿项目复产 100 万吨建成投产，后续 900 万吨计划 2015 年投产。

积极参与全球经济，充分利用两种资源、两个市场，武钢为中国企业树立了"走出去"的成功范例。国家已将武钢海外矿产资源项目纳入国家级海外战略基地建设，这对于我国钢铁行业的资源保障和可持续发展具有特别重要的意义。

三、孟子云：达则兼济天下

对于武钢职工，邓崎琳侠骨柔情，充满爱心。

上世纪 80 年代中期，34 岁的邓崎琳挂帅二炼钢厂，成为当时武钢最年轻的二级厂厂长。在一次退休职工恳谈会上，一位老工人问，厂长，我们的工作服还差几个月就到期了，能不能最后再领一套？

按规定，工作服有严格的领取时限。可邓崎琳说，辛辛苦苦一辈子，临退休想要套新工作服，给自己的职业生涯留个纪念，合情合理。从那时起，退休职工每人一套新工作服的规矩在该厂保留至今。

人们说，一套工作服所承载的回忆与情感，是其他任何物质也无法替代的。

一次，邓崎琳到矿山考察，信步走进职工夏国清家中。见老夏神情忧郁，患骨髓癌的妻子面目憔悴。邓崎琳将身上所有的钱掏出来递给夏国清说，要树立信心，积极治疗，组织上也会帮你的。

不久，"5 年内基本消灭贫困户"的目标，写进了武钢"十一五"规划。明确要求武钢工会和相关部门制定具体措施，按进度完成这一目标。武钢工会曾经有一本特殊的名册，上面登记着全公司 515 户贫困户的详尽生活状况以及针对每一户分别制定的脱贫办法。

截至 2010 年 12 月，515 户建档贫困家庭全部实现脱贫。

武钢的汉阳钢厂是在洋务运动时期建成的百年老厂。厂区的一隅，有一个棚户区，大部分是危房，居住条件差，环境也十分恶劣，曾经因现场的钢渣迸溅出过伤人事故。2006 年年初，邓崎琳到汉阳钢厂检查工作并看望 200 多户棚户区居民。一位姓齐的退休工人动情地说，厂里效益不好，几十年就这么过去了，真怕哪天房子垮了。

邓崎琳当即责令有关部门解决问题。

协调政府，置换土地；内部调剂、划拨资金；安排队伍、组织施工。当年 10 月，6 幢成本价住房建成。

邓崎琳亲自参与了新房验收，发现没有纱窗。他说，不能因为考虑成本，就降低职工的生活质量，想办法解决这个问题，好马配好鞍嘛。

交钥匙那天，举行了隆重仪式。多年蜗居在危房里的该厂干部、总调度室副主任张国胜第一个从邓崎琳手中接过钥匙，激动得半天说不出一句连贯的话，喃喃道，兑现了，好，新房子，谢谢啊。

紧接着，矿山地区、青山地区的所有棚户区相继改造，2000 多户职工家庭住上了盼望多年的楼房。

邓崎琳在基层工作多年，身边有众多的工友和同事。尽管大家体谅他工作太忙，没有人去找他聊天，也没有人和他摆上车马炮捉对厮杀了。可是一旦厂子里有什么事，报喜也好，报忧也罢，总有人给他写信。是好事，他看看也就罢了，如果有什么问题，他一定不会放过。

有的基层领导对此常常一头雾水——他是怎么知道的呀？所以有人曾说，不怕老邓"发炸"，就怕老邓调查。

武钢经营财务部副部长龚正刚说，邓崎琳总经理重视国家利益，也关注职工收入水平。2011 年确定集团的利润指标时，鉴于市场环境，财务部门把增长率定在较低水平。结果被否决多次。邓崎琳说，一方面，我们是钢铁脊梁，要自加压力，为国家经济做出最大贡献；另一方面，利润增长幅度小，按国资委规定，职工工资增长幅度就小。所以，提高利润指标，就皆大欢喜嘛。

从 2005 年开始，武钢已上缴国家利税近千亿元；与此同时，青山本部职工人均工资也增长近 3 倍。

2012 年 2 月，在十二届五次职工代表大会的报告中，邓崎琳承诺，在提高职工工资水平的同时，今年还将为职工办 6 件实事，继续实施职工工资"十二五"倍增计划；建立规范的职工补充养老保险制度；完成北湖棚户区改造一期工程；提高贫困边缘户建档标准……

会上，邓崎琳为他的钢铁王国确定了"一大目标、三个转变、五项理念"的战略。从职工代表的掌声中，我们知道，打造"质量武钢、创新武钢、数字武钢、绿色武钢、幸福武钢"，建设一个具有国际竞争力的世界一流企业，是武钢人的期待，也令他们神往。

是啊，武钢一定会有更多的神话。

上世纪 70 年代，邓崎琳曾经东渡日本，在"新日铁"考察过，和他一起共事的日本员工感到十分自豪。有人时不时会拿出当年的合影照片，向别人炫耀道，"瞧，这是邓，了不起的。"

他们有理由自豪。当年的青年人已经成为优秀的冶炼专家和一名出色的企业家，在中国钢铁行业举足轻重；当年那个独自吟哦古典词曲的人，现在已成为娴熟的交响乐团指挥家。在他的指挥棒下，流淌着武钢乃至中国钢铁工业博大恢宏的华美乐章。

工人曹雁来，怎样登上国家科技领奖台

徐　彤　周　扬　叶少雄

2013 年，是属于武钢工人的一年，值得武钢人永远铭记。

这一年元月，武钢工人曹雁来凭借《热镀锌锌锅表渣自动清理装置的研发和应用》获 2012 年度国家科技进步二等奖，这也是我国产业工人迄今获得的最高科技荣誉。

作为共和国长子、新中国成立后兴建的第一个特大型钢铁联合企业，此次曹雁来获奖，不仅实现了武钢工人"零"的突破，也成为了我省工人获此奖项的第一人。

我国各行各业有那么多工人，武钢的基层工人也数以万计，为什么偏偏是曹雁来独占鳌头呢？

带着疑问，我们找到了 60 岁仍每天泡在生产现场的曹雁来，得到了饱满而厚重的答案。

揭秘一：工人本色不能忘——跟设备在一起才踏实

"俗话说，干一行爱一行，我只有跟设备在一起才踏实。"采访一开始，记者就被曹老特有的"大嗓门"给震住了。曹老笑呵呵地介绍，这都是因为他常年泡在冷轧厂吵杂的生产现场，耳朵有点儿不灵了，连带着嗓门也就大了起来。

但这并不妨碍爽朗的曹老分享 38 年的从业心得。"普通的岗位也会大有作为。"他说，岗位是基础，打多深的基础，建多高的大厦。

针对生产中的实际问题，从小改小革到大改大革，曹老将工人本色发挥到极致。

在普通岗位上，当彩板油漆烟雾弥漫危害工人健康时，他发明了收集器和净化器消除烟雾，仅用 8 万元就完成了公司立项 160 万元的投资。

在普通岗位上，面对彩基板清洗不净造成大量废品，他运用新技术改变生产工艺，完善设备功能，并回收利用了高能耗的软水资源为企业降本创效 380 多万元……

一位与他同时进厂的老同事回忆说："1975 年 7 月在去鞍钢实习的列车上，老曹对我们说，'我们工作来之不易，要好好珍惜，好好干'，我当时认为这个人爱说大话，没想到，这辈子他就是这么走过来的。"

揭秘二：工人经验、技术不分家——不能就设备论设备

"国外工厂强调复合型员工，印象最深的是打捆机安装调试只由一名老外负责，而我们则需要涉及机械、操作、液压、电控 4 个专业的人员配合。"这是采访中曹老特意强调的，"各管一摊"的传统专业分工已不适用现代化设备维护。

他举了个例子，有一次，卷取机发生故障，问题一找就是 8 天 7 夜，换了几波人也拿不准脉。后来，一个老电工被紧急召来，三下五除二，两小时就解决了问题。不甘心的曹雁来事后专门找到老电工，仔细询问下才得知，原来一直被当作设备故障的问题竟是大电机爆闸。因为搞设备的不精通电气，或者说没往这方面想，小小的故障竟绕了这么大的弯路。

现在，他也成为了一专多能、有自己看家本领的的高级技师。2007

年一个白班，焚烧炉主排废风机温度上升到 500 多摄氏度时，突然发生震动轰鸣，大家急得束手无策。来到现场后，他拿过旁边工人的一把扳手伸到设备里碰触了一会，马上确定是传动间隙过小造成的震动，立即要求停机调整了 3mm 间隙，生产立刻得到恢复，大家惊呼"神了"……

"其实技术诀窍就是简单的岗位操作，天天练，反复用，千百次重复就能成为你的技术诀窍"——这就是曹老经常念叨的基本功。他有一套"铲、锉、锯、刮、研"手头基本功，又琢磨出"视、听、嗅、触、摸"设备维护基本功，并针对机组巡检编出了一段顺口溜"慢慢走，细细看；蹲下身，听听脉；靠近它，嗅嗅味；轻轻触，等等断；点击摸，温感辨"，成为了现场工人的操作宝典。

揭秘三：工人要不断学习——永葆一颗好奇的心

一次下班后，"关门弟子"刘洋被曹老拉到家里教他电脑。一进家门，快从挤满的书柜里掉出来的工具书令不少"科班生"都汗颜。而经过整晚整晚的切磋后，刘洋说，"如今曹老的电脑水平应该是老工人中的佼佼者了……"

"当一个文化低，知识缺，干农活的知青，突然面对世界上最先进的设备，那感觉是一种力不从心的落差。出路就是学习。"曹老对我们讲述着学习的快乐。

那是一段难忘的经历，他边工作边学习。白天在生产岗位上，下班后急忙做饭，急忙吃饭，有时饭在嘴里，就挟着书本赶去上课。30 多年来，他从未间断过学习，凡是本岗位所碰到的知识都要去学，差什么补什么，缺什么学什么。他的口头禅是"艺多不压人"。

他先后在鞍钢钢校、武汉钢院、武钢职大学习了 8 年的专业理论、英语专业和电脑操作，在他参与和主持的技术改造中，所有方案设计、绘制图纸都是他自己完成。只要在技术攻关中碰到难题，就会在武钢科技图书馆、钢铁设计院等地方看见他的身影。

学习使他发生了巨大变化，他既拿得起锤把子，也拿得起笔杆子；既能沉得下身子苦干，也走得上大学讲台授课……

颁奖日，曹雁来的三个"没想到"

"我怎么也不敢想，我这样一名普通的工人会与全国科技大会连在一起。"2013年1月21日，当曹雁来凭借《热镀锌锌锅表渣自动清理装置的研发和应用》，获得全国产业工人最高科技荣誉衣锦还乡时，记者第一时间采访到这位60岁的武钢冷轧厂老职工，老曹说了这番话。

"没想到自己能上台领奖"

1月17日，国家科技奖励大会前一天，会议组进行大会彩排。刚到京的曹雁来就被一个喜讯给击蒙了——大会通知他作为代表上台领奖！

当天共有337名代表获奖，其中只有67人能上台接受国家领导人亲自颁奖。

一辈子在现场与设备打滚，这可是头一次与国家领导亲密接触，曹雁来异常激动！

18日终于到了。置身宏大的人民大会堂，伴随激昂的乐曲声，按照顺序，曹雁来带领第五组获奖代表上台领奖。胡锦涛、习近平等党和国家领导人就在眼前，满场的掌声、闪光灯让他两脚发软，直到登上梦中的舞台，他才醒过来，颤抖地捧过全国政协副主席、科技部部长万钢微笑着颁发的荣誉证书。

"此生难忘"——曹雁来回忆着那颇不平静的一天。

"没想到刘延东国务委员记着我"

会后，曹雁来婉拒了一波又一波记者采访，原因是，他要参加中共中央政治局委员、国务委员刘延东举行的小型午餐座谈会，只有14名代表参加，国家相关部委领导作陪。

在融洽的氛围中，代表们依次自我介绍作简短发言。很快轮到曹雁来了，但还没开口，刘延东国务委员就亲切地抢先介绍道："这是武钢的一位高级技师，叫曹雁来。"

在代表们羡慕的目光中，激动的曹雁来发表着感想，也得到参会代表和领导们的热情响应。

"没想到万钢专门叮嘱我"

惊喜还未完，愉快的午餐会转眼就结束了，曹雁来砰砰直跳的心尚未平复，跟着代表们走出午宴会场。

只见万钢部长大步走到门口，专门与他握手送别，并殷切地叮嘱道："国家建设需要技术工人……"

"搞了一辈子技术革新，画了一辈子图纸，终于用一生的实践证明了，工人岗位能够实现人生理想，创造奇迹。"回忆着那不平凡的一天，曹雁来说："我这辈子就是个普通工人，踏踏实实地干能获得这样的荣誉，工人这条路也不差。"

有武钢，才有曹雁来

曹雁来说，没有武钢，就没有他的今天。

他反复强调自己的成功绝不是个人的功劳，要记者多和公司相关部门及冷轧总厂聊聊。他的成功后面是公司强大的技术团队在支撑。

2005 年，曹雁来参加了武钢工人科技园，这个全国首家工人自己的创新平台。科技园要求参加活动的技师每年有项目每年出成果，并两年评一次奖，每次拿出两万元奖励获奖者。有了科技园的实验室，曹雁来更是如鱼得水，再也不用"窝"在家里自己埋头搞发明了，而是积极与"同道中人"一起探讨各自经验，交流发明体会。当冷轧总厂提出解决锌锅人工捞渣这个安全隐患，希望攻克这个技术瓶颈时，曹雁来就将此作为了新的研发课题开始着手进行攻关，并得到了科技园的大力支持。

曹雁来锌锅创新成果的背后更是有着研发团队的强力支撑。科创部深入基层，将一线职工零碎的思想雏形变成实际可操作、可加工的实物，让想法成为现实的做法对曹雁来帮助也很大。当本届科技进步奖开始评选时，公司科创部还专门请来武科大 5 位教授、研究院 2 位专家和科创部 5 位技术人员帮助他进行创新成果的项目可行性论证，副部长袁伟霞还专门从专业理论的角度逐字逐句修改整理参评论文，提炼创新点，培养其归纳总结和口头表达的能力，并连续 5 天帮他修改完善参赛 PPT 四处奔走，为评奖进行最后冲刺。

而冷轧总厂党委书记周南丰则是曹雁来锌锅装置研制过程的见证人。据他介绍，总厂积极与不同设备制造厂商联系，帮助他前后完成了 3 代样机的制造，最终形成了能够耐高温、抗腐蚀、拥有 6 项国家专利的设备。当曹雁来发明研究遇到挫折时，总厂领导也总是及时给他鼓劲，并安排电气控制、自动化、材料等方面的专家对他的成果进行"会诊"，集思广益拿出最优设计方案，最终促成了装置的最终定型。

记者手记

培育更多的"曹雁来"

采访中，关门弟子刘洋感慨地对记者说，曹师傅38年来踏踏实实沉在基层，不容易。

30多年来曹老带了18个徒弟，个个成为技术好手。但这些徒弟有的出国了，有的下海了，留在武钢的不少也离开现场"当了官"。

有徒弟恳切地动员曹雁来一起走。曹雁来没走，但有些没能"熬成"曹雁来的精英走了，这不仅仅是武钢的困扰，也是国企普遍面临的现实考验。

曹雁来对记者说，武钢对自己的成长帮助很大，工人这条路也不差！但他也流露出，工人需要台阶，需要荣誉，才能越干越有劲，越干越有味。他的话代表着广大基层工人最朴实的心声。

万钢部长叮嘱曹雁来"国家建设需要技术工人"，这其实也是对广大企业的殷切嘱咐，企业建设需要技术工人。

留住技术工人，帮助他们成长成才，让"工人之路"越走越宽，让他们的人生越走越精彩，是企业的责任和义务，也是企业突破和发展的重要组成部分。

应该说，武钢在这方面做得不错，而且记者从公司工会获悉，为了培育更多的"曹雁来"，在劳模评比、劳动竞赛、蓝领工作室、技师讲坛等基础上，新的更加完善的制度正在酝酿中：给工人更多更高的荣誉，为工人搭建施展才华的平台，同时加快工人创新成果的转化，并与个人效益相挂钩。有"名"又有"利"，相信更多的"曹雁来"正在诞生……

鞠躬尽瘁铸钢魂

——记武钢集团公司总会计师赵小明

王艾军　周　杨

江城十月深夜，月光清冷。

武汉协和医院病房，寂静无声。

"叫小王来，还有工作没安排！"

累了一天的曾凤姣刚睡着，就被一阵急促的喊声惊醒了。病床上，她一直昏睡的丈夫突然睁开眼问道："怎么小王还没来？"

曾凤姣忙按住他的身子，劝道："你呀，病糊涂了，现在都半夜了，王秘书回家了！"

"都半夜了啊，我还以为天亮了……"话音未落，丈夫又昏睡过去，只留下曾凤姣独自垂泪。

自2012年年初，丈夫被查出患上原发性胃癌晚期，她就希望丈夫能放下工作，好好治疗，然而，她的眼泪、94岁老父亲的眼泪、领导和同事的劝说，都没能改变丈夫对工作的执着，即使现在病危了，生命已是倒数时刻，丈夫仍然还是想着工作。

她的丈夫叫赵小明，武钢集团公司总会计师。2012年10月29日凌晨，这位为武钢拼命工作了37年的优秀党员，永远闭上了双眼。那天，江城的雨下了整整一天。

边化疗边工作，甚至化疗要为工作让路——他的执着与疯狂让医生苦恼

2012年年初，经协和医院肿瘤中心检查，赵小明被确诊为胃癌晚期并转移到肝脏和肺。

医生告诫，这种病很危险，病人一定要放下所有事配合治疗。公司领导也要求赵小明把治病放在第一位。赵小明却提出让医生难以接受的要求：化疗尽量安排在周末，辅助治疗安排在晚上，治疗决不影响工作。经过反复沟通，医生无奈同意了。

然而，奇怪的现象出现了：赵小明总是一边治疗，一边不停地拿笔在一摞材料上批注，而且经常化疗针刚打完，人就不见了。

医生坐不住了，因为化疗后易出现一些危险反应，一般要留院观察24小时。他们要求赵小明妻子曾凤姣做工作，要赵小明配合医院治疗，放下工作，"有什么能比生命更重要呢？"

而赵小明偏偏是工作第一、其他第二的人。

10次化疗期间，他没耽误一天工作，会照开、差照出，依然是最早来，晚上七八点才走……大家只知他是身体不好，除了公司领导、家人和身边的秘书，谁也没有想到他是晚期癌症。

化疗一开始，就开始频繁流鼻血，他怕影响工作，就在鼻子里塞上纸巾条，用嘴巴呼吸。

化疗 6 次后，末梢神经开始坏死，指甲一碰就掉，他仍坚持上班。工作服换不了，就由秘书帮着换，写字不利索，就慢慢地写，文件上的批注依然是那么细致，该说的该写的一个都不落。

化疗 7 次后，他下楼梯需要人搀扶，走不了直线，迈步都像弹棉花。妻子曾凤姣就每天早上连扶带抱地把他送下三楼，晚上又将鼻子塞纸巾、走路直打晃的丈夫连挽带抱地弄上楼。

曾凤姣心如刀绞，却又无法阻止，只得搬出年迈的公公和婆婆劝说。然而双亲的眼泪仍然无法阻止赵小明上班工作。那天，赵小明结婚以来第一次对妻子大发脾气。他说，"公司生产经营这样困难，我是一名共产党员，又是财务大管家，怎么能因病耽误工作呢？以后，我治病的事就到你这儿为止！"

2012 年 8 月，赵小明的病情突然恶化，从协和医院肿瘤中心送到本部抢救，虽然，他再也不能每天正常上班，但仍然坚持在病床上办公。秘书每天把文件送来批阅后再拿回去，他也通过电话来指导下属工作。

医生和他讨论病情，他说，治疗你们做主，该怎么治就怎么治。在长达近一年的治疗中，即使疼得浑身冒汗，他总是默默忍受，而一谈到工作，就马上像换了个人。有一天，老同事武钢财务公司总经理易矛来看他，说："咱们今天不谈工作，谈点儿开心的事好吗？"然而，一张口，他谈的还是工作，到香港上市的项目要抓紧，转固的事要加紧推进。

只要神志稍微清晰，他就拉着秘书小王，讨论出院后，马上就要召开"在建工程转固推进会"、"全面预算管理推进会"、"闲置资产处置推进会"，处理他一直关心的公司重点问题，还要到鄂钢、昆钢、柳钢调研，帮助解决实际困难……

10 月 18 日，当昆钢股份总经理严锡九来医院看望时，他还兴致勃勃地谈起上月召开的"领导人员学习研讨班"，埋怨自己身体不好，错过了这次学习机会。

但隔天他就突然讲不出话来，呼吸困难，被紧急送入重症监护室。

那一天以后，与癌症抗争了近一年，坚强得近乎对自己残酷的他，再也不能谈论工作了……

协和医院肿瘤中心住院医生孟睿回忆起与赵小明相处的点滴，不禁动容："每次查房，他都在看文件，认真的头都不抬。他总是拨快药速，

1000 毫升的化疗药水别的病人要打半天，他恨不得两、三个小时就打完，赶快回去工作。"

"如果不是钦佩他，我们怎么能由着他'胡来'！"协和医院肿瘤中心主任医师张盛见证了他的坚强，"晚上打针，风险大，医生少，我们要承担很大的责任。他还经常为了工作推迟化疗，影响整个治疗计划。但我们尊重他，相信如他所说，工作是他的活力。我们没见过病得这样重还坚持工作的人，他是个例外。"

"脑子里装的都是数据，有什么不清楚的，问他准没错……"——他的精明与担当让企业放心

从热轧厂财务科普通会计，财务处副科长，到公司财务部部长，公司副总会计师，再到总经理助理，最终成为武钢的"管家"——武钢总会计师，服务武钢 37 年，赵小明主要在武钢财务系统，为武钢"管钱"。而他踏实的工作作风、持久的学习状态、强烈的责任感是成为武钢财务大管家的重要因素。

他对工作的认真甚至到了严苛的地步，原料的库存、运输的损耗、铁成本等，他对每一个数据都要核实，只要空一点儿时间，他就阅读学习。没有时间应酬，没有时间娱乐。他总说："搞财务的不仅是好管家，更要是好参谋，不仅要全面掌握企业运营状态，也要研究世界经济形势和国家方针政策，既要俯下身调查研究，也要站得高为企业瞭望。"

武钢总经理邓崎琳曾这样评价："赵小明很精明呀，脑子里装的都是数据，有什么不清楚的，问他准没错……"

近年来，在从紧调控下，钢铁企业的经营备受考验，资金安全和低成本融资是每个企业的头等大事。赵小明对他的财务团队说了三句话："千方百计用好自己的钱，想方设法用好别人的钱，精打细算用好低成本的钱。"

按照公司的要求，他推行"无缝隙"预算，将重组企业、控股公司利润、参股公司投资收益和停产歇业单位费用、母公司预算外其他费用等全部纳入预算，确保公司价值链条的完整。实施了预算指标与市场指数挂钩联动的设置方式，以科学评价各子分公司创造价值能力。在控股子公司推行 EVA 考核模式，引导他们发挥现在资产价值创造能力。这些做法得到了国资委的充分肯定，2012 年 7 月底，他抱病代表公司在国资委做了全面预算管理的经验介绍。

在领导层的支持下，武钢建立了以武钢财务公司为平台的资金集中管理体系，要求各成员单位必须向财务公司集中资金资源，通过财务公司来办理结算、信贷等资金管理活动，有效提升财务公司临时调剂资金余缺作用，本部人民币可归集度达 90% 以上。同时，充分发挥企业信用融资作用，灵活运用短期融资债券、中期票据等直接融资工具，不断拓展融资渠道。通过债权融资和股权融资，在确保公司资金安全的同时，降低资金成本，优化资本结构。

在他主导下，2011 年武钢成功地抓住仅仅一个月的时间窗口，成功地实施了武钢股份配股项目，为武钢募集外部资金 27 亿元。为降低资金成本，他一家银行一家银行谈判沟通，在他的努力下，银行下浮了对武钢的贷款利率。他又通过发行短期融资券和中期票据置换利率高的贷款，并使发行方降低发行费用 25%。一年来，武钢发行的三期 160 亿元短期融资券节约财务费用约 2 亿元。

"在如此困难的经营形势下，武钢母公司目前的带息负债总量与 2011 年初基本持平，赵总功不可没！"武钢财务系统的一位负责人说。

而在加拿大 CLM 股权的处置和后期管理上，更充分地展现了赵小明的精明和担当。CLM 股权的处置后，赵小明向公司建议将资金调入境内，并进行结汇，以规避汇率风险。很多人都为他捏一把汗，若判断失误，公司损失巨大。最终，公司听从了他的建议，不仅避免了巨额汇兑风险，而且有效地补充公司资金血液。

"组织要他干什么就干好什么，不讲条件，不计得失，任劳任怨"——他的包容与忠诚让同事们钦佩

赵小明很早就走上了领导岗位，1994 年就当上了武钢财务部部长，2000 年成为武钢总经理助理。除了"管钱"外，他还负责过企业管理、发展规划、海外资源等。

不管是什么岗位，职务如何变迁，只要组织需要，他永远是服从，不讲条件，不计得失，任劳任怨，为组织站好岗，做成事，体现了一个共产党员的先进本色。

在负责公司技改项目报批时，他和另两位同事长期出差，到国家相关部门汇报沟通。为了抢时间，经常是对方还没上班，他们就先到办公室等着，甚至不顾阻挡，拖地擦桌子，用真诚感染对方，用翔实的材料来说服对方。

在负责海外资源时，他不顾天气炎热和身体不适，远赴莫桑比克等国实地查看矿山，调研当地的政策和交通运输，亲自撰写考察报告上报公司。

在负责公司规划工作时，他按照公司的发展战略精心组织编制了武钢"十二五"发展规划，并据此编制公司"十二五"钢铁主业发展规划、股份公司"十二五"钢铁主业发展规划、公司相关产业发展规划和循环经济发展规划等。每一个报告，他都是亲自组织相关部门深入调研，每一个报告，他都亲自修改审定。

曾在他身边工作了两年的秘书小周感慨地说，赵总对工作非常严谨，是一个追求完美的人，组织交办的任务不仅要干成，还要干好。

赵小明对名利看得很淡，他总说，职位有高低，工作无贵贱，只要是组织安排的，都是重要的。他的副职有的成了他的上级，有的后来者职位比他高，他都能平静接受，真诚合作，从无怨言。一位公司领导这样评价："赵小明同志的宽厚和包容，体现了一位优秀共产党员的修养和品质。"

虽然赵小明身处要职，大都是敏感岗位，但从不滥用职权，坚持用制度管人，按规矩办事，不批条子，不打招呼，严禁亲属从事与公司有关的任何商业行为。

有一次，他的一位亲戚想在武钢找点儿事做，不敢找他，就打着他的旗号找到一家单位负责人。他知道后，非常生气，狠狠地将这位亲戚批评了一顿，并告知相关单位禁止这位亲戚与武钢做生意。

他的生活圈子很简单，每天清早就来上班，晚上七八点钟才回家休息，经常周末召集部下开专题研究会，闲暇时就看书学习，丰富自身知识结构，唯一会的娱乐活动是"打双升"，水平还不高。几十年来，这样的生活轨迹从未有大的改变。

有人说他的生活太单调，像苦行僧，而他却乐在其中。更让他自豪的是，他分管的部门从未出现廉政问题。

"财务人员一定贴近基层，服务到一线，为基层排忧解难"——他的主动与认真让基层职工感动

赵小明掌管武钢财务系统后，要求全体职工一定要贴近基层，服务到一线，只有沉下去，真实的数据才能浮上来；只有贴近基层，才能了解他们的酸甜苦辣，才能弄清他们的需要和期盼，才能真正服务好基层。

他主动带领大家到一线调研，开展专题经济活动分析。在他的带领下，财务系统每个月都要专门组织相关单位和部门，针对铁成本、产品结构、销售等公司热点、难点、重点问题召开专门的经济活动分析会，提出具体解决方案，为公司决策当好参谋，取得了很好的效果。在他的身体正与癌症生死大搏斗关键时刻，他仍将热轧厂、冷轧厂、江北公司、重工、矿山、鄂钢等企业跑了个遍，了解各单位的困难，商讨应对之策……同事们说：你就在家坐镇，我们一定把一手材料带回来。赵小明说，不实地看看，心里不踏实呀。

2012 年 5 月份，多次化疗产生的副作用已经把他折磨得面目全非。他还带领财务及相关部门负责人，坚持到重工集团进行财务状况调研工作，亲自指导、现场解决重工实际问题。

调研会上，身形瘦弱面容憔悴的他，认真听取着重工负责人汇报财务状况。有时，他用笔在本子上写下重要问题，不清楚的地方会轻声再次确认，生怕自己忽视到任何一个细节，或漏掉一个数据。

他的声音很轻、语速很慢、话语很朴实："重工的情况大家都很清楚，多余的话不说很多，主要是抓紧时间解决问题。"

当得知为沙钢制作的冷却壁因为无钱购买原材料停工的消息时，他很痛心："冷却壁是重工集团的拳头产品，市场一旦丢了就很难再找回来，不能因为钱不够就停产"；针对重工集团历史贷款数额大，利率高的难题，他很理解，说："公司希望你们尽快爬出低谷，但背着包袱爬山确实是一件很困难的事情，在公司政策允许的范围内，我们尽量帮你们减轻包袱。"

通过短短两个小时的调研会，他现场解决了冷却壁原材料专项贷款的问题、给予最优惠的流动资金贷款利率支持等多项迫在眉睫的问题。临走时，还语重心长地对大家说："重工日子难过，要坚持下去，坚持就是胜利。"

就在病重期间，他仍然关注重工的发展，牵挂着重工的困难，对重工提供力所能及的帮助和支持。凡是重工递交的报告，只要在条件允许的情况下，他都会在当天及时给予批复不过夜；帮助重工打通 3000 万元付款流程，有效解决与重庆赛迪、中冶南方等单位的三角债问题，大大缓解了重工的资金压力。

"赵总对重工的未来充满信心，对重工的帮助，深深感动着我，温暖着职工的心。"重工集团总经理、党委书记徐名涛谈起赵小明就心怀感激，饱含热泪，"他是我们心中的好领导！"

真诚待人，真心爱人，低调做人——他的谦和与细心让众人铭记

在大家眼中，赵小明从不摆架子，总怕麻烦别人，总为别人着想，任何时候都是一张和煦的笑脸。

"除了自己，他对每个人都很上心！他是真心希望大家都好。"公司经营财务部副部长吴培养说出了大家的心声。

1987年，作为刚入职的大学毕业生，吴培养和另外两名大学生一起被分配到财务处。当时赵小明是价格科科长，代表组织对三位大学生讲了入职第一课。在谈话中，他语重心长讲了三句话：珍惜工作岗位，发挥一个大学生的作用；多下基层，培养扎实的工作作风；勤于动笔，每年写出一两篇专业论文。这给吴培养留下了深刻印象。

还有两件小事也让吴培养铭记在心。有一年春节，身为福建人的吴培养没能回家过年，一个人窝在单身宿舍。大年初二，刚当上财务处副处长的赵小明，突然拎着点心摸到单身宿舍看望吴培养，陪他过年。那天，两人谈工作、谈生活、谈人生，让吴培养倍感温暖。

后来，吴培养准备结婚了，正赶上财务处空出一套"团结户"。但吴培养资历不够，怎么也轮不上他。赵小明就和排在前面的一个一个地做工作，说外地大学生到武钢工作很不容易，要他安心工作，总得给他一个家吧，大家都是本地人，找亲戚朋友总有办法想呀。最终做通了大家的思想将房子分给了他。

讲到这里，吴培养难掩激动，"那天，我发誓要为武钢奉献一切。"

其实，这样的"小事"还有很多。年轻的同事想考研究生，他鼓励，不懂的课程问他，他总是不厌其烦地解答。退休老职工老伴去世了，第一电话就打给他，他当孝子跑前跑后，直到丧事办完……

谈起赵小明，武钢经营财务部副部长龚正刚表示，要代表广大财务系统人员，感谢赵总培育我们财务人员的职业素养。

赵小明不是科班出身，但他凭借持续不断地学习培训，积累了深厚的财务管理知识。正是因为这样的成长经历，他很重视员工的学习和培训。2011年提议举办"财务人员清华培训班"，在一个礼拜内请了许多著名专家学者为财务系统中高级管理人员授课，拓展大家的视野；他对普通财务人员也很上心，每年都要对青山本部 2000 多名会计人员进行一次轮训，还会举办各种类型的专业培训……他要秘书小王一定要拿到会计证，他说：在我手下工作，不懂财会知识是不行了，是会误事的，"多学点儿，不吃亏！"

虽然，他对下属很和气，但原则上的事却不让半分。"财务人员一定要守住底线！"这是赵小明最常说的一句话。

在企业面临严峻挑战的时候，为了让财务系统牢牢守住这条底线，他连续开了好几次"整风大会"，甚至在他重病的时候，还要求经营财务部组织会议，强化财务人员的从业纪律、职业道德。

他自己也是以身作则，只要经过他的手，就负责到底。他批的文件从来没有简单的"同意"、"已阅"等字眼，总是长篇大论，给出自己的观点和意见。

2012 年，他负责筹备一个重要项目在香港上市，光纸质材料就有两千多页。那时，他的病情已经发生了恶化，晚上疼痛得辗转难眠。

他用没有触觉的手，逐页逐行、逐句逐字，认认真真地审阅完，每一个微小的数据，每一个存有疑虑的地方，他都用笔颤颤巍巍地勾画出来，再打回去返工……

正是他这种谦和为人，认真做事的作风，影响着财务系统的全体职工，将庞大的"财务大家庭"，打造成和谐奋进、敢打硬仗的团队。

把时间给了工作，把心给了企业，却把愧疚给了家人——他的无私和奉献让亲人骄傲

在妻子曾凤姣的眼里，赵小明就是个长期不回家的人。打两人认识起，赵小明就经常出差。当时还是计划经济时期，赵小明每个月都要到北京和相关部门沟通，确定钢材价格。

武钢十五、十一五时期，赵小明负责基建、技改项目的报批工作。他更是经常不在家，在北京一住就是两三个月，家里所有的事都交给妻子打理，连妹妹结婚都没有赶回来。

好在曾凤姣心里早有准备。赵小明的父母都是武钢老一辈财务人员。曾凤姣嫁到赵家，公公就告诫她，"小明是搞财务的，他满脑子都是工作，千万不要影响他，不然会出事的！"

曾凤姣生孩子坐月子，赵小明没有请一天假回家照顾，她就算高血压发了也不敢联系他，怕他分心。有一年春节，赵小明到山西催煤，她的血压冲到200多，抬手都困难，但她硬是忍着没有给丈夫打电话，而是给自己的一个朋友打电话，要她帮忙送到医院治疗。那一次，她真的觉得自己很脆弱，真的很想丈夫在身边。

在80多岁的老母亲的眼里，赵小明是个孝子也是犟儿。她的身体不好，小明只要有时间就去看望，陪老人说说话，聊聊天。儿子患了重病也瞒着，还是儿媳妇告诉了他们。2012年7月份，小明专程从银行取了一笔钱送给老母亲治病。老母亲抱着憔悴的儿子痛哭流涕：小明呀，你就不能对自己好点儿吗？放下工作好好治病吧，不要让白发人送黑发人呀！赵小明却强忍着泪安慰老人：没事的，公司领导很关心，医院也在想办法，一定会治好的，放心吧！

在儿子赵璐的眼里，赵小明就是个忙了一辈子的人。从小学到高中，家长会从来都是母亲参加。在外求学10年，父亲一次都没有看望过他，总是母亲一人来探望。但他从来都不怨恨父亲，因为母亲总是跟他说，别看爸爸是个领导，只要有时间，他都抢着做家务活；只要她病了，爸爸打的都要尽快赶到医院陪伴，心里比谁都急；我们娘俩通电话，你爸爸只要在家就会抢过电话，争着和你聊天；你金融研究生毕业，爸爸不知道有多高兴，觉得你学有所成、学有所用。爸爸是很关心这个家的，心很细，只是他太忙了，没时间……

他与父亲交流中听到最多的两句话就是："不要乱花一分钱"、"要自立自强"。这两句话也是父亲一生的写照。即使病重，只要能动，父亲从来都是自己解决问题。他能感受到父亲对这个家庭的愧疚，父亲只是一直没有时间说出来。

赵璐为自己的父亲而骄傲，因为父亲是认认真真生活的人，是把生命敬献给工作的人。只是上天太残酷了，为什么要和他争夺父亲，难道上天也需要像他父亲一样拼命工作的人吗？

留下的最后一句话是：工人，团结一致——他的遗愿诠释了钢铁之魂的含义

10月19日清晨6点，说了一晚上胡话的赵小明突然昏迷。

经过抢救，他恢复了神志，喘着粗气、青筋毕现地想说话，守候一旁的儿子连忙俯下身，却怎么也听不清。

白方 ◇ 钢铁汉子和他的钢铁情怀

| 183 |

"快，拿笔来！"有经验的医生立马吩咐护士找来了最粗的水性笔和白纸，递给了他。

病床上，他涨红了脸，颤颤巍巍地写上了"望"字，停了好一会儿，又写上模糊不清的"爱"和"赵璐"几个字，就提不动笔了。

赵璐含着热泪，凑到他耳边，轻轻问道："爸爸，是不是想要我们自强自立，家庭和睦，你放心！"

听到答案，赵小明满意地眨了眨眼睛。

攒足了劲，赵小明又在另一张纸写上"工人"。

正当众人百思不解的时候，他又重重画上了四个歪歪扭扭却又异常清晰的四个字——"团结一致"，还用力把四个字圈起来，甚至丢下笔，双手在空中比画着圈……

"工人，团结一致"是他最后的心愿。

垂危之际，他还盼望着大家团结一致度过钢铁"寒冬"。

2012年10月29日凌晨，这位57岁的优秀党员，永远闭上了双眼。他用忠诚和奉献，用一生对工作的痴迷和执着，诠释了钢铁之魂的深刻含义。

直挂云帆济沧海

——中国海运改革发展启示录

任启发

中国海运坚持稳健经营，控制投资规模，加强内部管理，在水运行业全面亏损的情况下，实现效益正增长，实属不易，应该给予充分肯定。

——王勇（国务院国资委原主任、党委书记）

中国海运以中央领导视察为动力，在困境中积极抢抓机遇，主动调整战略，着力优化结构，实现'两保三争'，充分体现了交通行业一种迎难而上的拼搏精神，也是国有企业的优势所在，值得学习。

——李盛霖（中华人民共和国交通运输部原部长）

"面青天而惧，闻雷霆不惊；履平地而恐，处风波不移。"面对剧烈的变革，我们怎么办？机遇稍纵即逝，发展时不我待，我们要有紧迫感，要牢牢把握大变革带来的战略机遇，打破传统的思维方式、思想观念，改变依靠经验的传统做法，以全球视野、国际思维，站在产业的最前沿来思考和推动企业的发展。改革创新是中国海运发展的最大"红利"和动力源泉，我们须用"倒逼机制"，以更大的勇气和智慧深化改革，加快发展。

——李绍德（中国海运董事长、党组书记）

"志不求易，事不避难。"世情国情在变，航运形势在变，竞争格局在变，前有标杆引导我们变，后有追兵倒逼我们变，积极谋变，以变应变，以变制变。当前我们要主动适应并积极谋划"三个转变"，即从船与船的竞争转向链与链的竞争，从单个企业竞争转向企业群的竞争，从传统经营模式竞争转向产融结合模式竞争；要加快转变发展方式，积极推动企业的转型升级与转型发展。

——许立荣（中国海运董事总经理）

我们对蔚蓝的海洋有着天然的敬畏，如此神圣、神秘、神奇，无畏的海员们在茫茫的海洋中乘风破浪，收起万里征帆，抛下千钧巨锚，共海天一色。每当耳畔回荡起郑智化《水手》的激情演唱，就会使人热血沸腾，而读到柯岩写的"汉堡港变奏曲"，就会为在远隔万里的船长贝汉廷凭借强烈的责任心与勤劳智慧为祖国赢得赞誉时，心中又涌现无限豪情。

此次，我有幸踏上中国海运的３０万吨远洋巨轮，聆听整装待发的海员们自豪的讲述，带着敬佩与敬慕的心走进与岸相聚、相离的万里海船。海员历经风雨的磨练，蓬勃而富有朝气，让我一次次感受到来自惊涛骇浪的那份执着与稳健，对于他们所从事的航运事业有了一次前所未有的、全新的认识。也是在那时，我才知道"没有海员的贡献，世界上的一半人会受冻，另一半人会挨饿"，而实际上世界贸易90%的货物由海运承担。"国力盛衰强弱，常在海而不在陆"。孙中山先生的谆谆告诫，在今天依然振聋发聩，值得我们深思深虑。

当前，全球经济格局正在发生深刻变化，世界经济仍在低位运行，国际贸易保护主义抬头，经济全球化进入2.0时代，由多边合作逐步转向双边合作，区域经济一体化和自由贸易区成为新的实现路径。国内经济转型升级压力加大，由于高峰期不理智的大量投资他、货主挟货源优势的强势进入和金融机构的抄底造船，航运市场供过于求的局面将在较长一段时间存在，航运业不再处于外延式发展的扩张期，而进入了深度调整的优化期，市场面临重新洗牌，去运能化的过程是长期的和痛苦的。以大数据、智能制造、无线网络革命、新能源、新材料为代表的第三次工业革命正在酝酿。制造与服务融合，信息流与物流互动，产业链与价值链重构，集中经营活动将被分散经营方式所取代，跨界竞争已屡见不鲜。电子商务平台对航运物流业的影响已经初露端倪，而以马士基、达飞、地中海航运组成P3联盟可能带来冲击，未来航运市场的竞争将更加激烈。

中国海运集团１６年的发展取得了很大的成绩，不但在近几年航运市场的低谷期保持了稳健发展，而且实现了从小船到大船、从沿海到远洋，从单一到多元的转型，实现了数量和规模的快速成长，成为全球知名的航运企业。面对剧烈变革的时代背景，面对激烈竞争的市场环境，需要进行二次转型，以质量效益为中心，以服务为抓手，强化沿海，优化远洋，努力提升软实力，不断做强做优。

在我国倾力打造中国经济升级版，谋划中国梦的宏伟图景中，中国海运充分利用经济全球化趋势及中国发展的黄金期，以创新驱动提升经济质量，以绿色发展破解资源环境约束，以改革促进转型激发活力，实施"走出去"战略，在全球范围内不断优化资源配置，打造新优势，谋求新发展，实现从跨国经营向跨国公司的根本性转变。无论是进军世界 500 强还是建设世界一流航运企业，在"变平"的世界里奋发有为，就必须拓展国际化视野，提升国际化素质，这是软实力，却是硬道理。

你是在改革开放大潮中下水的轮船，你是从七月霞光里驶来的征帆，你用百年愿景一流目标点亮的桅灯，你是泊着民族的重托央企的责任的锚链，十五年啊，你乘风破浪勇往直前。

——佟成权《放歌十五年》（朗诵诗）

海之路：千峰万壑

在高楼耸立的国际大都市上海，沿黄浦江边坐落着一幢造型别致的大楼，北外滩东大名路 678 号，中国海运的总部所在地。走进大楼像是在一艘巨轮中，与海洋的喧嚣相比，整幢办公楼出奇的安静。短短几天的接触，中海人给我总的印象是年轻富有朝气，热情中透出专业的自信，是一群幸福的梦想追逐者。

中国近代海运告别帆船时代，肇始于 1872 年在洋务运动时成立的轮船招商局。轮船招商局位于外滩 9 号"万国建筑群"，向东 100 米外滩 5 号为上海海运局旧址，再折返向西即中国海运大楼。在相距 1000 多米的时空长廊里，记录着百年中国航运如歌如画的壮美岁月。海运先辈以其大义凛然的豪情，赤心祖国的忠诚，守护新中国海运事业永恒的灯塔。海运被誉为国民经济发展的先行官，支撑着我国水运的半壁江山。随着我国航运市场开放，1000 多家新增航运企业如雨后春笋，随之供需失衡，缺乏规模优势与核心竞争力成了交通系统的航运企业亏损的主因。

1997年7月1日，央企又一艘巨型航母"中国海运"在上海起锚，开始了她瑰丽无比的非凡航程。一个新型的、以资本为纽带、市场为导向、效益为中心的跨地区、跨行业、跨所有制、跨国经营的海运大集团应运而生。在波涛汹涌的航运主客场上，中国海运以前所未有的勇气和坚韧不拔的毅力，长风破浪，将一面由"CHINA SHIPPING"的首位字母"C"、"S"合成的"中"字蔚蓝司旗，与五星红旗一起在五洲四海飘扬。

中国海运实施专业化重组，实现了跨越式发展，其主力船队和陆岸相关产业通过强化规模化经营和集约化管理，步入良性发展轨道。各专业公司八仙过海，走文化融合之路：中海集运深化管理与制度创新，分支机构遍及全球，把"精心、精细、精品"的企业管理文化优先考虑，取得了跨越式的大发展，2003年即成为跨入全球排名前十的集装箱班轮公司；中海油运在精细管理与经营效率上下工夫，把差异化作为一种独特资源融会贯通，取长避短；中海散运重视人才资源整合与不同地域的文化整合，走上了蜕变——崛起——跨越之路。中海工业、中海国际、中海船务、中海物流……都在企业文化的融通中实现了新的跨越。在2004年，中国海运一举成为国有企业改革发展十大典型之首，赢得了同行的尊重，赢得了客户的信赖。

2001年年底中国加入世贸组织，国外航运巨头纷纷抢滩国内市场，如何应对挑战、抓住我国进出口贸易增长带来的历史机遇，实现新一轮快速发展，成为处于创业初期的中国海运一道必须破解的历史课题。中海人激流勇进，扛起创建世界一流企业的大旗，通过"对标"等一系列活动，提炼出"爱我中海，勇创一流"的企业精神和"诚信四海，追求卓越"的核心价值观，强主业、增实力，加快发展集装箱运输为龙头，充分发挥沿海石油、煤炭运输优势，积极推进油运和货运发展；整合优化客运，稳步发展特种运输，形成了规模化优势，战胜了挑战，实现了产业升级和快速发展，一举确立了集团在世界航运企业中的重要地位。

随着一批具有世界一流水平的第六代集装箱船、VLCC、VLOC大型船舶的投入营运，经济实力与员工素质不断提升，中国海运"双一流"素质工程建设，一大批优秀员工脱颖而出，成为中海发展的核心力量："苦干加实干"的全国劳动模范沈祖强、吴有胜、陆金林；荣获首届全国"十佳"船长暨"郑和航海贡献奖"我国最年轻的高级船长辜忠东；被誉为"流动国土"上的一面旗帜的全国优秀党务工作者袁思朗政委；担任上海 2010 年世博会船舶馆形象大使、荣获世博会先进个人称号的"衣羊船长"胡月祥；被誉为"世界一流水手长"的邓家瑞……梅林湾轮在孟加拉湾 23 天抗击海盗英勇壮举，圆满完成自己的首航卸货任务；远洋船长朱乾淳在日本成功指挥"Port Pegasus"号轮战胜海啸，被英国劳氏船级社授予"年度最佳船员奖"。等等。

进入"十一五"，国内外经济形势、航运市场形势和企业内部环境，促使中国海运必须在发展中促转变，在转变中谋发展。国务院国资委进一步加大中央企业产业整合和结构调整力度，优化央企在国民经济中的布局，做强主业增实力，提高央企的活力、影响力和控制力。中国海运在经历了航运市场"一半是海水，一半是火焰"的洗礼后更富生机。2008 年上半年，航运市场进入前所未有的繁荣期，集运、油货、散货市场运输需求异常火爆，波罗的海干散货综合运价指数（BDI）在 5 月达到 11793 点。而全球金融危机突然袭来，航运市场周期性波动与结构性矛盾相叠加，BDI 指数"一泻万点"，仅仅不到半年竟跌至历史最低 663 点。而在 2012 年全年，由于需求疲弱导致的航运业运力过剩问题全面爆发，航运市场驶进冰冻的海洋，代表干散货航运景气度的波罗的海干散货指数（BDI）位于 10 年低位。面对风云变幻的航运局势，中海人既没有被疯狂的高涨所迷惑，也没有被空前的低迷所吓倒，而是高屋建瓴、审时度势地提出了"百年中海，世界一流"的企业愿景，"不以百米冲刺的速度和方法去跑马拉松"，实施产业结构、发展方式、管理方式、团队建设、竞争模式"五个转型"，推进大客户合作模式，化"熬冬"为"冬训"，苦练内功，化解危机，保持着"市场不好时比别人下滑慢"的稳健态势，令全球同行瞩目。

中国海运的跨越式发展，得益于国家改革开放政策和国民经济的强劲发展。他们放眼国际国内航运市场，按照"立足沿海，拓展远洋；一业为主，多元发展"的发展战略，依照"六个统一"的原则，开始专业化分工、规模化经营、集团化管理的创业、发展航程。在建设和发展海外产业，着眼全球化的市场和竞争格局，积极推进海外网点建设、海外投资、海外合资合作，实施以国际化为核心的"走出去"战略，积极发展集装箱运输，切实推进航运主业的国际化经营步伐，依托航运船队的持续发展壮大，带动相关产业的调整和健康发展。

中国海运在较短的时间内将原来计划经济色彩浓厚的企业建设成为参

与国际化竞争的现代企业集团，取得了长足的发展，得益于生产经营与资本运作的"双轮驱动"。最初的财务结算中心成长为财务公司，进一步拓宽了融资渠道，提高集团抵御财务风险能力。他们充分利用境内外股票市场进行资本运作，统一部署，选择恰当的市场和发行时机，先后将集团核心资产分别在香港和上海上市，为做强做优航运主业提供了有力的资本支持。通过中海发展、中海集运、中海海盛等几个上市公司，集团发行股票累积筹集资金折合人民币约271.6亿元。在获得证券市场融资、实现国有资产保值增值的同时，三家上市公司历年累计现金分红117亿元，为集团和外部投资充分兑现投资收益、带来较高回报。目前集团超过70%的资产已经上市，相关业务板块也逐步注入上市公司。上市公司是集团的窗口，代表着集团的品牌和形象。提高上市公司的产品质量和经营质量，改善上市公司的经营状况，是对国家负责，对投资者负责。

采用多元融资品种，降低集团融资成本，拓展融资渠道，中国海运首创了国内第一单人民币船舶银团贷款，量身订制了中国海运版本的船舶融资文件，还相继引入外资银行，提高了此类贷款规范和标准。中海发展VLCC交叉货币掉期融资结构获得了Trade Finance2006年度最佳交易奖。中国海运与工、农、中、建、交五大银行在融资、结算等多个领域建立了战略合作关系，目前银行综合授信超过3500亿元。此外，中国海运与花旗、ING、巴黎银行等大型综合外资银行及挪威银行等船舶融资银行建立了良好的合作关系。在当前市场低迷的环境下，集团整体负债率较低，银行授信充足，增强了企业抗风险能力，积极参与相关产业的战略投资，优化资本布局，保持畅通的融资渠道，牵引百年中海巨轮全速航行，顺利抵达世界一流航运企业彼岸。

2011年8月，党中央、国务院决定在中国海运建立董事会制度。2012年3月，国务院国资委在沪召开中国海运（集团）总公司建设规范董事会工作会议，并召开了第一届董事会。这是中国海运领导体制、管理体制、决策机制的一次重大变革。董事会制度的建立，将国有企业的党建优势和现代企业管理制度的机制优势有机结合，从而形成中国海运新的竞争优势，积极应对国际金融危机持续影响、经济形势和航运市场环境复杂多变等困难和挑战。

中国海运集团各级党组织认真贯彻党的路线、方针、政策，按照中央对国有企业党建工作的要求，坚持充分发挥企业党组织的政治核心作用，坚持全心全意依靠职工群众的方针，坚持为国有资产管理体制改革和中央企业改革发展稳定服务，不断加强和改进企业党的思想建设、组织建设、作风建设、制度建设和反腐倡廉建设，切实把党组织的思想政治优势、组织优势、密切联系群众优势转化为企业核心竞争力，为建设"百年中海，世界一流"航运企业提供强大动力。

中国海运强势出击，在国际航运界赢得了显著的地位，令世界海运业刮目相看。中海之路时时刻刻伴随着危机，而他们能够在危机中规避风险，寻找到发展与飞跃的商机，蓬勃发展。十八大期间，中国海运有四张图片亮相"科学发展成就辉煌"大型图片展。中国海运5688TEU集装箱船"新浦东"的投入使用，作为我国向航运强国迈进过程中的一个例证；中海客运的客滚船在新兵运输等军交项目中发挥着十分重要的作用，其运输效率和服务水平得到了有关部门的充分肯定；在实现全面直接双向"三通"，稳步推进两岸经济一体化进程中，中国海运集装箱船"新烟台"轮见证了两岸直航这一历史时刻；中国海运作为中央特大型企业，积极参与国际人道主义救援行动，义不容辞地担负党和国家交给的使命，出色地完成了各项重大救援运输任务，如2011年，先后承担利比亚撤侨、运送援日石油等国家行动。

这看似简单的说明和朴素的图片，充分展现了中国海运把握机遇、迎接挑战，万众一心、开拓进取，与党和国家同呼吸、共命运的央企责任意识与大家风范，抒写着中海之路的艰辛与辉煌，凝聚着中海人的血汗与智慧。

海之浪：千变万化

在中海采访的日子里，我时时刻刻都能感受到央企所特有的使命感，而中海人的文化自信、创新自信、制度自信尤为显著，我几被折服。他们总是能在实践中，遵循"从群众中来，到群众中去"，根据市场和社会环境的变化，循环往复，提炼出独有的、与中海血肉相连、紧密相关的核心词语，以此来凝聚人心，彰显中海是如何坚定而又生机无限地世界航运市场的大浪中百炼成金的。这里仅举三个事例，以蠡测海。

中海速度。当时肯定很少有人想到，仅靠着5艘小船、2140TEU舱位运力的中海集运，竟然能承载起中国海运发展集装箱运输的历史重托和中海人追求强大的梦想。中海人适时瞄准了集装箱运输发展的市场机遇，在创业之初举全司之力，在最短时间内完成了浩大工程的货船改造集装箱船，完胜了"集装箱战役"。从1998年8月17日第一艘"货"改"集"的向菊轮出厂，中海工业各船厂共为中海集运贡献了44艘船舶，平均每艘船舶的改造时间仅为9.5天。这不仅刷新了修船史上的新纪录，更为中海集装箱运输的发展壮大奠定了坚实的基础，被誉为"中海速度"丝毫没有夸张。有了这个基础，中海集装箱运输驶进了快车道，仅用几年时间就冲进了世界航运的前十强，世界海运业的又一个奇迹诞生了。大力发展造箱业务是中国海运实施船岸战略调整产业结构的重要举措。2005年，中海投资从证券投资业务转型进入集装箱制造行业，8月，年产15万箱的生产线在连云港投产，实现当年设计、当年建设、当年投产，被誉为"中海速度"。

中海"星时代"。2011年元月，中国首艘14100TEU型集装箱船"中海之星"首航仅挂靠上海、宁波和盐田三港即满仓满载12818TEU，打破了全球同类型船舶的最大配载记录，以最少的港口、最短的时间，博取了最好的配载率，中海集运的"星时代"拉开了序幕。我们从几张照片依然能感受到大幕开启时激动人心的场景。首艘首航的巨轮彰显中国海运的蓬勃生机与活力，紧绷的缆绳，如梭的桥吊，像积木堆积整齐的集装箱，万吨巨轮碾碎朵朵浪花，缓缓地驶向远方，驶向未来。夜色中"中海之星"流光溢彩，我们不难体味中海人的欣悦与自豪，他们对未来的憧憬在巨轮起航的那一刻变得无比坚定而确信。中海集运"星时代"船队发展具体表现在中海船队结构调整上的"三变两不变"，即载箱位、平均箱位、单位耗油都发生了重大的变化，而艘数基本不变、船龄基本不变。在"变与不变"的背后，正是中海集运船队建设新思维、新理念得以有效发挥。造新船，不求最大，但求更优；处置旧船，不求最新，但求更佳；船舶租赁，不求最高，但求更准；用箱管理，不求最多，但求更好。四个"求与不求"是他们把握星时代，实现转型升级的最好诠释。中海以远见卓识的勇气与信心，提出的大船战略正与大船时代的节奏合拍，取得了今天非凡的业绩。大船时代的竞争严峻而又不可避免，唯有知难而进、勇往直前才能获得一定的生存空间，以其更大的发展。

中海答卷。中海进入成长期时，对于中海集运发展最具深远影响的重大事件无疑是2002年秋发生的美国西海岸码头工人罢工。针对因美西罢工引发的压船、压箱和压货等重重困难，中海集运提前两个月调船、调空箱回远东，并果断订造 8 万 TEU 新集运箱。凭借这一准确的营销预测，中海集运成为全球班轮公司在此次美西大罢工中唯一的赢家。从此，欧美市场上的客户开始对中海集运的决策眼光和经营能力另眼相看。令客户刮目相待的故事更具有传奇性，在竞争日益激烈的集装箱航运市场上，单一的价格竞争已不可能持续。为客户量身订制航线，蓝海市场的发现，是避免同质化竞争的可行之路。为适应通用汽车流水线生产的特点和苛刻的时间要求，中海集运为其量身订制了"通用航线"，满足了通用汽车的生产运输需求，实现了美国通用在本土上都没能实现的目标——"2000 公里以外零库存"；通过为神华煤炭定制"产运销"一体化模式，改变了客户传统的运销分离模式，铸造了中海、神华及其买家客户的"铁三角"合作关系；通过为中石油提供全程门对门运输服务，不仅达到了客户的高要求服务标准，为客户节约了频繁进出库的大量成本，而且共同完善了中石油的业务流程，成功打入了石化产品类运输这个细分市场。无论是针对美线大客户、美线签约最大亮点的"最佳客服小组"，还是准班率 99% 的中海集运澳洲一线。"一箱情缘，两厢情愿"的故事，在中海集运市场的合作舞台上演着，品牌营销之路愈行愈远。中海集运以其绿色经营与精细化管理的实施，顺利通过宜家长达 65 页的审核项目清单，正式成为宜家的全球合作伙伴，也是中国唯一一家符合宜家标准并得到认可的集装箱班轮公司。他们用自己的智慧与勤劳，在一张白纸的正反两面书写着海运业的答卷与中海人的答案："市场占有率就是我们的考试答卷，客户满意度就是我们的最佳答案。"难怪 PHILIPS 直言："就是冲着中海澳洲一线与中海集运合作的。"

"大客户大合作"战略效益显著，中海集运已与 54 家货主、港口银行和地方政府等单位建立了战略合作伙伴，有效抵御市场剧烈波动带来的冲击。2012 年，多家散货联营公司盈利可观，对巩固散运市场和提高航运板块竞争力发挥了重要作用。中海散运先后与宝钢、首钢、武钢、鞍钢、沙钢 5 家钢铁企业，神华、中煤能源两大煤炭企业，华能、华润、中电投、大唐 4 家电厂签订了长期战略合作协议，建立起稳定的上下游产业链联动机制，同时为大客户有针对性地设计船型、建造船队，乃至相互参股，共同投资，实现船货共赢，实现了中海船务要明确自身定位和战略目标，实现了"三个延伸"，即向大客户的供应链延伸、向船东的服务增值合作延伸、向码头延伸。

受亚洲金融危机的影响，修船市场低迷，修船价格大幅下降，而修船所需的费用大幅攀升，中海工业历史遗留问题不断凸显。中海工业紧紧抓住上海建设国际航运中心，世界船舶大型化和集团船队结构进一步调整、运力大幅提升的有利时机，实施产业结构转型升级，用40个月走完了传统工业40年的历程。"十一五"期间修船业务产值基本稳定在每年15亿元，而造船业务产值从2007年至2013年累积突破250亿元，成为中海工业快速发展的原动力。

在调整产业布局和区域布局时，利用经济周期带来的机遇，通过收购加改建模式，中海工业迅速形成和扩大了修造船能力。从收购"中海普陀山"浮船坞到收购粤海长兴船务工程有限公司的股权，再到中海长兴修船基地，实现了修船产业的升级，适应了船舶大型化的发展趋势。从收购江都造船厂，融合现代造船理念，高起点、高标准建设中海江苏造船基地，形成成本优势和差异化优势，单坞"六船并造"、"六浮四出"，开创国内造船先河，在中国船舶工业行业的未来将处于举足轻重的地位。两大基地都实现了当年重组，当年建设，当年盈利。

近年来，中海长兴基地承担船舶的重大抢修工程，为长江航道的安全畅通提供保障。意大利轮"歌诗达经典"号因发生擦撞而大面积受创，他们经过两天三夜的艰苦鏖战，在75小时内圆满完成抢修任务，开创了长兴抢修豪华邮轮的先河，赢得了良好的社会声誉。世界最大集装箱船海上巨无霸"达飞卡瑞尔"轮海损抢修工程，修理难度高，修期紧，此类船舶海损抢修在上海地区尚无先例，轮船进坞后经过132小时的连续奋战，赢得了船方的高度评价。

中海工业服务于国家科考项目，参与神舟系列载人航天飞行任务，将"向阳红9号"轮增改装为我国大洋科考深潜实习母船。海洋工程以承接中海油基地的"长青号"浮体维修改造工程项目为标志，实现了零的突破；铝合金船舰制造和江海联运方兴未艾。中海工业形成了充满活力的五大发展板块，业务范围遍及世界100多个国家和地区。在"十二五"期间将进入稳健快速的发展轨道，实现"从航运的行业成功者向行业领先者转变，从经济增长向经济发展转变，从单一的速度指标向全面的和谐发展转变"，成为中国海运集团重要的陆岸支柱产业。

中国海运集团物流码头金融板块已步入快速发展期和收获期，

"十一五"期间，对集团利润的平均贡献率达 13.6%，其中物流业务累积利润 5.5 亿元，码头业务按权益吞吐量计 2010 年上升到第 9 位，金融业务累积利润 45 亿元，在应对金融危机冲击时发挥了巨大的作用，可谓方兴未艾，具有广阔的发展前景，是集团确定的发展重点。

中海物流创建了"金融 +N"发展模式，逐渐提炼出集装箱物流、工程项目物流、金融物流、仓储分拨等业务板块，将目标市场确定为经济高速发展和物流需求大幅增长的内陆地区、中西部地区，制定了中西部发展战略，关闭了一批经营不善的亏损网点，处理了 1000 多辆老旧集卡，不断提升企业价值链，引进 200 多名业务、管理人才，员工队伍素质大幅提升。

中海船务的船代业务由"为集团船舶服务"向"大客户大合作"转型，货代业务由"传统货代"向"项目开发经营"转型，空运业务由"操作为主"向"销售与操作并重"转型；通过优质的服务大力开拓公共船代市场，集团外船舶代理艘次就超过集团内船舶代理艘次，成功实现了向综合性公共代理转型；加强空运市场营销的同时，有效控制了公司的财务风险；育才多元化、选才多样化，现已形成平均年龄约 33 岁的一支有活力、年轻化、专业化的团队。

中海码头以集装箱码头为重点，不断优化国内、国际布局，已成为国内主要的集装箱码头投资管理企业之一；利用各种方式协助合资公司开展市场推介，大力引进新航线，积极开发新货源，促进合资公司增产增收；通过合资公司董事会运作，确保了合资码头经营效益稳步增长，促进了合资企业的持续健康发展；从制度上完善内控，加强员工专项业务培训和对青年业务骨干的培养使用，重点加强派出人员队伍建设，由我方出任合资公司总经理实现了突破。

中海财务充分利用金融牌照优势，为集团成员单位提供金融服务，为集团节省资金成本、进行产融结合发挥了重要作用；构建风控体系，确保合规稳健经营；完善公司全员绩效考核，优化人员配置，聘请专业咨询机构搭建人力资源体系。中海投资作为集团股权投资的重要操作平台，投资了烟台港、青岛双瑞、上海航运产业基金、中国交建等项目，还将加大对金融企业的投资力度；对于专业性较强的投资项目，专门聘请外部专业律师团队参与，有效降低投资风险。

中国海运远洋船队不断壮大，海外业务从小到大，从弱到强，从组建之初的"巩固沿海，发展远洋"，以拓展集装箱的海外业务开始了"走出去"的步伐。面对国际金融危机带来的严峻挑战，集团提出"五个转型"，明确提出从沿海到远洋、再进一步实施跨国经营的战略方向，明确提出成为全球行业领先者的转型目标，要求更高，视野更宽，步伐更大。中国海运现已初步成为在世界航运业有一定影响力的跨国经营集团公司，企业国际化程度不断提高，国际市场竞争能力日益增强；海外业务已成为集团新的利润增长点，进而推动了中国海运整体的做强做优，持续发展。

中国海运建立的两级投资管理构架组成的海外营销服务网络体系。通过整合及重组海外资产，理顺了集团对地区控股公司的投资管理关系，建立起海外公司的区域控股管理体制；同时，在网点空白地区加快组建新的区域控股公司和境外代理公司，采取合资形式组建代理公司，充分利用当地公司和员工的本土化优势，快速提升市场开拓能力并迅速形成营销服务网络。目前，集团已成立欧洲、北美、东南亚、西亚、香港、非洲六大控股公司，建成覆盖全球的营销服务网络，网络覆盖全球五大洲100余个国家和地区，形成400余个海外营销网点，形成了区域成片、全球联网的多级代理和业务体系。

中国海运海外业务拓展循序渐进，集装箱运输船队规模从1997年年底的15艘船、5000箱位起步，发展到跻身全球班轮公司前十，开设国际集装箱航线80余条，覆盖全球100多个国家，此乃海外公司生存与发展的基础。在以"船岸联动"为特征的结构调整背景下，开拓以海外现代物流业为主的相关产业，重点发展码头、集卡运输、供贸、船舶管理、船员劳务输出、金融等海外相关产业，使海外公司得以迅速发展，资产规模和营业收入迅速攀升至整个集团的近一半。

国际市场发展机遇多，但竞争激烈风险大，如果没有过硬的本领，难以立足立稳。中国海运建立健全境外管理规章制度，在海外企业管理、董事会运作、财务和资金管理、海外人员管理、海外薪酬管理等各方面，制定并不断完善一系列管理制度；通过规范境外企业董事会运作，加强对海外企业的监管和指导，加强海外经营的科学决策，加强风险防范，积极推进海外企业风险识别、监测、控制和化解机制，加强资金业务权限管理；加大检查力度，进一步完善逐级监管和内审责任制。同时，与银行合作，建立了全球现金管理系统（GCM），对海外资金的流转与调动进行严格的实时监控，控制了境外代理90%以上的账户，资金安全、规模优势和流转效率得到进一步加强。根据"四跨型"（跨地域、跨海域、跨国界、跨行业）企业的特点，积极探索复杂产权结构下的党建工作方式，大力加强海外企业领导班子和驻外干部队伍建设，成立了海外企业党工委，指导海外企业党建及思想政治工作。

结合精细化管理要求，中国海运重点抓好国际精品航线的经营和国际品牌的打造，坚持让"做大做强"立足于"做精做细"之上，把发展方式转型根植于管理方式转型之中。在"增一个点，节一吨油"活动中，努力使运费收入高于运价指数代表的市场平均点数水平，要加强同类型船舶、同样航线的对标，不断降低油耗，使节能减排再上一个新台阶。"十一五"以来，通过一系列精细化管理措施，中国海运在不断扩展国际航线的基础上，以确保国际班轮"准班率、装载率、客户满意率"为重点，培育了美东一线、欧洲七线、澳洲一线、中东线等多条国际精品航线，吸引了众多世界 500 强企业在精品航线签约。

此外，坚持打造国际经营绿色品牌，积极推广绿色船舶技术，抓好节能减排，积极参与海洋环境保护，确立了一个更值得信赖、更富有责任感的国际化品牌形象。例如，在投资美国洛杉矶码头上，率先引进了岸电技术以及防止光污染、噪声污染的新技术，使中海洛杉矶码头成为世界上第一个绿色码头。这也是当前航运市场处于低谷时期，控制经营成本，求生存、谋发展做到了未雨绸缪。

2012 年 2 月 16 日，正在美国访问的时任国家副主席习近平视察了中海洛杉矶码头，称赞中国海运这一领先的创举。李绍德董事长用一组酷似计算机原代码"10110"形象地概括了中海洛杉矶码头的独特价值，即洛杉矶码头合作组建 10 年，累计为美国联邦政府和当地政府上缴税收 1 亿美元，直接和间接创造就业机会 1 万个，船舶靠泊作业运用岸电技术，实现零污染和碳排放。

在中海集运总部，我见到精干略显瘦小的资深高级轮机长谢剑波。他有着 22 年党龄，拥有货、油、集各种船型丰富工作经历，曾荣获"金锚奖"。从领先担纲控成本、降油耗，节能减排，履行社会责任，走绿色低碳之路的那一刻起，他把经验化为智慧，把热情化作动力，把心血化为成果。谢老轨语调低沉，语速缓慢，仿佛与船舶主机从 50% 经济负荷，到 30%、20% 超低负荷运行的节奏融为一体。这绝不是简单一串递减数字。为了确保节油计量的准确，谢老轨们每天都会认真采集超低负荷运行的油耗数据，几万个数据还要靠手工汇总分析。出色的工作，使谢老轨的团队被集团誉为节能减排的"先行者"，数字递减的"导航仪"，科学统计的

"探索者"。截至 2013 年 3 月底，中海集运托管的 6 艘大型船舶实行 25% 超低负荷运行，自管的 41 艘大型集装箱船分别实行了 20% ~ 30% 超低负荷运行，与主机 50% 经济负荷运行相比，2010 年至 2013 年一季度共节约 62 万吨，开辟了一条低碳经济的航运发展的绿色之路。

在国际化经营过程中，中国海运重点强调商业模式创新，强调从船与船的竞争转向链与链的竞争，从班轮公司向航运物流企业转型升级，注重加强集装箱班轮航线两端的延伸服务，注重与国际大客户的战略合作以及国际班轮公司的战略联盟，注重增加直接客户的比重，注重加强全球价值链管理。其中，中国海运的欧洲集装箱卡车运输业务、美国及非洲的码头业务、香港及美国的航运金融业务等，都是在商业模式创新中发展起来的。

建设"百年中海"的企业愿景，是建设一流航运企业的远大目标，不管面临怎样的困难和变化都应矢志不移。根据外部环境变化，及时调整企业的发展路径和发展方式以变应变，中国海运正处于自高速成长期走向成熟期的拐点上，要想突破就要通过转型，创新商业模式、不断开拓市场、推升运价、增加收入，同时控制成本、压缩开支、提升竞争力。

集团以国际化视野，以"调结构、促转型"为主线，加快进行国际化业务的结构调整，调整船队结构使集装箱、油轮、干散货三大船队协调发展，调整船型结构，发展大型化、低碳化的国际远洋船舶，调整产业结构，加速发展海外物流码头产业，完善班轮全球转运体系，调整资本结构，借助香港国际航运和金融中心的优势，有效开展国际资本和资产营运，实现国际化生产与资本"双轮驱动"和"产融结合"。

培育具有国际竞争力的世界一流企业，是目前国家对中央企业的一项发展要求，也是中央企业"十二五"期间改革发展的核心目标。面对纷纭复杂的全球经济和国际市场的新形势、新挑战，中国海运以加快转变发展方式为主线，积极推动国际化经营和海外业务稳中求进，在"十二五"期间着力推动集团由跨国经营向跨国公司转变，力争进入世界 500 强的目标，这既是企业转型发展的核心目标，也是一项具有挑战性和探索性的系统工程。

通过与大型跨国公司对标，准确定位，寻找差距，提高全球资源的配置能力，形成"差异化经营、精细化化管理、规模化发展"的新模式。明确国际化经营方向，进一步开拓国际市场，通过"建造、购买、租赁、合作、收购"等多种有效途径，加快海外船队发展步伐；进一步优化国际航线布局，扩大国际航线区域，提高干线竞争能力，大力拓展第三国运输；抓紧建设覆盖全球的十大集装箱运输转运中心，并加快拓展与之相配套的集装箱支线运输、枢纽港码头、堆场、仓储、拖车、海铁联运等业务，推动多元化发展，不断提升国际市场竞争能力。

中国海运"走出去"，要想走得稳、走得快、走得好，要在"抓基础、强管理、控风险"九个字上下工夫。建立健全海外资产、产权、投资等各项管理制度，完善海外资产损失责任追究制度；从强化总部管理职能、优化管控模式、加强信息化建设着手，完善公司治理架构和集团股东监管体系，加强对海外企业重大财务事项、重要经营业务监控；建立有效的风险防范机制，建立和完善海外业务全面风险管理体系；在加强经营风险、财务风险、法律风险防控的同时，特别要做好安全风险防范和应急预案的制定工作。

实施国际化经营战略，要有国际化人才作保证，拓宽选人视野，不拘一格引进国际化人才。注重船岸员工的职业生涯规划，把"千人培训计划"落到实处，与国内外专业院校乃至国际名牌院校携手，创新培训模式，不断完善国际化人才库。对内立足集团党校和管理干部学院，对外拓展培训渠道，打破传统的闭门考试选才，要转变思路，按中央要求，面向实践、面向基层、面向群众，采取多种措施，加快"三大板块"领军人才，特别是大船、LNG 的高级船员、经营管理方面的国际化复合型人才的培养和培训。中海国际每年劳务派出收入过亿，劳务外派利润过千万。集团外劳务外派在船人数将在"十二五"前 3 年达到万人，向境外船东派员人数占我国海员外派总人数的 12%，在国内同行业中名列前茅。

信息化是现代企业经营管理的基础，是企业实现多元化、全球化的必要保障，是企业提升竞争力和控制风险的关键。在充分借鉴国内外先进企业信息化建设的成功经验的基础上，高起点地引进、消化、吸收。"诚信为本，创新为魂"是中海网络科技股份公司办公楼里最醒目的标语。2010 年 8 月，中海网络随着其控股股东上海船舶运输科学研究所并入中国海运，由此拉开了中海科技服务中海、进军航运信息化业务的序幕，成为中国海运信息化"新舰队"。

历程与业绩是艰辛而辉煌的，可是一向低调谦逊的中国海运只用"波澜不惊"来形容他们 15 年的不俗表现。只有用"中海定力"成长起来的中海人，能够做得绘声绘色，践行着央企的责任与使命，哪怕是微小的进步，都将成为他们迈向征途的基石，中海人把海洋运输这个看似枯燥的行

任启发 ◇ 直挂云帆济沧海

业经营的生机盎然。有所为，有所不为，这才是智者超前预见自己的长处与短处时，能够不受来自方方面面的诱惑，选准自己立足于社会经济生活的根本，这样才能在激烈的市场竞争中胜出。

海之魂：千枝万叶

在海浪上飞翔的海鸟是大海之魂，没有潮起潮落，没有风起云涌，大海的魅力将会消减殆尽。而一个企业，尤其是在市场低迷，茫无边际的迷雾一时无法消退时，支撑一个企业做到百年，做到一流的最为有价值的当属于企业文化。那么扛起中海改革发展巨纛的无疑属于海味十足的中海文化。要想真正地认识中海文化，可谓是千枝万叶。所谓千头万绪，总能从中理出一个经纬来；所谓纲举目张，认识一位被业界一致认可的代表性人物中国海运董事长李绍德，对于了解中海文化无疑可以提纲挈领。"睿智敏行，思路开阔，干练通达，极具儒商风范"，足以彰显李绍德作为一个管理者、一个航海人具有怎样的人格魅力。而媒体对于中海高管的印象也出奇的一致：他们很少在公共场合讲话，异常低调，无论是面对面还是电话采访都很亲切而且有耐心。因为李董事长在伦敦出席由 Seatrade 集团举办的第 25 届颁奖仪式，我没能采访到他本人。

Seatrade 在国际航运界享有盛名，自 1989 年起，每年举办 Seatrade 评奖与颁奖活动，表彰在国际海上安全、海上运输效能、海洋环境保护等方面作出突出贡献人士，也为业界知名人士、政府首脑搭建一个交流沟通与合作、创新的平台。从此次授予李绍德董事长"终身成就奖"的颁奖词中，我们不难看出李绍德先生与中国海运集团在国际航运界的地位：该获奖者是本世纪其所在国和全球航运界的领军人物，他拥有长远的战略眼光、丰富的管理经验和智慧；多年来，在他的领导下，他的公司规模迅速扩大，竞争力大大提高；特别是金融危机以来，他以稳健务实的战略风格，领导公司取得了稳定的盈利。数十年来，李绍德先生奉献于中国和全球航运事业，他致力于不断提升航运企业的管理水平，对上海成为国际航运中心发挥积极的促进作用，也为中国船员事业的发展作出突出贡献。

李绍德在发表获奖感言时，以一贯谦虚的作风，仅用三个词汇回应：感谢，感悟，感奋。这看似普通的词汇，却包含着极为丰富的内涵。此前，在《劳氏日报》发布的"2012全球航运界百位最具影响力人物"有16位华人。李绍德第三次入选，名列第六位、华人第二位（第一位是中国交通运输部副部长徐祖远）。《航运交易公报》充分肯定了中国海运对市场低潮的适应能力，称"中国海运的强劲表现证明他（李绍德）堪当此誉"。

普通的船长与海员，都在为中海文化的积淀默默无闻地奉献着自己的青春与生命。中海文化崇尚勤劳、崇尚奉献、崇尚智慧、崇尚勇敢、崇尚创新，视进取为天则的中海人特有的优良传统与优良品质，一以贯之的中海精神与作风一脉相承。在采访中，我多次听到"小扁担"的故事。全国劳动模范、"全国双百人物"杨怀远一生都与大海紧密相连，海轮上下，并不宽厚的肩膀上，一条弯弯的扁担，穿梭于旅客中间。在集团公司展示厅，有一根小小的扁担，密密麻麻刻着60多位中外旅客的赞叹。杨怀远曾说过："我从60年代初挑到90年代末，从计划经济挑到市场经济，从胶州湾到渤海湾又挑到珠江口，从蒸汽船挑到内燃机船。"无论酷暑严寒，时空在变，肩上的扁担直了弯，弯了断，但是杨怀远为人民服务的赤子之心从未改变。仅在沪港客轮6年多时间里，他挑担超过1.2万担，磨破了四五件"的确良衬衫"。临退休，有领导给他算了笔账，杨怀远有1336个星期日没有休息过，38年用了47条扁担。

今年是毛泽东主席"向雷锋同志学习"题词发表50周年，集团团委举办"青春起航"中海青年论坛，号召青年团员传承和弘扬雷锋精神，学习海运战线上的老劳模杨怀远全心全意为人民服务的"小扁担精神"。从中海青年身上，我们感觉到一种巨大的精神正能量在传递着，越来越多的人成为"小扁担精神"的信仰者与忠诚实践者，秉承心系人民、心系社会的情怀，在平凡岗位做精做细，擦亮中海金字招牌，打造中海软实力，凝聚成中海文脉。集团直属党委开展的"传承杨怀远小扁担精神，铸造新时期中海文化"系列活动，将学习小扁担精神与为民服务务实廉洁群众路线教育相结合，与集团推进深化管理提升活动密切结合，培育新时期杨怀远式的先进典型，不断丰富和完善新时期的中海文化，凝心聚力，用每一个员工肩上的"小扁担"，共同挑起集团应对当前航运低迷的挑战、转型发展的"大扁担"，为进军世界500强和建设"百年中海，世界一流"共同努力。

正是小扁担精神的激励，才有了2008年冰雪灾害时，为了避免果农的损失想到用集装箱抢运柑橘的创举；才有了职工个人捐款额之最的老干部豆功亚把积蓄着近10年的稿费捐给洪涝受灾地区义举；才有了上海海运离休干部黄文澄的三十载的行善路，他帮助过的学生，如今也开始传递着正能量，力所能及帮助他人。等等。

这些累积起来的爱心在爱的接力赛中，经过无数人的传递，汇成了朵朵浪花，从大海深处飘向彩云之南。中国海运帮扶新疆柯坪、云南永德的实践之路、探索之路，持续时间之长，效果之显著，给当地人们带来的福祉之深广，铭刻的是央企承担社会责任的勇于担当与善于担当，涌起的是中海人凝聚正能量的爱心大潮，格外引人注目。

云南永德县可耕地有限、产业基础薄弱，去那里真正要走九十九道弯。国务院国资委指定中国海运对口帮扶永德，自2006年中国海运开始帮扶工作，使得永德的教育、经济等方面有了长足发展，为央企履行社会责任探索出一条可资借鉴的中海帮扶模式。7年来，中国海运集团在实践中探索了项目扶贫、技术扶贫、智力扶贫等多种多样的帮扶新路，先后投入帮扶资金近1800万元，项目受益1.6万多人，使永德在教育事业、基础设施、产业发展、新家园建设等诸多方面都有了极大的改善，帮扶的经济效益与社会效益日渐凸显，逐步形成了中海在永德的社会扶助项目品牌。用永德县扶贫办主任武文军的话说："中海是做实事不图虚名，至今中海没有在任何一所受资助的学校挂过名，在永德帮扶的学校都是最贫困的，而且是在同等贫困的条件下，改变最大最快的。'致富带头人'、核桃、澳洲坚果种植等产业项目及相关技术培训，沟渠灌溉、人饮工程建设，以及在永德定点招聘海员等，做的都是惠民惠农惠人的实在事。"

教育帮扶成为集团对口帮扶永德参与面最广、参与人员最多的项目。中海集运为对口帮扶学校建设响应的配套设施、选派挂职干部和支教老师、成立帮扶永德志愿者服务队、组织永德师生代表走出大山参观培训，不断拓展帮扶内涵。中海散运团工委开展一对一帮扶永德失学孩子活动。中海船务每年向永德县捐赠大批的书籍、电脑、文具等教育用品。中海电信与永德县的30名学生结对助学活动。中海财务员工捐款捐物……帮扶接力棒在中海大家庭永不停歇。截至目前，中国海运集团已派出14名年轻干部在永德挂职，用好每一笔帮扶资金和每一批捐助物资，被誉为"一年永德行，一世中海情"。中海品牌的内涵也在帮扶中得到拓展和延伸，厦门森威达物流有限公司、安腾科技有限公司、英利集团等合作客户深度参与其中，为援建学校捐赠学习用品、鞋袜，为当地捐赠太阳能路灯等，把"接力爱心，传递梦想"做得有声有色。

此外，中国海运自 2005 年起就对口支援国家级贫困县新疆柯坪县，先后实施了"中海村"抗震安居房工程、柯坪中海万亩节水滴灌示范园、调蓄沉砂池、教育园区建设、干部培训、实用农业技术培训等一批援助项目。截至 2012 年年底，累计向柯坪县无偿援助项目资金 5000 余万元。

在中海有很多高管的名片上，都会郑重地将船长的头衔放在单位的职务之上，一位有着驾驶十几万吨巨轮，航行过世界各地的船长向我道出个中原因。在航海界，拥有船长的头衔无比尊崇，只有经历十几二十几年的航海生涯，并且驾驶过一定吨位的船舶，有着行驶了一定海里的海上航行经验，才能拥有这个头衔。只是今天，对于这份荣耀少了些许的理解与尊重。从他低缓深沉的语速中，我感到一种强烈的震撼，他们可以从一个健谈、阳光的大男孩，历经种种狂风巨浪，在远离家人，远离人群，远离社会的大海上，一路颠簸，从船员一步步成长为一名巨型船舶的船长，缺乏交流与沟通，每天面对广阔的大海，面对二十几个熟悉的面孔，肚子里的故事再多也无法产生新鲜感，一种倦怠疏懒像纠缠着你。社会的高度认可显得尤为可贵，只有把海员的收入提高到与之职业风险相当的水平，才能留住更好的船长与海员航行在万里海洋上。

当我来到"未来的船长从这里起航"的上海海事职业技术学院，敬意油然而生。海事学院的楼群仅有城里一般中学那么大，楼房也朴素得出奇，但是"创新、挑战、奋发、成才"的校训赫然悬挂在教学楼上，整齐的海员着装，半军事化的管理，使得这里处处洋溢着激情与豪迈。在会议室，我看到院长孙琦、党委书记孙欣欣谈到学院的历史和现状时充满了激情和创造奇迹的渴望。经历了半个世纪的风风雨雨，学院显得异常厚重，特色办学理念，走内涵发展之路，成为首批获得国际海事组织认可的航海院校，在国内外有着良好的声誉和形象，从这里走出来的船长与海员，航迹遍于世界烟波浩渺的海洋。

而被誉为"海上移动校园"育明轮，才真的可以成为"航海梦开始的地方"。2012 年 12 月 12 日，由中国海运江苏造船基地承建的 48000 吨世界最大远洋教学实习船育明轮正式命名起航。育明轮是当今世界最大、最先进的远洋教学实习船，集航运教学、科研以及货物运输为一体，设施配备先进，功能齐全，可供160名学生进行海上实习。首批参观实习船的上海海事大学一名学生在登轮后的第一感受："首先映入我眼帘的是一个螺旋直通式楼梯，简约而又明亮。学生宿舍温馨的家具颜色、舒适的床位摆放、方便整洁的独立卫浴、长廊间艺术感十足的壁画、室外宽敞的足球场……"作为世界首创，育明轮最为独到的之处在于她拥有可以自由切换的两个驾驶台，一旦学生操作过程中遇到问题，便会自动切换到上层的驾驶台。育明轮是校企合作的典范，积极参与上海国际航运中心建设标志性成果，凸显了中国海运作为国有特大型航运企业的长远战略眼光和航运界领头企业的责任意识。

面对后金融危机时代航运市场的长期萧条，如何应对越来越严峻的挑战，如何在动荡环境下实现平稳发展，这是一道决定企业生死存亡的战略性难题。成立以来，经历一次次市场惊涛骇浪而处变不惊的中海人经过深入思考后提出：在与危机的角力和艰苦博弈中，必须敢于担当，敢于碰硬，敢于破难，敢于亮剑；一次大的经济危机必然催生大的变革与大的创新，只有坚持创新，积极创新，立足当前，着眼长远，统筹兼顾，全面推进，集思广益，拓宽战略视野，实现逆境突围，适应市场变化，实施二次转型。以"百年中海、世界一流"的企业愿景为动力，以扎实开展群众路线教育实践活动为契机，乘着"打造中国经济'升级版'"的长风，在新的历史发展机遇里，在波涛汹涌的市场大潮中，"持续发展、稳健经营"，在风云变幻、吉凶莫测的海洋劈波斩浪，将"中海愿景"融入中国梦，顺应时代潮流，以"中海作风"打造"中海队伍"，"中海事业"必将在"中海航程"中实现进军世界500强，成就"百年中海，世界一流"的梦想，为中国海运集团打造出一片新的发展天地。

让我们再一次倾听《我和祖国一起远航》："心随海鸥翱翔 情系巨轮乘风破浪 / 人生无悔青春闪光 跨越碧海茫茫 / 我和祖国一起远航 托起希望的太阳 希望的太阳 / 啊 中海 中海 我的一叶神州 / 中海 中海 中国海运的脊梁 / 我爱你地久天长 地久天长 / 我为你再创辉煌 再创辉煌……"

雄鹰翱翔天地间

—— 深圳市中金岭南有色金属股份有限公司国际化战略掠影

陈贵信

2008 年底，由美国金融大亨始作俑引发的次贷危机及金融海啸在全球许多国家登陆，"是华尔街金融大鳄的贪婪绑架了我们！"全世界的 CEO 们无不怨声载道。

就在海内外老板们愁肠满腹，一筹莫展的哀怨声中，深圳市中金岭南有色金属股份有限公司却是另一番景象，上万名员工全都按部就班地工作着，履行着各自的使命。总裁张水鉴似乎是任凭风浪起，稳坐钓鱼船。这位睿智当家人，一边从容不迫地指挥着日常生产和经营，一边随时洞察着风向，机会一旦到来，便带领员工迅速出击。他胸有成竹。

中金岭南真的会有一番不俗作为吗？许多人打着问号。

怀抱利器，蓄势待发，在危机中等待机遇

其实，张水鉴总裁并没有姜太公那般优哉游哉，面对金融海啸，他在认真思考近十年来中金岭南走过的路，从曲折跌宕的历程中，沉淀出中金岭南人的经验和智慧，谋划着怎样把危机变成机遇，把巨大的损失变成巨额盈利，创出一条中金岭南特色之路。

2006 年，时任广东省省长黄华华视察中金岭南时提出了"打造千亿企业"的目标。从那时起，中金岭南一直把这个目标作为发展方向，并进一步提出要做"中国有色中坚，世界铅锌巨子"，还把这两句话与"做不到，没有理由"的企业核心价值观庄重地镌刻在中金岭南大厦的文化墙上。

要实现已定位的方向和目标，得有相应的经营方略。中金岭南领导班

子清醒认识到，国内储量大、品位高的铅锌矿藏有限，如囿于国内原料供应，企业永远做不大。张水鉴提出，中金岭南要做大做强，就必须加强海外开发。因此公司形成一个理念：中金岭南人的眼光一定要面向全世界，一定要走出去，要到国外去掌控资源。于是，将公司打造成具有国际竞争力的跨国企业，成了中金岭南人的梦想。

可实现这个梦想谈何容易！

"我们在金融危机之前也做过一些尝试，实习式的尝试，但是都没有成功"。张水鉴说，"当然，最初的跃跃欲试，步伐很稳健，步步为营。"

那是2008年初，中金岭南与印度尼西亚安塔公司合作，发起对澳大利亚上市公司先驱公司的全面要约收购。中金岭南以高度的理性和严谨，精心制定每次对抗性出价的策略。

先驱公司已探明铅锌储量为360万吨，为了获得其48%的股权，中金岭南需要支付20亿元人民币。其时，竞争对手布米公司与中金岭南展开长达三个月的竞价对垒，屡次抬高要约收购价，中金岭南从每股2.50澳元、2.65澳元、2.80澳元一路对抗下来。最后布米公司将要约收购价每股提高到2.85澳元，如果继续跟着对手往上加价，那就超过了中金岭南的红线。坐镇深圳总部的张水鉴断然决定退出竞价。张水鉴说，毕竟在紧要关头我们保持了理智，没有无休止地把价格加上去。一个公司经营失败可以换人，但投资失败那问题就严重了。

收购没有实现，失败了。竞争对手庆幸，国外某些媒体在嘲讽，业内有些人也惋惜。但张水鉴则认为这只是"理智地失败了，我们没有损失什么，也有所得的"。通过并购实践，中金岭南积累了经验，锻炼了队伍，公司的实力得到提升，在国际上树立了良好形象，显示了中金岭南获取海外资源的决心和实施海外开发战略的信念，这些将在未来的决策中发挥重要的作用。

事实上，这是一次战略性退出，看似简单的结局背后蕴含着取舍的智慧、权衡的谋略，特别是中金岭南躲过了一次当"冤大头"的风险。

类似的尝试还有几次。

此前，中金岭南在国内收购了广西武宣县盘龙铅锌矿55%的股权，后来收购北方国际西林铝业公司，则是全面成功的案例。

总结几次国内外收购的经验和教训，将其升华为自己的智慧和谋略，处于经济危机漩涡中的张水鉴，正如独坐中军帐的诸葛亮，他在等待着时机。

审时度势，闪电再造，尽显海外并购大手笔

2008 年 10 月，金融海啸席卷而至，金属价格纷纷暴跌，形势异常严峻，中金岭南的经营陷入困境。

欲传春消息，不怕雪里藏。以张水鉴总裁为首的中金岭南领导班子认真分析研究形势，要求大家不要悲观，要稳住阵脚。遭遇寒流，陷于困境，说不定是种机遇。一定要审时度势，果断应对。全体员工要紧急行动起来，在思想和行动上保持高度一致，全力以赴投入这场不见硝烟的战斗。

张水鉴说，在危难局面下一定要做到六个字："稳住、顶住、抓住"。"稳住"，就是要临危不乱，稳住生产经营；"顶住"，就是要不畏艰难，顶住巨大压力；"抓住"，就是要抓住难得机遇，利用稍纵即逝的机会，实现新的发展。

张水鉴和他的智囊团面向全世界睁大着眼睛。他们分析，全球外汇市场的变化有可能使战略性投资更具吸引力，投资机会将很快显现，中金岭南应敏锐地捕捉和把握。

2008 年 11 月初，机会似乎来了！澳大利亚的佩利雅公司向中金岭南频送"秋波"。

佩利雅公司是澳大利亚上市公司，主要从事矿产资源的勘探与开采。佩利雅公司拥有的主要矿山包括：新南威尔士布罗肯山地区的铅锌银矿、南澳大利亚的弗林德斯的高品位硅酸锌氧化矿、昆士兰的铜钴矿。这三个矿山的金属储量大、品位高，而且易采易选，属世界级矿山资源。佩利雅公司目前拥有铅锌资源总量金属 320 万吨，并拥有多个探矿权，资源潜力很大，生产能力为年产铅锌精矿金属量 28 万吨，是全球前 20 大锌矿和前 10 大铅矿生产商。

金融危机发生后，该公司出现了资金困难，为了补充流动资金，以应对铅锌市场低迷的状况，佩利雅公司决定进行定向增发。而当时澳大利亚 CBH 公司则希望通过换股形式取得佩利雅公司的控制权。为了反击 CBH 霸道行径，佩利雅公司找到了中国的中金岭南。佩利雅公司认为中金岭南在同业经营能力、经济实力、管理水平等方面具有显著的优势，于是主动

提出与中金岭南合作，意向是中金岭南通过定向配售方式成为其控股股东。

天赐良机，必须抓住，且应兵贵神速！中金岭南迅速建立了快速反应和决策机制，遵循国际市场并购规律和澳大利亚的市场规范，做出果断决策，迅即派出一支精干团队出征澳大利亚。从 2008 年 11 月 15 日开始，虽时跨外国圣诞、新年和中国春节，将士们并未心有旁骛和丝毫懈怠，环环紧扣谈判的每一步骤和细节，随机应变，步步紧逼竞争对手的软肋。经过缜密工作，艰苦努力，历时 81 天，终于在 2009 年 2 月 5 日，双方达成收购价格，完成收购澳大利亚佩利雅公司 50.1% 的股权。

可是竞争对手 CBH 公司岂肯甘拜下风！期间，他们聘请的律师多次向澳大利亚的证券委员会、交易所、国家并购审判委员会申告，千方百计阻挠此项收购案的实施。最后，竞争对手将换股方案改为"4.2 股 CHB 股票换 1 股佩利雅公司股票"，但这一切都徒劳的！佩利雅公司股东大会最终还是选择了中金岭南的现金收购方案。

中金岭南通过其在香港设立的全资子公司，以每股 0.23 澳元的价格，认购佩利雅公司定向配售的股票，从而持有了佩利雅公司 50.1% 的股权。总投资约为 4500 万澳元，约合人民币 2 亿元，而中金岭南已拥有了佩利雅公司 50.1% 的股权，实际上只花了 1 亿元就获得了优质资源，仅是那次退出的对先驱公司收购价格的二十分之一。中金岭南巧妙地实现了用最经济的资金，"撬动"了一个海外大型矿业企业，成为中国有色金属行业首家绝对控股收购发达国家资源的企业。

令人惊讶的是，如此非凡之举，中金岭南并没有请任何中介机构，完全靠自身的力量完成了对佩利雅公司的收购。

张水鉴说，中金岭南收购了优质矿山资源，未来的发展前景有了很多想象的空间。从资源储量看，中金岭南凡口矿的储量是 400 多万吨，而佩利雅公司的探明储量为 320 万吨，但其潜在储量可能比凡口矿还大，同时还有两个潜在的待开发的铜矿，保守估计，控股佩利雅公司将为中金岭南解决未来三十年以上的资源问题。

更何况，故事尚没有完结，之后，中金岭南参与佩利雅公司的配股，对佩利雅公司的战略持股比例提高至澳大利亚政府准许的最高比例，这进一步增强了中金岭南对佩利雅公司金属资源的控制力度，大大提升了中金岭南的实力。

有评论说这几乎是零成本收购，太传奇了！这等于再造了一个中金岭南！让人有一种"以一粒芝麻换一个西瓜"的感觉。自然引发大家的一种假设：假如第一次完成了对先驱公司收购，现在会是一个什么样的局面？抛出去几十亿，还会有这次收购吗？

张水鉴说，如果第一次收购实施了，现在就没这个能力买更便宜更大的佩利雅公司。作为决策者，承受的压力也要更多更大。现在买来的资源价格是以前的二十分之一。这么说，中金岭南还是有点福气的。

当然这不是偶然的，也不单单是运气，之所以经历了前番失败还敢再举收购大旗，纵横捭阖于国际舞台，主要还是得益于先前的经验和蓄势待发的战略准备。

金融危机以不可遏制之势在全球爆发，全球相当多铅锌矿山生产处于亏损状态，经营难以为继，价值被严重低估，这便给了有充分战略准备、资金充裕、等待机遇的中金岭南大好机会，适时出击，一举实现了预期战略目标。

总结这次经验，张水鉴说主要有三点：一是有逆势飞扬的豪气，核心是一个"敢"字：敢于攻坚，敢于担当，敢于实践。二是有当机立断的作风，突出一个"快"字，抓住机会，当机立断，才能争取主动。面对稍纵即逝的机会，如果明事迟、反应慢，优柔寡断，行动不及时，只能坐失良机。三是苦练内功，坚定不移地贯彻落实科学发展观。如此，才能打破常规，创新思路，千方百计提高企业发展后劲，增强可持续发展能力。

张水鉴说，这次金融危机意味着行业版图的大调整，如果我们没能抓住机会，没有大作为，我们这个领导团队就是中金岭南的罪人。

快马加鞭，再传捷报，实现多金属国际化转型

山，快马加鞭未下鞍。惊回首，离天三尺三。中金岭南挺进澳大利亚马到成功的消息，迅速传遍地球的每个角落。人们看到在金融危机狂潮爆发和蔓延时，不论是华尔街，还是硅谷，都黯然无光，真是黑云压城城欲摧。而唯有地处中国深圳的中金岭南，风景这边独好。

并购佩利雅公司这精彩一笔，使中金岭南和张水鉴总裁一时成为明星，各路记者纷至沓来，诸多媒体和业界迅速作出热评：新华社认为"这对于中国企业拓展海外资源开发模式具有很大意义"；《人民日报》称"中金岭南成

为中国有色金属行业首家以绝对控股方式收购发达国家资源的企业";《中国证券报》形容"中金岭南三个月闪电再造";《参考消息》称"该起收购为其他中国公司开创了一个先例";美国《哈佛商业评论》揭晓的"中国上市公司卓越50人",张水鉴总裁位列第18位,其评语称:"中金岭南取得的不俗业绩不仅源于张水鉴对内的管理创新,更得益于他一直努力推动资源战略和国际化战略"。同时,这一被称作经典的案例被哈佛大学选入其MBA教材。

面对多家媒体和记者,张水鉴畅谈这次收购的感悟。他说,由于公司有个"一定要走出去"总的指导思想和战略目标,所以公司始终盯着做这个事情。俗话说,机会往往留给有准备的人。金融危机就给了中金岭南这样一个机会。现在看金融危机中"走出去"的企业,很多都是失败的,不成功的。机会来了,别人也做了,但他们没准备好;而中金岭南呢,早就准备好了,而且打了好几次草稿,有过几次历练。怎么去并购,应该注意些什么,中金岭南比别人准备得充分,所以完成了几乎是零成本的收购。或者说,以零成本再造了一个中金岭南,在国内、国外影响比较大。因为这个案例只有在特定时期、特定条件下抓住特定机遇,做出的特定事情。因为有很多条件重叠在一起,我们抓住了,迅速出击,促成了这件事。如果不是81天完成,而是91天、101天,那就是一个不可能的事情。当然,中金岭南有一个优秀的团队,有这方面的人才,他们秉承"做不到,没有理由"的企业精神,必须自己做,必须做到。

成功收购佩利雅公司,诚然是中金岭南的精彩一笔,但只是中金岭南"走出去"的第一步,是个良好的开端,公司决计要乘胜扩大战果,朝着既定的战略目标前进。

2010年12月10日,中金岭南再显海外并购大手笔,利用所控股的澳大利亚佩利雅公司的地域优势,作为进一步在全球获取资源的平台,继续向海外扩张,总投资12亿元人民币收购了加拿大全球星矿业公司100%的股权,从而在北美洲新增了铜、金、银、镍、锂等有色金属资源,使中金岭南的生产领域拓展到铜、金等产品。

2010年11月2日,中金岭南与世界铅锌业巨头加拿大泰克公司开始了战略合作,签署了爱尔兰波利纳拉克铅锌矿藏合作勘探协议,在这个欧洲铅锌矿藏最丰富的国家拥有10个勘探权,实现了向欧洲市场的战略拓展。

资源是有色金属行业的命脉，谁掌握了资源谁就掌握了未来的话语权。从此，中金岭南在澳洲和南美洲这两个世界矿藏资源最丰富的地区建立起了平台，打造了更大步向海外资源拓展的"孵化器"和"桥头堡"。

这些业绩表明中金岭南已经实现了根本转型，即：由国内公众公司向国际化经营公司战略的转变；由传统产业型企业向现代文化型企业变革；由传统管理型向创新型管控模式变革。至此，中金岭南的产业布局发生了根本变化，金属品种更加丰富，成为国际上有影响力的跨国公司，朝"做中国有色中坚，世界矿业巨子"的战略目标前进了一大步。

2012年，在以"海外员工、海外资产以及海外收入所占比例"为指标的"中国100大跨国公司跨国指数"评比中，中金岭南位列第九，同时还被评为深圳市"走出去"十大先锋企业之一。这是对中金岭南实施国际化战略所取得成绩的充分肯定，是中金岭南大力加强国际化经营的结果，标志着中金岭南已完成了多金属国际化战略转型，开创了利用海外开发平台收购全球资源的新模式，有利于进一步推进国际化经营，提升公司的资源储备，提高可持续发展能力。

人们欣喜地看到，一个高擎着"面向全世界，走出去"战略旗帜的中金岭南，正大踏步向前迈进。

整合管理，尽显睿智，开拓海外并购成功之路

几乎以零成本完成对佩利雅公司的收购，大多数人认为已经成功了，可以庆贺了，可以干杯了。但张水鉴总裁却不以为然，他说这仅仅是第一步。

张水鉴说，国际并购这个问题，大家可能认识上不一样，几乎所有人都认为完成股权收购就是大功告成了。当然在一般概念上也可以这样说。但我认为这不是很全面。所谓并购其实主要有两个阶段，第一阶段叫财务操纵；第二阶段是整合。许多人只单纯的认为并购就是财务操纵，拿多少钱买了多少股份，就是并购成功了。实际上这个还不能叫成功，只能说是刚刚开始。瞬间发生的财务操纵，很简单。但真正难的问题是在第二阶段——整合。这个过程并不简单，我们已经整合了四年多的时间。

首先文化要渗透，中金岭南的海外企业也要进行中金岭南文化宣贯，他们也升起中金岭南的旗帜，他们也要宣誓：做不到，没有理由。中金岭

陈贵信 ◇ 雄鹰翱翔天地间

| 211 |

南的企业精神已深深融入到海外员工的血液中。

除了文化整合，还要流程整合，但是这个流程整合，习惯的做法是我们派一些人过去，我们控股了嘛，我们的企业了嘛，应该由我们来管理。如果这样做肯定不行，一定要用当地人，要当地的管理团队来帮你做事。但只是这样还是不行，往往会产生一个问题：就是你不放心，就是控制力的问题。作为一个企业来说，如果你的控制力很弱，什么管理都将是失败的。所以既要调动当地企业的积极性，同时还要有控制力。这是公司的一种能力或者制衡，很重要。

中金岭南的做法，并不是派大量人去，而是尽可能利用董事会的权力，佩利雅公司共有6名董事，张水鉴是董事长。按照澳大利亚的法律，当投票相等的情况下，董事长有权再投一票，这就形成了4票对3票。CEO就是CEO，他只干事，只执行董事会的决定。佩利雅公司的董事会每月召开一次，CEO在这个会上汇报上个月的工作，然后董事会安排下个月的事。

张水鉴说，你若给CEO无限的权力，就不对了，你就不能控制他了，这不是一个好的企业管理模式。好的企业管理模式应该是一个法制的，而不是我相信谁不相信谁的问题，这是公司的制度。是谁都必须遵守的，不按流程走肯定不行，你的管理就要失控。

为了运营好海内外企业，使其发挥出最好的效益，并借机提升公司国内部分的经营水平，自2009年开始，中金岭南全面加强精细化管理，明确以"制度、数据和流程"为建设目标，对标国际最好的企业。到2012年，公司又提出精细化管理的新要求，明确推行以"持续自我完善，对标国际一流"为目标的"标杆管理"，作为新时期优化管理流程、提升国际竞争力的重要途径。这样一来，对佩利雅公司的管理，就不是一个个案了，它自然融入中金岭南的整体运营管理流程中。通过不懈努力，现在中金岭南的精细化管理迈上了新台阶，具备了和国际同业对标的管理水平，达到了提高总体竞争力的目标。

张水鉴总结说，这应是中国企业走出去后的一种管理模式。中金岭南在并购，特别是尔后的整合、管理和运营上，可以说探索出了一条独特的路，走得比较顺畅，比较健康。这是不是算是成功了？四年多了，也显现了好的经济效益和发展成绩，张水鉴说，让业界去评判吧。

文化领先，战略制胜，一切皆有可能

"走进山水之间，我感慨大地的富有；挽紧同伴的手，我感到贴心的暖流；回首如歌岁月，我感受传承的深厚；放眼四海天地，我感悟不懈的追求……中金岭南向前走，做不到，没有理由。"在广东省企业之歌大赛赛场上，在广东省第四届企业文化节上，这首充满激情的《中金岭南之歌》，以昂扬的旋律，豪迈的气势，震撼了全场观众。歌声唱出了中金岭南"做不到，没有理由"的核心价值观。其深刻文化内涵也随着歌声在更广阔的空间传扬。

"做不到，没有理由"的企业文化核心价值观，是中金岭南人创造力的源头，是企业长远发展的基因，是一种责任，更是一种追求。如今，"做不到，没有理由"的企业精神已经深入人心，形成一种自觉的文化认同，构筑起共同的价值理念和行为准则。

"做不到，没有理由"的最初倡导者张水鉴说，提出企业文化的核心价值观，并不是随意而为，而是寻寻觅觅、苦苦思索的结果。

古之将帅就有"用兵之法，教戒为先"，张水鉴也要寻找一种思想理念，去统一全体员工的思想和行动，是一种大家都认同和拥护，并自觉地去实践、去行动的一种思想理念。

他说，这方面全世界许多大企业都有成功案例，他很感兴趣，也很留意，或者说认真研究了他们的做法，其中包括美国西点军校，他们的校训就是"没有什么是不可能的"。

中金岭南的发展不是一朝一夕完成的，它经历了"创业维艰—分立上市—资产重组—走出低迷—跨越发展"这一渐进轨迹。历代中金岭南人，都有那么一种风格和骨气，就是锐意进取，敢于创新，把常人想做而做不到的事情努力做到，而且做得最好，一步一步把企业推向高峰。这种在企业图生存、求发展的环境中形成的核心价值观，是中金岭南优良传统的结晶，是维系企业生存发展的精神支柱，集中体现了中金岭南人独特的、鲜明的经营思想和个性风格，是公司最宝贵的精神财富。张水鉴把这种精神积淀凝结、升华为企业文化，就是"做不到，没有理由"。这就赋予它传递企业绵延发展、承载企业创新未来的光荣使命。

张水鉴说，十一届三中全会，拨乱反正，确立了实事求是的思想。实事求是当时在中国起了决定性作用，是改变中国人民命运的转折点。我认为我们企业也是这样。"做不到，没有理由"，要求办每一件事情都要实实在在。他办成或办不成，叫他回来汇报，办成了他会讲一百个理由，办不成他也会讲一百个理由，那他的精力放在什么地方呢？不在办事上，而放在找理由上去了。如果这样的话，我不跟他讲理由，我来给你评断：理由我不想听，你千万不要在这方面动脑筋了！你总在我面前说办不成的理由，意味着你不能胜任这个工作。如果许多人都去敷衍，都去找什么理由了，那这个企业就不要搞了。

所以在这种思考下，我们提出"做不到，没有理由"的理念。一开始提时是很小心的，在大、小会议上说，过了一段时间，大家慢慢接受了，统一认识了。再后来我们又不断推进到班组，全体员工都要参加企业文化宣誓，以誓明志，包括外籍员工。

"做不到，没有理由"是一种责任，更是一种追求。随着现代市场经济的发展，企业间的竞争已经由简单的产品竞争向企业管理、企业文化竞争转移。中金岭南人认为没有文化的企业尽管可以红火一时，却不可能成为百年老店。用文化来支撑企业做强做大，凸显企业的社会形象，是中金岭南始终不渝的追求。

正是"做不到，没有理由"企业文化的深入和引领，在中金岭南呈现出一种"阳光现象"。

国务院国资委领导充分肯定了中金岭南的成绩，认为中金岭南的改革与发展走在了国企的前列，其独特的"阳光现象"，值得广泛关注。走进中金岭南，让人感到企业内部非常和谐、团结，有一种阳光般的感受，体现出一种健康进取、愉快合作的企业文化氛围。

"阳光现象"使权力在阳光下运行、财富在阳光下创造、效率在阳光下提高、理想在阳光下实现，以此持续实现企业良好的经济效益和社会效益。

国务院国资委领导指出，"阳光现象"是中金岭南改革与发展中孕育出来的宝贵精神财富，其内核在于传承和凝聚了独特的企业文化。当今，靠某个诀窍把企业做好的时代已经过去了，企业的管理之道也已没有什么秘密可言，苦练内功才是诀窍，最后拼的就是文化。中金岭南的特点就在于打造了富有特色的企业文化和企业精神。

中金岭南"做不到，没有理由"的核心价值观，深刻影响着企业的制度体系、价值体系、能力体系的发育与构建，是一种群体淬炼和提升。中金岭南之所以能在阳光之路上加速前行，主要得益于构筑了科学规范的治理结构、凝铸了质朴而高尚的企业文化、承担了义不容辞的社会责任，这即是中金岭南"阳光现象"形成的本源。

雄鹰展翅，扶摇直上，中金岭南之梦将更辉煌

回首中金岭南走过的路，面对未来国内、国际经营环境和经济走势，近日，中金岭南对"做不到，没有理由"核心价值观进行全方位总结和研究，提出以鹰的形象作为企业的精神象征和文化图腾，打造以"做不到，没有理由"为核心价值观的"鹰文化"，使中金岭南的核心价值观在实践和传承中进一步充实、提炼和升华。

鹰是生活在深山老林中的动物，恶劣的自然条件造就了鹰坚韧不拔、自强不息的习性。中金岭南几十年的发展历程处处体现了鹰所具有的不言败、不放弃、拼搏向上、勇于探索的精神。中金岭南每一次在困境中的奋争，每一次挑战极限的义无反顾，无不体现出鹰的特质。在核心价值观的升华中，文化血脉连绵不断，薪火相传。

"鹰文化"深刻诠释了"做不到，没有理由"的核心价值观，生动概括了中金岭南人勇于追求、舍我其谁的顽强品格，准确体现了中金岭南人的精神特质，主要体现在：

高境界——雄鹰搏击长空，追求高远，具有广阔的视野和顽强的攫取精神。中金岭南也是如此，始终以独特的核心价值观为根本动力，放眼寰宇，以资源为依托，实施全球化布局，努力向着更高、更远的方向迈进。

高精度——眼光独到、处变不惊是鹰的特性，也是"做不到，没有理由"企业文化的内在要求和必备素质，复杂多变的市场环境迫使中金岭南人像鹰一样在国际竞争中具备敏锐独到的眼光，寻找目标精准定位，实施管理精细有序，创新科技精益求精。

高效率——鹰坚决果断，从不给对手留下任何机会，敏捷快速的行动才能把握住难得的机遇。多年来，中金岭南人像鹰一样雷厉风行，当机立断，"稳、准、狠"地抓住每一个机会，实现"闪电"再造，充分彰显了"做不到，没有理由"的强大执行力。

高标准——鹰的追求永无止境，扶摇直上，搏击长空，翱翔于天地之间。中金岭南的发展也是如此，以鹰一样的勇猛精神，不断挑战更高标

准，挑战更高难度，追求卓越，挑战极限。

2012 年，中金岭南根据发展要求和战略布局，制定了未来五年（2013—2017 年）的发展规划，即到 2017 年实现矿山产能（金属量）超过 60 万吨，冶炼产能超过 50 万吨，在世界有色金属行业要进入前三名。这个宏伟蓝图包含着"三个翻番"目标，即：销售收入翻番、净资产翻番、净利润翻番。

到那时，中金岭南的发展规模将大幅扩张，产业结构更加优化，转型升级得以根本实现，盈利能力显著增强，将跨入"技术一流，管理一流，环保一流，效益一流"的世界顶尖的国际化有色金属企业。这意味着中金岭南人未来的梦将更加辉煌。

中金岭南制定和实施五年发展规划，突出以人为本，将给万名员工带来福祉，五年内，公司将大大提升员工的幸福指数。员工们都觉得在中金岭南做事，很长本事、增才干。他们说，能为公司做大做强，进一步发展做出贡献很自豪，体现了自己的人生价值。许多人由衷地感念说：在中金岭南工作有一种归属感，中金岭南就是自己的家，我们都爱这个美好的家园。

踏遍青山人未老。今天的中金岭南人放眼未来，怀鹰击长空之壮志，拥理想和智慧而前行，继续开拓创新，奋力攀登，将在充满挑战的国际竞争中实现新跨越，打造成为最具价值的多金属国际化公司，成为国际化多金属矿业的旗舰！

翱翔吧，中金岭南之鹰！

冶金地质的强国梦

杨海蒂

中国冶金地质总局局旗甫一映入眼帘，我就被深深地震撼了。

鲜红的旗帜上，"中国冶金地质总局"八个大字，端庄大气、稳如磐石、简洁有力；左上方的中国冶金地质总局徽标，标新而不立异、夺目而不张扬：徽标由地质锤和钢包两部分组成，居前的地质锤是地质工作的象征，居后的钢包是冶金工业的象征，地质锤和钢包相互交融，代表金属的黑色与代表冶金的金红色交相辉映，美轮美奂。

地质工作是国民经济的先行。国家赋予中国冶金地质总局的职责与使命是：提供资源保障，实现产业报国；自诞生之日起，总局就在保障国家资源安全、缓解国内资源约束方面，发挥着特殊功能：

作为地勘行业的"国家队"，中国冶金地质总局承担起国家战略性、基础性、公益性的地质工作任务；六十年来，中国冶金地质总局不负使命，为国家经济建设提交了大量矿产资源，探明矿产资源80余种，发现和勘察大中型矿床600个（其中特大型17个，大型182个），累计提交的重要矿产资源铁、锰、金储量，分别占新中国探明总储量的52%、38%、24%，提交各类地质报告15000余份，为我国实现钢铁大国和一大批新兴工业城市的崛起，做出了历史性的贡献。

作为地勘行业的"排头兵"，中国冶金地质总局还在城建、交通、水电、能源、环保、通讯、地质灾害治理等行业，高质量地完成了数百项大型工程勘察及基础施工项目，先后参与了青藏铁路、南水北调、三峡工程、首都机场、跨海大桥、奥运场馆建设、长江重要堤防隐蔽工程等国家重点工程，取得了良好的经济和社会效益，百余个项目被国家和地方建设主管部门评为优质工程。

近年来，中国冶金地质总局在国内 14 个重点成矿区带开展地质勘查中，又获得一批重要资源储量；调查评价了 200 多个危机矿山，并在多个国内重点危机矿山接替资源勘查中取得突出成果，使一批老矿山焕发新生；实施"走出去"战略，相继在亚洲、非洲、美洲、澳洲等境外地质勘察方面取得重要进展，在蒙古、秘鲁、赞比亚、加拿大等国形成了境外勘查开发基地，并且为我国南极科学考察事业作出了突出贡献。

中国冶金地质总局先后荣获：全国地质勘查功勋单位、地质勘查行业先进集体、危机矿山接替资源勘查特别贡献奖、国家火炬计划重点高新技术企业、地质勘查行业优秀地质找矿项目、首届中国百强地质队等多项国家级荣誉，2007 年以来连续六年荣获 10 项全国"十大地质找矿成果和科技进展"。还有多名个人获李四光地质科学奖、全国劳模、五一劳动奖章等奖项。

最值得庆贺的奖项是，2013 年 7 月 25 日，总局被国资委授予 2010—2012 年央企负责人任期考核"管理进步企业奖"。在国资委管理的 100 余家企业中，获得如此殊荣的只有 11 家。这是总局在国务院国资委的坚强领导下，积极应对复杂多变的国际国内经济形势，大力解放思想，加快转变发展方式，积极开展管理创新，持续推进管理提升的结果。三年来，总局主营业务收入、利润总额年均增长率分别达到 19.44% 和 36.84%，任期内国有资产保值增值率达 152.73%，较好地履行了国有资产保值增值责任。凭借这些骄人的业绩，总局领导第一次站在了国资委综合性奖项的领奖台上。谈到上台领奖的感受时，卢进局长说："这个奖项沉甸甸的"。

国企自有大担当。中国冶金地质总局一直积极参与社会公益事业：长江流域抗洪抢险，汶川地震灾后重建和地质灾害防治，云南、山东的抗旱打井，为新疆、西藏等"老少边穷"地区捐资助学、修建道路、建造牧民定居点、培训少数民族技工、吸纳当地群众就业……哪里有需要，哪里就有他们的身影和奉献。

进入"十二五"以来，在中央企业"转型升级战略"新形势下，优化产业结构和成长结构，进行经济结构的战略性调整，成为中国冶金地质总局的新任务；而今，总局的"两大转变"正在强力推进、经营机制正在发生重大变化——改革正在破局。

破旧、立新，一切为了国家利益。

开发矿业

——毛泽东

但凡企业挂"国"字招牌，一般都历史悠久来历不凡。

中国冶金地质总局便是。总局成立于 1952 年，最早叫"重工业部地质司"，后来改为"重工业部地质局"，四年后划归冶金工业部；1988 年，"冶金工业部地质局"改称为"冶金工业部地质勘查总局"；2001 年，它又变身为"中国冶金地质勘查工程总局"、隶属中央企业工委、2003 年交由国务院国资委管理；2006 年，"中国冶金地质总局"应运而生。

数度更名、几易"婆婆"，正说明中国冶金地质总局在国民经济中的重要性。

是的。从诞生那日起，中国冶金地质总局就承担着国家战略性矿产勘查、国家专项地质勘查、国土资源调查的任务，包括固体矿产勘查、矿权流转、矿业开发、矿山补勘、中外合资勘查、环境地质、灾害地质、农业及生态地质、生态城市、地质技术咨询等；承揽着国家经济建设所需的矿产资源勘查、矿业开发、矿物深加工、水文工程地质、农业地质、旅游地质、环境地质、灾害地质调查与治理以及地质技术咨询服务等任务。

简而言之，中国冶金地质总局有两大主业：一是固体矿产地质勘查、研究、开发、服务；二是超硬材料生产及机械装备制造。

固体矿产地质勘查、研究、开发、服务主要包括四个产业板块：地质勘查、矿业开发、岩土工程、地理信息工程；超硬材料生产主要从事人造金刚石单晶、烧结体、工具以及金刚石圆锯片基体、框架锯条和硬质合金圆锯片基体等各类产品的研发、生产、销售；机械装备制造，则主要从事地质勘查设备、泥水处理设备和环保除尘设备等机械设备的研发、生产、销售。

毛泽东主席曾为地矿工作者题词"开发矿业"，并于 1958 年视察湖北大冶铁矿——60 年来，中国冶金地质一直为该矿山提供资源保障。

六十余年来，总局积累了宝贵的地质矿产资源信息资料和丰富的金属矿产勘查经验：在固体矿产勘查特别是金属矿产勘查方面，中国冶金地质总局始终处于国内领先水平，为国家累计提交铁矿储量 265 亿吨、锰矿

2.5亿吨、金矿1470吨，探明并提交了大量资源矿产储量，为我国经济建设提供了极为重要、不可或缺的资源基地；鞍本铁矿、冀南邯邢铁矿、鄂东铜金矿、鲁中铁矿、胶东金矿等一批大型矿产的发现，为我国成为钢铁大国和以鞍山、包头、马鞍山等为代表的工业城市的崛起，作出了历史性的巨大贡献。

近年，总局地质找矿和矿业开发再获新进展，广西大王顶金矿外围资源整合已进入矿权评估阶段，大瑶山地区金矿国家级整装勘查项目通过立项，对新疆地区数个铜矿、金矿的开发已取得良好进展；在国内十多个省（区）的数百个勘查区块，开展铁、锰、金、银、铜、铅锌等紧缺矿产勘查，完成国家大型矿产勘查项目近100项，发现并探明大型铁、金、铜、铅锌矿、优质锰矿等，先后探明：冀东马城特大型铁矿、内蒙东乌旗特大型铅锌矿、西藏冈底斯多金属矿、新疆哈巴河金矿和西天山多金属矿、广西大瑶山金矿等重要矿产地，并在湖北大冶铁矿、胶东金矿、山西支家地银矿、云南鹤庆锰矿等重点危机矿山接替资源勘查中取得重大突破。

同时，总局还发现了哈勒尕提、阔库确科等矽卡岩型铁铜矿，使矽卡岩型矿床勘查在西天山成矿区乃至新疆地区首次取得了重要突破，有效指导了西天山整装勘查区找矿工作；首次按照"顺层找矿"新思路，在西藏冈底斯发现了大型隐伏－半隐伏层多金属矿床。

最喜人的是，中国冶金地质总局在山东三山岛再探获特大型金矿，通过三山岛深部找矿的成功，拉开了胶东地区深部找矿新的序幕，带动了整个胶东地区尤其是三山岛焦家金矿田深部找矿的大规模实施。本次深部勘查发现的矿体及提交的资源量潜在价值100亿元以上，可延长矿山服务年限23年，可稳定直接就业人数1800人，继续保证了矿山的可持续发展，保证了地方经济及社会的稳定发展。

这一收获，可谓既强国又富民。

2012年，总局全年承担各类地质项目583项，新发现矿产地4处（大型2处），新增333及以上资源量数目巨大；首次提出的"优质锰矿"概念及其标准，在国内得到广泛认同；在广西新发现了规模巨大的深部碳酸锰矿，为近二十年来勘查发现规模最大的锰矿床，占广西查明总资源储量的一半以上（且矿石选矿工艺和电解水冶技术简单、经济可行，矿床开发效益显著）。在冀东地区获铁资源量11亿吨，推测远景资源量达21亿吨；其中，新发现大型矿产地 3 处，预获资源量 6 亿吨，为我国铁矿石生产提供了后备资源基地。

一代又一代党和国家领导人对中国冶金地质倾注着深情和期望：毛泽东、刘少奇、周恩来、朱德等接见全国先进生产者行业代表吴玉增、夏海楼，华国锋、叶剑英、邓小平等接见冶金地质"工业学大庆"先进代表，李鹏、姚依林、宋平、邹家华等接见全国地矿行业功勋单位，温家宝、李岚清分别视察中国冶金地质承担的曹妃甸桩基工程、中国冶金地质金刚石锯片厂，习近平登上中国冶金地质施工的杭州湾跨海大桥海上平台视察……都是中国冶金地质人永远的骄傲。

山重水复，中国冶金地质总局独领风骚。

给我们工具，我们会完成任务

——丘吉尔

李四光、彭加木……这些名字我们耳熟能详。曹景良、江化寨……新时代"矿痴"层出不穷。

称为找矿"神探"、"天山寻宝人"的曹景良，则是当今地质人中的佼佼者。

在国家西部大开发的背景下，中国冶金地质总局发出"地质找矿战略西移"的号召，曹景良立即积极响应。对于冶金地质人而言，祖国的需要，就是他们责无旁贷的神圣使命；祖国的呼唤，就是他们义无反顾的前进方向。

曹景良带领项目组毅然西征，一头扎进环境艰苦的新疆西天山地区，豪情满怀地开展地质勘查工作。新疆地域辽阔地形多变，当时又处在大规模建设中，交通状况非常差，曹景良和同事们身背帐篷，怀揣干粮，脚蹬登山鞋，骑马牵驴甚至徒步，每天披星戴月地行走、踏勘。为了获得准确的数据和详尽的第一手资料，他们踏遍西域的每个角落，崇山峻岭、毒蛇猛兽、戈壁大漠、风沙雨雪、严寒酷暑、泥石洪流……什么艰难困苦都阻挡不了他们前进的步伐。

"给我们工具，我们会完成任务"，二战时，英国首相丘吉尔睥睨天下。而曹景良他们手中的工具，依然是地质人经典的"老三件"：罗盘、地质锤和放大镜。

作为西部大开发国家战略的实践者，曹景良深知肩上的责任重大，深怕辜负组织的重托和厚望，废寝忘食地搜集、研究和消化各种材料。

坚定的信念、丰富的专业知识、对工作的认真与执着，造就了曹景良独到的眼光、精准的判断力，项目组很快确定了勘查工作的主攻方向，迅速打开了在新疆找矿的局面。

一个探险者能否取得成功，三分靠身体，七分靠精神。物质条件的简陋、长期的生活不规律、过度的身心投入，使曹景良落下了胃病、颈椎病、偏头痛、脱发等一大堆病根，但他无怨无悔。而面对私营企业的高薪聘请百般诱惑，他毫不动心。

"有女不嫁地质郎，一年四季守空房，春夏秋冬难见面，回家一包烂衣裳。"这是对地质工作者的真实写照。

曹景良的妻子、湖南妹子谢良予在老家苦守多年，用柔弱的肩膀独力支撑起一个家。

10年间，曹景良领着队伍转战天山南北，用坚实的脚步丈量着西北边陲的一寸寸土地。耕耘自有收获，他们取得了一个又一个骄人的成绩，并确保了找矿项目的高质量：勘查到各种有望成矿带、优选靶区，先后找到了一批具有大、中型前景的矿床，积累了一批具有良好找矿前景的勘查区——形成了两个重点勘查区，其中西天山已成为冶金地质"十一五"期间六个重点勘查开发基地之一。

曹景良和他的项目组，为实现冶金地质的资源保障目标和可持续发展、为西部大开发做出了杰出贡献。

光荣属于英雄。曹景良先后荣获总局劳动模范、总局"十一五"优秀科技工作者、中央企业优秀共产党员等荣誉；他参与的"西天山造山带铁铜金矿资源评价与研究"项目，被评为中国地质学会2010年十大地质科技进展项目。

"一个党员，一面旗帜"，就是曹景良和他的队友们在基层"推进学习型党组织建设、注重培育先进典型"的鲜活做法，也是中国冶金地质总局切实做好在野外生产一线发展党员工作、加强党员队伍建设，增强党建工作生机与活力的具体例证。

中国冶金地质总局局长、党委书记卢进认为：党支部战斗堡垒作用发挥得如何，直接关系到冶金地质改革发展稳定的大局。他在《国企》杂志《不断提高企业党建科学化水平》一文中说，"当前，中国冶金地质正处在改革发展的关键时期。面对'后危机时代'复杂多变的国际国内形势……各级党组织和广大党员干部要以强烈的政治责任感和历史使命感，认真学习科学理论，将理论创造性地运用于实践中，实现冶金地质事业的新发展。"

曹景良和他的队友们，正是"将理论创造性地运用于实践中，实现冶金地质事业的新发展"的身体力行和率先垂范者。

"迎着初升的太阳，踏遍原野和山岗，我们的队伍出发了。我们为祖国去探寻宝藏，我们风餐露宿，我们斩荆破荒，我们以苦为乐，我们志气昂扬。前进，前进，光荣的冶金地质人，我们的旗帜高高飘扬，我们的歌声永远嘹亮，我们的前程无比辉煌……"自从开始接触地质工作者，我也爱上了这首由总局党委副书记王勇格作词的《前进，光荣的冶金地质人》。

我来了，我看见，我征服

——彼得大帝

文化是一个民族的灵魂。一个没有精神追求而只有经济诉求的民族，无法为人类奉献文明财富。一切政治和经济行为的最终价值，其实都在于文化。

中国冶金地质总局领导深谙此理，其《企业文化手册》开篇明义："文化之于企业，如灵魂之于人类。"可见对文化建设的重视。

文化建设，目的在于造就人才。

为了适应新形势、新机制、新变化、新要求，为了储备能力把握机遇，为了实现新的战略发展目标，就要大力加强人才队伍、特别是高层次人才队伍建设。卢进局长说，"人才是企业发展的动力源泉。"为了延揽人才，中国冶金地质总局制定人才计划，推出"科技百人工程"，积极构建完善引进、培养、使用、评价、激励人才机制，营造有利于人才成长和发挥作用的环境，创建"红旗班组"、组织技能比武、参加全国竞赛、开展创优争先……去年一次拿出总局机关部门负责人及下属公司总经理等12个中层管理职位面向系统内外进行公开招聘。近年来推荐了30多人次参加各种国家级奖励和人才评定，系统内有2人获李四光地质科技奖，3人获国家青年地质科技奖……

而冶金地质总局的人文精神、冶金地质人的人文素养，更令我刮目相看。

不少企业都有自己的宣传文化，但以自抒情怀的文学作品集来表达的，我前所未见。《流动的石雕》——中国冶金地质职工自己写自己的诗歌、散文集，是他们对人生、青春、理想、劳动、祖国、大自然、真善美以及地质工作的赤诚礼赞。

"你又背起了行囊，就像战士背起了枪杆；你又奔向野外，就像士兵冲向了前线"（《送给野外的兄弟姐妹》，郁芳），"黄羊难登的峭壁上，你踩出一行脚印，苍鹰飞不上的绝顶，有你腾跃的英姿"（《出巡》，肖锦萱），"钻塔是我结实的脊梁，钻机是我勤劳的双手，泥浆泵是我的心脏"（《钻场是我家》，伊志涛），"世界屋脊 你打下破冻的第一钻，于是有了青藏铁路的贯穿；东海之滨 你浇注了第一根镇海神针，于是跨海大桥成就了彩虹梦想"（《劳动者之歌》，黄亚琼），"在那火红的年代，地质锤是我们坚硬的拳头，罗盘是我们追寻的眼睛，地质队员是我们响亮的名字！"（《地质人放歌》，王丽霞）"我知道大山有坎坷，大漠有风沙，森林有猛兽……我想从大山那里学习深刻，从大漠那里学习沉着，从森林那里学习机敏，用青春的热血给自己的人生增添一抹绚丽。"（《整装再发》，张文斌）

多么可亲、可爱、可敬、可赞的冶金地质人啊！

为了寻找矿藏，他们还登上荒无人烟的雪域高原，"西藏的山真难爬，西藏的氧真少，西藏的矿真难找……但是我们来了，就是要稳稳地站在这儿，增加高原的高度，增加雪山的高度……当有人说我们为西藏做出贡献需要理解时，我说不需要，因为西藏给我们的，多过我们给予西藏的。我们从那儿获得的心灵的愉悦、境界的提升，没人能知道。"（《高原追梦》，陈玉水）

多么质朴的语言，多么真挚的感情！他们的激情、豪情、真情、柔情、深情，无不打动着我。我见识到一支生龙活虎勇往直前的地质队伍，也见识到冶金地质人深厚的文化底蕴。

从他们的文学作品中，我了解了他们，爱上了他们。为了祖国的找矿事业，很多地质工作者一年四季扎根在深山老林中，有些地方甚至渺无人烟，寒来暑往，"无数个山坡爬过，只见日落，不见周末"，辛劳艰苦可见一斑；尤其是钻探工人，长年野外餐风露宿，使他们"远看是要饭的，近看是搞钻探的"，听来令人心酸。他们不仅要克服体力上的辛苦，还要忍受心理上的孤寂："爬山岭，钻隧道，过桥梁，数不尽的荒山野岭，看不尽的山寨梯田，路上几乎看不见行人。哪怕是飘一下雪，刮一下风，都能让人感受一点活力。"（《雾凇》，胡明敏）

然而，他们克服了一切困难，战胜了一切困苦。他们都是顶天立地的汉子！

还有放弃就读研究生而留守地矿队的秦朝阳，以及殷秀珍、梁喜英……这些"说不清脚上磨起多少个血泡，只记得背行李的麻绳在每个人的肩上都留下了深深的血红痕迹"的女地质队员，更是让我肃然起敬。

这就是我们的地质队员，他们深爱着地质找矿事业，他们感受着作为劳动者的光荣。他们从不怨天尤人，只默默无闻地坚守岗位，只踏踏实实地做好工作。即使在地质行业的低迷期，他们依然像戈壁滩上的小草，始终扎根大地一心憧憬新绿。

他们说，"只要拥有一颗足够热诚和宽容的心，人就能拥有幸福。"对于他们来说，终生爱不释手的"宝贝"就是地质锤，从劳动中就能得到最大的心灵满足，最幸福的事情就是找到矿床，能成为一个出色的地质人就是最高的荣耀。

"地质队员确实很了不起，也很朴实，他们没有多少豪言壮语，但他们也很浪漫，这浪漫中有一种崇高。"总局党委副书记王勇格说。

是的，辽阔的天空、苍茫的大地、奔腾的江河、雄伟的山峰……造就了冶金地质人豪迈豁达、顽强拼搏、无所畏惧、纯真浪漫的性格；为了祖国的找矿事业，为了勘查和开发更多的宝藏，他们的足迹无所不至，包括酷寒的不毛之地南极。

"我来了，我看见，我征服"，从总局副局长琚宜太文笔优美的散文《南极日记》中，我读出了彼得大帝般的雄心壮志，更感受到挑战极限、征服自然者这种"浪漫中的崇高"。

实现中华民族伟大复兴，是中华民族近代以来最伟大的梦想。可以说，这个梦想是强国梦……

——习近平

国企贡献大，毋庸讳言，面临的问题也多：在管理体制、政策依据、行业特性等方面，中国冶金地质总局都存在着一些历史遗留问题。

解除顽症的不二法门就是改革和创新。

进入"十二五"以来，根据中央推进事业单位分类改革的新形势，根据国家实施找矿突破战略行动的新任务，根据国资委提出的"一五三"发展新要求，中国冶金地质总局确立了"转企改制，整合资源，打造以地质勘查为基础的矿业集团"的战略目标。

这一目标的提出，开启了中国冶金地质总局从事业转变为企业、从地勘单位转变为矿业集团，实现"两大转变"的新历程，为此，总局在转变思想观念、转换体制机制及推进资源整合、结构调整、管理提升、资本运营、融入地方经济、加强高层合作等方面，多措并举全力推进。

一言以蔽之：做强地勘主业，打造矿业集团。

地质找矿是一项周期长、风险高的业务，找矿成功率不到7%，因此，总局更加着重大力发展矿业开发，以自己拥有的技术、人才和矿权优势，在地质勘察的基础上，从事矿山建设及矿产品的开采、选冶、加工、贸易，着力打造"探、采、选、冶、贸"一体化的产业链，促进生产要素的合理流动，增强资源保障功能。

（宜昌）黑旋风科技园和（燕郊）晶日金刚石工业有限公司，是中国冶金地质总局南北两大制造业基地。黑旋风锯业公司，是国内锯片基体行业唯一的国家级高新技术企业，也是世界上最大的锯片研发和生产企业，拥有数十项专利和多项国家级重大新产品，产品曾获中国国际专利技术与产品交易会金奖，远销50多个国家和地区，大锯片基体的国内市场占有率达60%；上世纪七十年代就开创了冶金地质多种经营先河的晶日金刚石工业有限公司，为国内最早的人造金刚石生产企业，工程机械、金刚石工具等产品的研发、生产、销售处于国内先进水平，"晶日"牌人造金刚石及制品畅销全国。用总局副局长王黔丰的话说，就是"要做就要做最强。"

冷静地行动，但要热切地追求。

中国冶金地质总局很冷静，更热切。它大力推进产业转型升级，积极进入环保领域，在工程泥浆处理、城市管网及河湖清淤、污染土治理等方面，形成了核心竞争优势，在全国名列前茅——下辖的黑旋风机械公司，在工程机械、城市管网、河流湖泊等污泥的减量化和无害化处理上取得突破，其中盾构设备泥水分离系统打破国外产品的垄断，城市管网、河湖疏浚取得显著社会效益；"黑旋风"石材、YL 系列岩心钻机、SNS 系列高压注浆泵、ZX 系列泥浆净化装置等，也畅销国内外。

任何投资，成功的关键之一是风险管理，中国冶金地质总局严格管控，成绩斐然。从总局总会计师苑胜岐处得知，2013 年上半年，中国冶金地质总局在地矿业、岩土工程、地理信息、超硬材料生产及机械装备制造、商贸物流及其他产业上，均实现了利润高增长。经济运行的效益和质量实现逆势上扬，实属不易，也见证了中国冶金地质的严格管理。

为了拓宽发展空间，本着"优势互补、互利共赢"的原则，总局积极融入区域经济发展格局，总局卢进局长多次与广西壮族自治区、湖南、山东、青海省进行高层会谈，共谋发展。先后与新疆、广西、青海、武汉（市）等多个地方政府签署了战略合作协议，与保利集团、中国黄金、中国铁建、国投集团、中国有色矿业集团、中信银行等资源型中央企业和大型金融机构建立了战略合作关系，积极尝试与有着渠道和区位优势的先进民营企业合作，加强与有关科研院所和高校开展技术层面的交流合作。系列举措，一一取得了良好的合作效果。

"走出家门、开展广泛的交流与合作，是国有地勘单位适应新形势的必然选择。"卢进局长说。顺势而为，中国冶金地质总局开始放眼全球、胸怀世界。

总局大力实施"走出去"战略，走出国门开展地质找矿，利用国内外资金、技术、管理经验及自己拥有的矿权，在境内外开展合资、合作矿产勘查，组建多种形式的矿业资源公司，从事国外矿产资源勘查、工程勘察及施工、技术、劳务输出和工业产品进出口贸易等。目前，总局的境外风险找矿勘查迈出了重要步伐，在亚洲、非洲、美洲、澳洲相继取得了重要进展，已在蒙古、秘鲁、越南、缅甸、马来西亚、吉尔吉斯、赞比亚、加拿大、澳大利亚等国家，开展了铁、锰、金、铜等矿产的找矿勘查，初步建立了境外矿产资源勘查开发基地。

这，充分体现出领导者的胆略、才识、理念和远见。

中国－东盟矿业合作论坛暨推介展示会是中国与东盟级别最高、规模最大的矿业大会，是中国与东盟矿业合作的重要机制和平台。"2013（第四届）中国－东盟矿业合作论坛暨推介展示会"唯一的"首席战略合作伙伴"，就是中国冶金地质总局。

总局派出了阵容整齐的代表团，主要领导在高峰论坛上发表演讲，有关专家将分别在地质勘查技术、采选技术、铁矿专题和矿业投融资论坛上做专题发言。此外，还在展厅显要位置，布置了风格独特的特装展台，并精心准备了可供合作伙伴选择的招商推介项目。

天下大事，必作于细。

功夫不负有心人，而今，总局已在老挝、缅甸、菲律宾、马来西亚、印度尼西亚、越南、泰国等东盟国家开展了相关工作，包括地质勘查、岩土工程勘察与施工、超硬材料生产等，都成效不俗。

远见者胜，稳健者昌。

科技创新，诠释着冶金地质的核心竞争力，也是一代代冶金地质人不懈的追求。固体矿产成矿理论研究，是中国冶金地质总局的传统优势；深部综合找矿勘探，是总局的重大优势，曾创造过单项全国纪录；总局的一系列地质科研工作，取得了重要研究成果：在国内首次出版了铁、锰、铬三本单矿种矿志，并为"青藏高原专项"荣获2011年度"国家科技进步特等奖"做出了突出贡献。

进入新世纪以来，地理信息技术应用，成为总局新的拳头产品——在测绘基础上发展起来的地理信息技术，占据了国内管线探测市场60%左右的份额。借此东风，卢进局长等一班总局领导果断决策，迅速组建地理信息集团公司，进驻国家地理信息科技产业园，一个从一开始就以上市公司为标杆规范运作的企业，如今正在茁壮成长。

大比例尺航空物探、大功率高密度电法勘探，是总局在勘查技术手段和方法上的应用与创新，也是总局的特色之一；总局所属的地球物理勘查院，是全国航空物探"三甲"之一，装备了国际领先的航磁、航电设备，目前具备6架飞机同时作业的能力，并在去年开创了高海拔地区直升机高精度航测的先河。

此外，总局独创的化探构造叠加晕找矿方法，在岩心钻探基础上发展起来的工程勘察及岩土施工法，在金矿盲矿体预测方面，都取得显著成效。

迄今，中国冶金地质总局获得省部级以上科技奖项 220 个，获得发明专利、实用新型专利 80 多项，提交各类科研报告近两千份；荣获地质科技进展 2 项、国土资源科学技术奖一等奖，下辖 4 个地勘院被授予"全国模范地勘单位"荣誉称号。

科技兴国，产业报国。

"实现中华民族伟大复兴，是中华民族近代以来最伟大的梦想。可以说，这个梦想是强国梦……"习近平总书记的话语，铭刻在中国冶金地质人的心中。

从国家项目到社会市场，从强国到富民，新的征途上，中国冶金地质坚持担当起"提供资源保障，实现产业报国"的"天下大任"，坚守"塑造品牌，诚信至上，超越自我"的经营理念，发扬"不畏艰辛、做事用心、务实创新"的企业精神，传承用热血和汗水铸就的顽强的意志力、旺盛的战斗力、强大的凝聚力和丰富的创造力，努力做大做强自己的产业以报效祖国，为实现"中华民族伟大复兴"锲而不舍地奋斗。

中国梦，强国梦！

宏大爆破的科技创新之路

赵剑斌

公司简介：广东宏大爆破股份有限公司创建于 1988 年，为广东省国资委下属广东省广业资产经营有限公司控股企业，是中国第一家露天矿山采剥服务上市企业，是国内爆破技术先进、采剥能力强、矿山工程服务项目最齐全的矿业服务商之一。宏大爆破是业内唯一同时具备以下资质的企业：矿山工程施工总承包一级资质；爆破与拆除工程专业承包一级资质；土石方工程专业承包一级资质；拥有每年 19 万吨工业炸药（含现场混装 4.9 万吨）、8000 万发工业雷管的许可产能及总装备部核发的"装备制造资质"和商务部核发的境外工程承包经营权。宏大爆破是国家高新技术企业，通过了三大体系认证，并持续有效运行。

早在十几年前，广东宏大爆破工程公司就以科技创新出了名，当时中央电视台曾经现场跟踪报道该公司实施的广州体育馆爆破拆除工程，此后又多次报道过他们实施的诸项高层建筑物爆破拆除工程，中央电视台《东方之子》栏目的记者，也专题采访过这个公司的首席爆破技术专家、现任公司董事长、总经理郑炳旭。当时有亿万观众收看了这些节目，与此同时，国内多家报纸也重点报道了同样内容，主持这些工程的郑炳旭被誉为"中国爆破第一人"，他已成为备受瞩目的新闻人物。

由此，广东宏大爆破声名鹊起，闻名遐迩。

那么，现在这个公司怎么样？在市场经济瞬息万变的今天，已经上市的广东宏大爆破股份有限公司又有什么新进展、新成就，又有什么新水平的工程项目值得我们关注？

广东宏大爆破面对激烈的行业竞争和复杂的市场需求，以科技创新引领企业发展，多次实现转型升级，先从一般城市建筑物爆破拆除转变为高层建筑物、危险建筑物的控制爆破、精细爆破，再转变为以大中型露天矿山采剥为主要业务领域，成为矿山民爆一体化模式的服务商。

纵观广东宏大爆破创业发展以来的历程，可以明显地看出：是科技创新在支撑着这个企业，是科技创新在推进这个企业转型升级，不断取得丰硕的果实，逐渐走向辉煌的未来。

在企业科技创新转型升级的进程中，首席技术专家郑炳旭和他的团队所起的作用是举足轻重的。他带领他的团队在实施一项项经典工程中付出了钻研科技的心血，挥洒了劳动创造的汗水，担当了生死攸关的风险，他们在实现科技创新跨越式发展的征途上做出了卓越的贡献。

创业初期，以"郑炳旭施工法"赚了第一桶金

公司创始人郑炳旭，1984年从河南焦作矿业学院地下采煤专业毕业，分配到广东省煤炭工业研究所。刚刚参加工作不久，他被派去合肥中国科技大学参加"现代爆破技术培训班"，这成为他一生中的一大转折点。

培训班上没有正规的教材，只有油印的讲课资料，由老师掌握着一般不外传。郑炳旭对培训课题非常感兴趣，为了能够搞到资料，他买了水果去老师家拜访，借来资料不惜花费100多元（高于当时本月工资）全部复印下来。当时中国科技大学有一幢旧楼要用现代爆破技术拆除，郑炳旭为了学会应用尚未流行推广的爆破拆除方法，他经常跟老师去施工现场观摩学习。校方请专家结合实例讲学，他更是兴致勃勃地积极参加，新奇的爆破技术让他兴奋不已。

回到广州，郑炳旭联系两位同事向研究所提出筹建"爆破课题组"的申请，准备专攻爆破拆除技术。在一位副所长的支持下，1985年他们成立了以郑炳旭为首的三人爆破小组，研究所给了他们3万元钱作为启动资金。

企业初创承揽的第一项工程是对广州旧机场一座飞机库的爆破拆除，也是郑炳旭爆破生涯中唯一失败的一次爆破。由于缺乏原始数据，在设计炮眼的药量时，按有关方面提供的38厘米操作，爆破只是把飞机库剥了一层皮，整个飞机库还完好无损，因为飞机库薄壳壁厚超过一米。不成功的开始，让郑炳旭更加注重爆破前的调研测量，掌握基础资料，在此后1000余次的爆破中他炮炮打响，再没有失过手。

学习现代爆破技术原以为可以用到井下爆破采煤。上世纪 80 年代末期，我国出现小煤矿严重私采滥采现象，煤矿频繁出现安全事故，广东省政府开始大量关停粤北小煤窑。郑炳旭三人爆破组面临着揽不到工程无米下锅的困境。但是他们没有坐以待毙，经过深入的市场调查分析，独辟蹊径走出阴霾找到出路。当时广东省作为改革开放的前沿城市，建筑业繁荣起来红红火火方兴未艾，到处都在建楼。高楼大厦开始一幢幢地拔地而起、鳞次栉比，只是建筑基坑、孔桩的开挖还是个难题。那时还没有大型的钻凿、挖掘机，靠的是人工挖掘，或用风气镐破岩，爆破技术处于刚刚发轫阶段。倘若提起使用爆破来解决基坑、孔桩的施工，当初让社会上一些建筑商一时接受不了，甚至大惊失色。他们觉得用爆破法施工建筑基础的基坑和孔桩，必然损伤孔桩围岩和基础岩层，影响建筑物基础的承载力和稳定性。他们都认准了用风镐和人工开凿，致使建筑工程工期长、成本高。

此时，以郑炳旭为首的三人爆破小组经过研究试验，将煤矿基建工程中的爆破建井技术，引入到现代建筑行业，用来解决基坑、孔桩施工问题，因而捕捉了市场开发的机遇。

他们通过实验让建筑工程技术人员接受爆破施工工艺，成功地实现首次突围，迎来了 1988 年由三人爆破小组扩展为广东宏大爆破工程公司，从此宏大爆破公司应运而生，他们凭着这一基坑、孔桩的爆破技术赚了第一桶金。他们的技术后来被命名为"郑炳旭施工法"。

首开先河，一鸣惊人的惠州港爆破

为解决高楼大厦的基坑和孔桩的技术很快广泛流传。普遍推广的先进技术虽然大大降低了基坑、孔桩的工程造价，但是随之产生了恶性竞争。各个施工队为承揽工程项目，相互压价竞标，宏大爆破也逐渐失去竞争优势，又面临着重新走出困境进行突围的严峻形势。

突围是一种挑战，也是一种机遇。那么依靠什么打开市场，依靠什么突围？郑炳旭和他的团队只有开动脑筋、钻研新的课题，以自主创新的科学技术杀出一条生路。那就是顺应当时城市建筑业的兴盛，在土地升值过快寸土寸金趋势下大量拆除旧的高大建筑物时候，"没有金刚钻揽不来瓷器活儿"，别人干不了的，他们能够承担下来，标的又低质量又好。依靠高超独特的技艺吃饭，具有绝对的竞争优势。

1989年，宏大爆破承接了惠州港码头定向爆破项目。

惠州港爆破是郑炳旭起家的"第一爆"。这一爆，排山填海，惊天动地。1989年，美国在惠州投资兴建熊猫汽车城，这是我国改革开放后的首笔巨额外资。但美方要求惠州市政府在半年内就得建出一个万吨级的码头，以便零配件运过来后可直接上岸，否则就撤资。如果是靠传统的爆破方法，这项工程3年也完成不了，因为它有240米宽的海面，一边是小岛，一边是半山，最麻烦的是水下又有淤泥，光"清淤"就要半年。

怎么办？惠州市政府十分焦急！

当时针对这种特殊的地形，参与投标的郑炳旭提出世界上还从没有人敢用的"定向抛掷爆破法"，就是利用爆破山石的能量，既可击穿淤泥层，又可填平海湾，一举两得。但只因未开先河，他的大胆设想立即招来"嘘"声一片，被国内的爆破主流派称为"异想天开"。一番激烈的争论后，郑炳旭最终还是以确凿的数据和科学的计算，说服了实际上也已别无选择的惠州市政府。

冒着公司破产倒闭的危险，郑炳旭与惠州市政府签下了一纸"生死状"。

5月28日，一切准备就绪的郑炳旭在众人疑虑的目光中，胸有成竹地按下了起爆钮。随着一声巨响，640吨炸药在三四秒钟内，削平了一座山，掀起了60多万立方米、重达150万吨的山石，准确无误地"抛"进了240米宽的海湾中，抛掷石块击穿面积达84600平方米、厚达8米的海底淤泥，并均匀分布在海床上。宏大爆破在国际首创不清淤、采用定向抛掷爆破搬山挤淤筑码头取得成功，充填出一个万吨级通用码头的平地。建码头所必须的基础几乎在一瞬间铺好，而山后仅500米远的荃湾村却安然无恙！

这项工程为建设单位节省投资3600多万元，提前工期6个月。经过鉴定：工程质量优良，该工程获1992年国家科技进步奖二等奖，是当时爆破工程技术界所获得的最高荣誉，主持设计实施这项工程的郑炳旭也因此获得国务院特殊政府津贴专家光荣称号。

就这样，惠州港被"炸"了出来，郑炳旭成功了，他造就了全国"多快好省建码头"的范例。那一年，郑炳旭刚步入而立之年。

推陈出新，成就"中国第一爆"

进入 21 世纪初，国内的爆破行业迅速发展起来，市场竞争激烈，承揽工程越来越难。宏大爆破要想在行业内占领更多市场份额，必须走科技创新之路，必须搞别人搞不了的控制爆破和精细爆破，这要求技术高超、难度大、风险多。许多世界性课题对于一般的爆破公司来说只能是望洋兴叹，不敢问津，但是宏大爆破却能凭着科技创新，做到人无我有、人有我优，勇挑重担，专拣别的公司干不了的工程攻坚克难，创造了一个又一个奇迹，搞出来一个又一个爆破艺术精品，让世人瞩目，让世人敬佩。

广州体育馆的爆破拆除就是这样的一个奇迹：

2001 年 5 月 18 日，与广交会、中国大酒店和越秀公园咫尺相隔的广州旧体育馆，中午时分仅仅用 3.5 秒引爆，8000 多个炸药包炸响后，23 米高的体育馆被夷为平地。

这次爆破量 4300 平方米，占地 1100 平方米，是当时中国爆破史上规模最大、世界爆破史上技术最新的一次城市控制爆破，被誉为"中国第一爆"。体育馆各楼馆按预先设计向中心位置倾倒，爆破的飞石控制在 10 米范围内，噪音控制在 60 分贝以下，爆破粉尘也得到控制。

为控制粉尘这个城市爆破的世界性难题，此前已在体育馆四周采取高压水幕除尘，炮响后，盘悬在空中的直升飞机及时向爆区投下了森林灭火水弹，有效地控制粉尘，减轻对城市的污染。

建于 1956 年的广州体育馆，已有 45 年历史，是新中国成立后广州的首批地标性建筑之一，从 1996 年起，该馆改为广交会的辅助场馆，平时是家具展销场地，体育功能逐渐丧失。业内人士说，这个处于半退休状态的建筑物，被拆除的重要原因在于广州地铁建设需要，地铁公司拟在这个位置设置 2 号线的一个站台。

根据有关方面的要求，体育馆及其基础设施务必在一个月内拆除，在一个月内拆除这么大的建筑，在中国建筑史上是史无前例的。

这次广州体育馆爆破，运用的是郑炳旭创造的"毫秒微差技术"成功拆除的，确保相距不足 10 米的中国大酒店等建筑物毫发无损。在大都市人流车流聚集地，成功解决了安全、减震、防噪音的世界性难题。

中央电视台连续 15 天进行跟踪报道现场直播，海内外 70 多家媒体集聚在广州，媒体宣传宏大爆破实施的工程引起社会的广泛关注。国家主流媒体第一次把城市爆破技术变成科普知识，传播到亿万观众中，推动了整个爆破产业的突破性发展，开创了城市中心建筑物安全拆除的新局面，宏大爆破也由此获得中国工程爆破科技进步一等奖。

主动请缨，临危受命抢险救急

作为一个国企单位，不仅要在企业发展中创造经济效益，有一份经济责任，还要在社会的公共利益面前承担更多的社会责任，为广大人民群众提供服务和带来福祉。宏大爆破的核心价值观是"创新崇德共创共赢"，经营管理理念是"客户至上诚为道，规范高效人为本"。事实上，在多年的技术创新和承揽工程中，郑炳旭带领他的团队，正是本着"热心助人，以人为本、服务社会、造福社会"的宗旨，将原本仅属于企业自身的进步直接或间接转化成对社会的贡献，在经济效益和社会效益上实现了双丰收。

2005 年 7 月 21 日，广州市海珠广场基坑南侧发生严重坍塌，当场有人员伤亡，受坍塌方影响，附近地基悬空的海员宾馆第二天又发生大面积坍塌，坍塌剩余的半边楼宇已向深坑倾斜 15 度 28 厘米，坍塌还引发火灾，浓烟大火蔓延焚毁了该宾馆的 2 ～ 4 层，严重威胁到附近地铁 2 号线的正常运行，严重威胁距此北楼仅 7 米的 196 号宿舍楼。在这城市公共安全面临岌岌可危的时刻，宏大爆破铁肩担道义，迅速制定了排除险情的定向爆破方案。为 3 天之内拆除海员宾馆北楼不伤及仅 7 厘米之隔的东楼和南楼，为解救 196 号宿舍楼，宏大爆破提出五个确保：确保爆破作业人员和周边居民财产安全；确保受坍塌方影响地基悬空的 196 号楼不受损坏；确保紧贴坍塌方基坑边的地铁 2 号线的绝对安全；确保海员宾馆保留的东楼（与受损的北楼连为一体）、西楼和南楼绝对安全；确保海员宾馆北楼未坍塌的基础承台爆破后完好无损。

面对着几大难题的考验，宏大爆破向市政府、市公安局组成的抢险救灾指挥部立下军令状：独自承担施工人员的安全风险。郑炳旭身先士卒率先垂范，亲自带领专家组第一时间破墙而入，现场勘测在北楼内架设了全站仪，每隔两分钟记录一下大楼下沉、位移情况，在北楼内用应变仪记录已有裂纹扩张情况，用位移计观测裂隙尖点的扩张数据。通过这些精确到

0.01毫米的数据分析，通过安装于北楼的声光电自动报警仪，做好做足安全防护措施，准确地分析了这项工程的技术难点，做到万无一失，确保施工人员在报警后15秒内通过滑梯安全逃生。

8月8日下午，随着秒表一次次的跳动，聚集在施工现场外的人们将目光投向总指挥郑炳旭。

15点整，预报警笛再次响起，随着郑炳旭一声"起爆"令下，一道亮光在北楼内侧一闪而过，七声炮响划过天空，整栋北楼自东向西分段如同豆腐块般一块块坍塌而下……10分钟后，3300多平方米的北楼已化为一片废墟，7米以外的三栋宿舍楼却依旧巍然屹立。而最为人惊叹的是：与北楼仅1厘米之隔的东楼和周边的南楼也毫发无损；从而使当时"国内难度最大技术最复杂的一次爆破"取得了圆满成功。

宏大爆破临危受命，抢险救急，勇挑重担，不仅靠的是承担社会责任的使命感，还有善于科技创新，解决技术难题的信心和能力。

宏大爆破的许多工程难题是依靠科技创新攻克下来的，三亚铁炉港采石工程也是如此完成的。

2004年12月，宏大爆破承担了三亚铁炉港海军基地采石项目，这是迄今为止全国最大的采石建港工程。这项工程意义重大，工期紧张，是紧急受命承建的。宏大爆破以军事化的效率和严密的组织创新模式，在3天之内实现了与前期施工企业的1000多台（套）大型设备以及3000多职工的撤场进场的交接工作，创造性实现高效率、大规模的工程快速无缝衔接。

2003年年初，国内某著名工程企业承担的三亚铁炉港海军基地项目，因技术与管理跟不上，爆破产品（14种规格石）都无法达到海军的质量和进度要求（日产2万方），因而被勒令退场。宏大爆破临危受命，以低于原施工单位1/3的价格勇敢承担起为国家重大项目救场救急的重任。因为工期已被原施工单位拖延，影响了计划进度，原施工单位在退场中还设置了"超采欠剥"等种种障碍。面临不甘心退场的前施工单位种种无理刁难，宏大爆破勇于吃亏、尽量包容、顾全大局，以国家利益为重，以严密组织和加速效率，实现了进场当天下午开工，第三天出产品，第七天日产1万方，第十五天日产2万方的骄人成绩，从而赢得了合作单位的敬佩。中国人民解放军海军某部的张司令盛赞道：宏大创造了"我们正规部队都做不到的调防纪录"，充分展现了宏大在大型工程项目上的组织运作实力。

当然，施工过程中也有一些棘手之处，在一次水下爆破中，宏大爆破要炸通一条通往南海的海底隧道，当时在场的中央军委领导担心大规模爆破将影响到数十米外的海防大堤而拒绝下达爆破指挥令。因为海军基地里存放着价值数千亿的设备，万一隧道打通了，却炸垮了堤坝，造成的损失之大难以想象。于是公司老总郑炳旭又一次顶着压力说服了中央军委领导，按下了爆破按钮。果然，大坝安然无恙，为公司书写了又一个新纪录。

宏大爆破运用通过多年实践总结出来的精准控制爆破施工技术，结合现场地质和岩石节理裂隙条件，建立了一套分区分段优化参数开采软件，使爆破产品一次合格率大大提高，有效缩短了挑石时间，提高了装船效率，使得船只等待时间从以前的 5 小时缩短为 40 分钟，使军方业主通过 48 次突然抽检没有一次不合格，也使宏大产品成了免检品。由于有序的组织、科学的管理、精心的爆破，整个 17 个月 24 小时挑灯夜战零伤亡事故，以技术创新、组织创新和管理创新，以及勇于担当、勇于牺牲、勇于奉献的精神，创造了连续两个月在 300 米作业线范围内，日产 5 万方的国内高产新纪录，为国家节省 6000 多万人民币的工程预算，提前半年完成工期。随后，海军某部分别在 2005 年和 2006 年又交给宏大爆破两项数千万元的炸礁石工程项目。

精益求精的超高烟囱控制爆破

在国内外爆破史上，100 米以上的超高烟囱控制爆破一直是世界性难题，宏大爆破以郑炳旭为首的团队，在这一项技术上又一次进行了创新，根据现有技术情况精益求精下大工夫研发，逐渐摸索出"唇形切口技术"，使数千吨的超高烟囱准确地倒向设计位置。

2003 年 12 月，宏大爆破中标浙江省镇海电厂一期机组主厂房、超高烟囱和干灰库爆破拆除，烟囱之高（150 米）和厂房跨度之大均为国内史料记载之最。

2005 年 4 月 22 日中午，宏大爆破对广州造纸厂烟囱实施三段折叠定向爆破拆除技术，这种技术在世界爆破史上尚属首例。

广州造纸厂的烟囱100米高，相当于三十几层楼。由于当初设计时要求抗地震、抗台风，所以整座烟囱的结构非常牢固。宏大爆破为了克服这个难题，爆破前在烟囱上打出的炮孔多达920个。为了克服另一个难题，在烟囱没有足够倒塌空间，而且周边环境十分复杂的情况下，宏大爆破的专家们采取了相应的措施。

"在烟囱中心线北侧24米、南15米均有厂房，东侧和南侧地表下1米深处埋有供水管线，很容易被烟囱砸坏。要保证烟囱上段从高空落下时不会左右摇摆，不能出现飞石，否则四周还在正常运转的厂房将被砸，还要保证2000多吨的烟囱全部落地时是'软着陆'，不能破坏地下管线。"

在倒塌空间不足的情况下，宏大爆破专家们发明了世界首创的"多段连续折叠爆破法"，将烟囱分成三段爆破，上段40米，中段30米，下段30米，使它在几秒钟之内像一把折扇一样折叠起来，安安稳稳地落下。

要保证烟囱上中下段之间爆破时不脱节。在烟囱倒塌中心线，从根部量起，东侧地面只有48米的空位，西侧地面也只有30米空间，如果100米高的烟囱倒塌时上段40米全部向前倒，并和中段的30米相分离，而不是折叠起来，那就非常危险。因为向东48米外是正在生产的厂房，同样如果中段30米全部向后倾倒，也不折叠，中段就会砸到30米外的架空管线上。

那么，面临这么多的危险，宏大爆破能否实施成功呢？上个世纪90年代英国和南非都出现过建（构）筑物爆破拆除时"反向倾倒"的灾难事故，将正在运行的发电厂房拦腰砸断，在中国这种爆破也一直被列为禁区。为破解这一难题，宏大爆破在多年研究基础上，1995年承接过广东茂名石化厂两座120米的烟囱拆除，公司专家团队凭着过硬的理论论证和丰富的施工经验，破除了国内外爆破烟囱"十座烟囱九座坐"的惯例，爆破后，控制两座烟囱稳稳当当地倾倒在设计的倒塌线上。全国的爆破学界和业内人士都为之振奋。以后又在广州造纸厂烟囱倒塌中成功首创了三段折叠拆除技术，由此宏大爆破获得了国家技术发明专利证书，获得了2006年中国工程爆破协会科学进步一等奖。

"中华环保第一爆"和"世界环保第一爆"工程

目前，环保问题已经成为国内外关注的热点。爆破拆除工程引发的飞石、振动、噪声、冲击波和扬尘被并称为爆破拆除的五大公害。其中粉尘污染是人类污染控制技术最难，控制成本最高的污染之一。传统的爆破拆除技术虽然具有高效、安全和低成本的特点，但伴有扬尘多，环境污染严重等问题，一直让国际国内爆破界一筹莫展。

为解决这一难题，郑炳旭及其宏大技术专家，经过多年潜心研发，全球首次创造性采用环保清洁拆除法，并于2005年1月20日在广东省委3号楼拆除中成功应用。

首创"水幕法"除尘方法采用沿建筑物四周安设水管，在水管上隔一定距离装上高压喷嘴，水管通上高压水，使喷嘴喷出的水射流连成一片，在待拆建筑物四周筑起一道"水幕墙"，捕着爆破粉尘并阻止粉尘扩散。

在进行了爆破拆除粉尘治理的研究基础上，研制出了新型的化学除尘剂：HD5-1型保湿剂和HDGC-1型固尘剂，采取湿法降尘综合措施，提高了除尘效果。

研制新型泡沫HDPM-1型泡沫粘尘剂，国内外首创"泡沫除尘法"，利用化学试剂产生的泡沫吸收黏附粉尘。这些措施和方法，在广州天河城西塔楼和广东省委大院3号楼爆破拆除中得以证明。经测试，与未采取这些方法和措施的水泥厂等建筑物拆除爆破对比，粉尘量降低了80%以上。

在城市闹市区进行建筑物爆破拆除，安全高效已经是共识，现代化爆破技术完全可以将爆破飞石、振动、冲击波、噪音及建筑物塌落范围控制在允许范围之内，但是爆破及建筑物塌落时所产生的粉尘如何消除，还是个世界性的难题。

宏大爆破专家团队经过5年的不懈努力，研制出堆高10米以上，有效时间30分钟至4小时不等的可降解环保泡沫。在建筑物爆破拆除时，将整座建筑物内部填满可降解环保泡沫，建筑物外墙挂上一定数量的活性水袋实施爆破造雾，除尘达到预期效果。

2007年1月3日，广州天河城西塔爆破拆除采用了国际领先的"沫池"、"活性雾"、"屏蔽墙"三重环保清洁措施，开创了世界城市清洁爆破的先河，离开爆破点20米的地铁3号线安然无恙，成功实现了无飞石危害、无冲击影响、低粉尘污染和低噪音污染的爆破效果，同时也是世界首次采用环保清洁拆除法对商业中心高大建筑物进行爆破，是一次具有里程碑意义的爆破，预示着过去爆破带来的粉尘、噪音、振动等一系列世界性难题得到妥善解决，它将成为旧城改造中采取环保爆破方式拆除旧楼的成功范例。广州天河城西塔爆破拆除工程被称为"中华环保第一爆"。

当天早上，中央电视台4频道向全球直播，上午9时宏大爆破公司就收到日本建设株式会社邀请，要求专家团赴日本帮助爆破拆除日本一批废弃垃圾发电厂，第二天公司总部接到澳大利亚一露天矿山公司请教用泡沫消除露天爆破粉尘的可能性。

在该项目中使用的泡沫黏尘剂与强制泡沫发生器分别获得国家发明证书。目前，已有国内多家地下矿山和公路铁路隧道施工单位洽谈技术转让，以改善钻爆工作面粉尘卫生健康条件，缩短通风降尘时间。该项技术在沈阳五里河体育场爆破拆除中再次成功应用。

沈阳五里河体育场始建于1988年，南北长253米，东西宽230米，总面积为23.8万平方米。建筑规模大，爆破工程复杂，为了最大限度地减少噪声及粉尘污染，在爆破前，施工单位对爆破点采取四层草袋包扎，部分用钢丝网包裹，将飞石严格控制在20米以内，爆破噪声控制在80分贝以下，爆体间充填了大量的环保泡沫。但是即使这样，也不能完全杜绝粉尘的产生。这项工程中宏大爆破采取更独特而先进的措施，采用的是自己研发的一种有黏性的特殊泡沫，爆破实施后使建筑物应声倒下，大量混凝土块掉到泡沫堆里，好像糖葫芦一样给裹住，自然没有灰尘。如果不采取这种环保消尘，粉尘会漂移到两三公里，而宏大爆破实施环保消尘，即使有些少量灰尘，也可控制在400米范围内。

2007年2月12日，宏大爆破实施对沈阳五里河体育场爆破拆除工程，实施这项工程共钻孔8500个，使用炸药2.5吨、雷管1.4万发，爆破分120响，在6.6秒内整个体育场像多米诺骨牌一样一排排炸倒，炸后5分钟内粉尘全部消散，创造了不论是单体还是爆破面积的世界之最，也是世界首次超大规模的环保拆除爆破，被称为"世界环保第一爆"。

国内首创实施矿山民爆一体化工程

随着国民经济飞速发展，我国工程爆破拆除技术有了极大提高，得到广泛普及，爆破拆除行业队伍逐步扩大，数量急剧增加。到1994年，据有关部门统计，全国从事工程爆破的科研、设计、教学和施工的企业达到

1000 余家，新成立的爆破公司就有 500 多家，从业人员超过 100 万，其中科技人员达 3 万多人，每年创造产值 1000 亿元。

在这一背景下，虽然郑炳旭和他的团队在科技创新上精益求精，并不断提高爆破技术，为爆破行业的深化发展提供了坚实的基础，使得该行业上升到前所未有的高度，同时，由于他和他的团队不懈努力，使得广东日益成为中国爆破技术不断提升的重要基地和研发中心；但是由于爆破行业过快发展，行业内竞争日趋激烈，单纯爆破拆除工程的市场份额越来越小，倘若仅仅限制在这一领域内运作，拘泥于单纯的爆破工程技术，就打不开更广阔的市场领域，使本企业得不到转型升级的机会。

针对行业市场激烈竞争，有限的市场份额远远满足不了宏大爆破对扩大发展的需求。宏大爆破面临着新的自主创新和转型升级，寻求新的经营模式，开辟新的生产领域的使命和挑战。郑炳旭和他的团队及时意识到这一点，也尽早抓住机遇采取有效措施迎接这些使命与挑战。这就是仍旧依靠科技创新，将爆破技术延伸到矿山采剥工程中去，在国内首创矿山民爆一体化模式，以爆破技术为服务的核心，有能力实施新的工程项目，满足新的市场需求，承揽更多的矿山工程项目，创造更加可观的经济效益。

2005 年，河南中加矿业委托设计决定在舞阳征地 5 万平方千米，建一座年产 300 万吨选矿厂，开采经山寺和扁担山两座深凹 110 米露天矿，建两座废石堆放场。宏大爆破中标参与项目建设后，经过深入分析，结合公司多年来施工经验，给业主大胆提出：将同时开采两座服务年限为 13 年的露天矿，修改为高强度先开采半个露天矿。这样基建期从一年半缩短为半年，基建投资从 1.6 亿压缩为 0.3 亿，三年半开采至坑底，然后采取扩帮开采，废石内排，既节省废石运距又减少一座废石山。且因矿区地下水丰富，两矿同时开采为半个坑后，矿坑积水面积只有原来的 1 / 4，大大节省排水费用。

业主将宏大建议方案发给多个中字头参标单位，这些单位不予认可，坚持要按设计院的原方案开采。无奈之下，宏大爆破请业主带着将信将疑的心情考察了宏大在海南三亚铁炉港的高强度采石场，业主经过与军方交流确信，才在其董事会上拍板决定将采矿项目交给宏大爆破总承包。

2006 年 1 月，宏大爆破承接了河南舞钢经山寺露天铁矿的开采工程，通过公司精益求精的科技攻关，自 2006 年开始，宏大爆破相继承接了舞钢经山寺露天铁矿一期、二期、南扩、西北扩等工程，已累计开采矿石达

1400 万吨，剥离废石 5300 万吨。

针对该铁矿矿体薄、夹层多、品位低的特点，通过科研攻关采用了高强度、资源节约及选择性开采矿石的深坑挖掘，原位爆破，等级控制等先进采掘工艺实现了先进性原则、可靠性原则、经济性原则、节能性原则、以人为本和环境优美性原则。

该矿山开工以来，宏大爆破完成各项工期和质量目标，使业主赶上 2007 年铁矿石大涨价的最好时机，提前获利超 10 亿元。此外，还在薄层矿体开采中，创造了"原位爆破法"，使资源回收率提高 1.2%，贫化损失降低 3.5 个百分点，每年为业主创造两千多万元利润。

中国神华哈尔乌素露天煤矿是中国最大的露天煤矿，也是亚洲特大型的露天煤矿，设计年产原煤 2000 万吨。因为大型设备能力不足，从 2006 年起，宏大爆破和中煤、中建、中铁建、中铁工等 5 家单位参与了哈尔乌素煤矿的基本建设。在多年合作过程中，宏大爆破以自己精湛的爆破技术、一流的项目管理质量以及优良的服务意识，赢得了业主的好评。在每年的施工评比中宏大爆破在安全、质量、进度等指标均获第一名，赢得了业主的好评和各参建单位的尊重，也在各参建单位之间进行爆破作业一直承担协调的主角。

2008 年，神华集团哈尔乌素露天矿下达超产计划，宏大爆破为业主垫了资，调集若干大型钻爆设备和转运机械，为业主多剥离石方 500 万方，保证业主当年完成超产任务。

2009 年，宏大爆破与神华准格尔能源集团结成战略联盟，宏大爆破投入 1.8 亿人民币购置大型露天采矿设备，其中牙轮钻 2 台、电铲 3 台、自卸汽车 15 辆，参与哈尔乌素露天煤矿的剥离和采煤工作，成为业主的一个作业成员单位。

宏大爆破哈尔乌素项目部 2010 年创造了 14.5 万方 / 日的全国新纪录和公司内部单个项目部年产值 3.5 亿元的新纪录。

2007 年 12 月 20 日上午，由宏大爆破承接的神华宁煤集团大峰煤矿羊齿采区爆破工程开始实施，一座相对高度 230 米的山体被削掉 40 米，宏大爆破公司用去 5500 吨炸药，将 600 多万立方米的岩体炸碎。

此次炸药当量相当于日本广岛核爆炸的 12 倍，爆破规模世界少见。能量释放相当于一次 5.0 级左右的地震，是继白银铜矿、攀钢狮子山和珠海炮台山万吨级硐室爆破后，全国第四大硐室爆破，也是宁夏自治区和中国煤矿历史上最大的一次爆破，此次爆破创造了四个世界第一。

此次爆破工程在百米山体上分四层开挖近百个硐室，挖隧道长度近9千米，爆破设计采用条形加集中药包装药，多硐室、分层立体布置药室，单响药量最大不超过120吨。

由于设计采用了多段毫秒延时爆破和条形药包布置，可最大程度地降低爆破对周围建筑物的破坏和影响，爆破时可保证1千米以外砖混结构建筑物的安全。

分别装在上百个硐室内的炸药，通过电爆网络将各药室的炸药串联起来，经过按钮操作5500吨炸药会在750毫秒即不到1秒钟的时间内，从两边向中间引发25次爆破，在山体整体降低40米的情况下，同时将40多万立方米的碎岩定向抛到旁边的一条沟里，实现了一次世界上最大的煤矿爆破工程的成功爆破。

科技创新，实现跨越式发展

自1988年，广东宏大爆破工程公司从广东煤炭工业研究所孵化独立出来创业，2001年并入广东省广业资产经营有限公司，归属于广东省国资委，2003年完成股份制改造，2007年开始整合民爆产业资源，更名为广东宏大爆破股份有限公司，2010年成功整合广东力拓民爆器材厂和广东明华机械有限公司，公司注册资本增加至164200000万元，2012年6月在深圳证券交易所A股成功挂牌上市，成为中国露天矿山采剥服务第一股，注册资本增加至218960000万元。

宏大爆破极其重视科技创新，大力开展科研工作，健全科研组织机构。近年来，他们成立了宏大商学院，成立了北京广业宏大矿业设计研究院。多年来，宏大爆破与中南大学、暨南大学、北京矿业研究总院、长沙矿业研究院、江西理工大学、中国科学研究院力学研究所等各类高校和科研所进行横向联合，注重将科研成果转化为适应市场要求的产品，再把部分产品盈利投入到科研之中，开发出"含金量"更高、市场适应性更强的产品。

他们实施产学研一体化，与国内相关专业王牌院系、研究所合作，建国际有影响、国内最知名的联合研发中心或联合实验室。

　　他们实施产学研一体化，在安徽理工大学、中南大学、国防科技大学、南京理工大学、北京科技大学设立奖助奖学金，公司首席技术专家郑炳旭被聘为安徽理工大学的博士生导师。

　　在形成产学研一体化的模式中，宏大爆破更注重科研发展的前瞻性，制定十二五科技创新规划，经常邀请业内知名专家对经营、生产与安全技术进行考察研讨。

　　通过科技创新，宏大爆破取得了丰硕成果：据权威部门统计，新中国成立以来，中国工程爆破行业 200 项创新工程中，宏大爆破以 15 项独占鳌头至今无人企及；宏大爆破累计获得国家科技进步二等奖 1 项、省部级科技进步一等奖 3 项，行业科技进步特等奖 2 项，一等奖 9 项；出版爆破科研专著 6 部；论文集 1 部；宏大爆破目前拥有多项领先国内外的核心技术，其中 15 项核心技术获得国家发明专利，24 项获得国家实用新型专利，获得 14 项国家级和省部级工法。

　　由于宏大爆破科技创新造就实力，以技术创新为导向，凝聚一流专家团队，具有独立完成应力、应变测量、摄影测量及判断的能力，独立开发了大变形位移传感器以及建筑物爆破拆除综合科研观测技术，研发出全孔不耦合崩塌爆破技术、亚平面条形药包技术、环保清洁爆破拆除技术等。城市精密控制爆破技术达到国内先进水平，超高烟囱折叠爆破技术和环保清洁爆破技术达到世界先进水平。2005 年 5 月经过广东省经贸委考核审批，正式成立省级企业技术中心。2010 年 9 月获得国家高新技术企业称号，同时分别获得广东省和广州市创新型企业称号。

　　通过建立科学的科研成果激励机制，建立有效的科技人才培养机制，建立广泛的合作研究平台，建立以市场需求为导向的技术创新机制，为技术创新机制与进一步开发能力提供有力保障。

　　现代爆破技术正沿着精确化、科学化、数字化的方向快速发展，是矿山民爆一体化服务各环节中技术难度最大、精确性、安全性要求最高的环节。宏大爆破一直将技术作为公司企业的立身之本，在多年孜孜不倦的技术追求中，科技创新始终是公司企业快速发展的基石，是爆破服务的核心。公司将不断加大研发投入，不断推动技术创新，在现有技术水平的基础上，以自主研发为主，社会科技资源为辅的模式，以进一步整合内外部技术资源，为开拓新的市场领域打下坚实的技术基础。

由于科技创新，公司的业务模式经历了从最初的基坑爆破和拆除爆破到土石方爆破、挖运和矿山爆破，再到矿山民爆一体化的三次升级发展。

由于科技创新，公司的工艺技术经历了从定向爆破、硐室爆破、环保爆破，到现场炸药混装车，进行深孔装药爆破，再到露天矿山民爆一体化，专业的矿业服务提供商的大跨越。

由于科技创新，公司的管理体制从最初的承包责任制到有限责任公司，到股份有限公司，再到上市公司的升级转变。

科技创新是市场经济条件下企业赖以生存和发展的基础，是公司核心竞争力的集中体现，也是公司实现跨越式发展的根本要求，使公司能够成为集工程、民爆和军工于一体的上市公司，完成了一次又一次的突围。

宏大爆破公司2012年成功上市，为宏大爆破开始新的创业，深入推进矿山民爆一体化，逐步走向集团化管控模式提供了新的机遇。

新的创业还需在科技管理模式和资本运营方面不断突围，以"创新之路永不停息"的精神突破发展瓶颈，引领行业发展，把握市场机遇，迎接新的挑战，占领新的市场。

面对爆破市场的激烈竞争，宏大公司不畏艰险竞争，近10年来搞起了"矿山民爆一体化"业务，在国内首创一种全新的服务模式。

矿山民爆一体化立足于我国矿山与民爆行业基本情况，坚持市场化改革方向，在矿山开发的全生命周期，通过创新矿山民爆一体化的商业模式、技术和管理、向矿山业主提供包括民爆器材生产与储存（含现场混装）、爆破工程设计与实施、矿山采剥与复绿、矿山运输与分选等集成矿山服务，形成资源开发与环境保护同时兼顾的高效矿业发展模式。

矿山民爆一体化服务是目前国际上广泛采用的矿山开发模式在矿山开采领域实现，可以在大幅度提高矿产资源的开采效率的同时，提高回采率、节约开采成本，达到本质安全管理和绿色环保的要求。

矿山民爆一体化是宏大爆破首创，建立在原有"合同采矿"模式基础上的新型矿山整体解决方案，开创了在矿山开采与大型土石方工程应用现场混装炸药技术的先河，是我国矿山工程及大型土石方工程的先进运营模式。现场混装炸药技术大大降低了炸药使用过程中的危险性及成本，炸药储存及运输环节简化，爆破质量及安全性好，施工效率高，大幅度降低爆破及后续环节的施工成本。

凭借优秀技术团队和特大型露天矿山设备，实现了超大规模生产。通过设备高效化、生产调度自动化、工艺连续化、安全可控化、大幅度提升资源开发效率，最大程度减少环境污染与破坏，实现业主综合效益最大化，符合"构建资源节约型与环境友好型社会"的科学发展观，具有良好的推广应用价值。

作为中国矿山工程和民爆产业的先行者和领导者，宏大爆破本着"客户至上诚为道，规范高效人为本"的经营管理理念，以个性化的合同采矿施工服务引领矿山开采工程模式新时代。宏大爆破把世界上前沿、成熟、实用的项目管理理念和诸多科技创新迅速运用于不同的客户，变成对客户有指导意义的方案，从安全、高效、成本、环保等方面实现客户价值的最大化。

作为中国"矿山民爆一体化"的倡导者和积极实践者，作为国内第一家成功从爆破服务领域延伸到矿山工程及民爆生产领域的矿山民爆一体化服务商，已拥有十几亿的固定资产，拥有国内乃至国际上一流的领先技术，拥有过硬的技术团队。宏大爆破公司已经赢得鞍钢集团、神华准能、神华宁煤、太钢集团、华能电力、中国大唐、华夏建龙、大宝山矿业、辽宁成大、舞钢中加等多家大中型露天矿山业主的高度认可，在露天矿山开采领域业绩卓著，声誉斐然，异军突起，赢得了"非凡爆破、完美采矿"的行业美誉。目前宏大爆破业务已覆盖内蒙古、宁夏、新疆、辽宁、山东、山西、河南、河北、云南、贵州、广东、海南等国内矿山区域。

宏大爆破公司董事长、总经理郑炳旭被新华社等8家单位评为首届"转型2010年中国经济十大领军人物"。

公司上市以后，宏大爆破提出了"深化推进矿山民爆一体化，奋进开拓二次创业新局面"的战略指引：通过企业并购重组、拓宽融资渠道、完善公司治理、提升管理水平、建设幸福宏大、加快科技创新与信息化建设等新举措，推动美丽矿山建设，可望2015年实现主营收入超百亿，力争成为全球矿业服务与民爆产业卓越领跑者！

蒙东：唱响国家电网的
"梦之声"

江广营　王　荻

国家电网内蒙古东部电力有限公司（以下简称"蒙东电力公司"）成立于 2009 年 6 月，主营电网建设、运营和电力购销等业务，负责投资、建设和运营管理赤峰、通辽、兴安、呼伦贝尔四盟市电网，供电面积 47 万平方千米，供电人口 1200 万。截至 2011 年年底，蒙东电网拥有 35 千伏及以上变电容量 2090 万千伏安、线路 23900 千米。其中，500 千伏变电站 4 座、变电容量 600 万千伏安、线路 3192 千米，220 千伏变电站 44 座、变电容量 739 万千伏安、线路 5774 千米。

蒙东电力公司成立 3 年以来，坚持从地区电网特性和电力发展规律出发，紧密围绕公司发展定位，积极开展各项工作，实现了从组建到独立运营的顺利过渡，取得了开创性的成绩。内蒙古东部地区煤炭和风能资源丰富，是我国重要的能源基地，蒙东电网在实施国家电网公司"一特四大"战略中具有重要地位，"十二五"期间特高压交、直流电网和 500 千伏电网将覆盖内蒙古东部地区。

公司坚持"努力超越、追求卓越"的企业精神，秉承"以人为本、忠诚企业、奉献社会"的经营理念，提出"打造服务型电网、送端型电网，建设'一强三优'国内一流省级电力公司"的发展定位，引导和激励员工自强不息、开拓进取，创造了时不我待、不舍昼夜、只争朝夕的"蒙东速度"，培育了甘于奉献、肯于吃苦、勤于开拓的"蒙东精神"，树立了朝气蓬勃、精诚团结、勇挑重担的"蒙东形象"，赢得了自治区党委、政府和国家电网公司党组的高度信任和充分肯定。

引 子

中国北方，美丽而富饶。

在广袤的内蒙古大草原上，一只雄鹰在天空中翱翔。这里曾经是成吉思汗的故乡，一代天骄，马上征战，雄视天下。

走进内蒙古的东部腹地，这里拥有世界上原生植被保存最好的呼伦贝尔大草原和锡林郭勒大草原，到处分布着原始森林、湿地、温泉和湖泊。

今天，蒙东地区因为丰富的矿藏和电力资源而备受关注。

1999年，国家提出抓住世纪之交历史机遇，加快西部地区开发步伐，吹响了西部大开发的号角。内蒙古自治区因为丰富的物产和辽阔的地域，而备受瞩目。

2011年，国务院出台《关于促进内蒙古自治区经济社会又好又快发展若干意见》，明确了内蒙古作为国家级综合能源基地的定位。全国排名前列的煤炭储量让能源基地的殊荣实至名归。

2011年，自治区出台《"十二五"发展规划》，提出全面加快电网建设和外送通道建设。发展煤电一体化产业群成为未来的重点。

2009年，蒙东电网整体划转国家电网运营，国家电网内蒙东部电力公司成立。这标志着作为中国重要的煤电基地，蒙东地区的电网将实施统一规划、集约发展，建设力度有力加强。

2010年，国家电网蒙东电力公司正式独立运营。

2011年，投资127.5亿元升级改造农村电网，投资1.5亿元推进无电地区通电工程，新建及扩建变电站245座、10千伏及以上线路1.65万千米，使120万用户的供电设施得到改善，供电可靠性显著提升。

2012年，220千伏乌兰哈达—德佰斯—阿尔山输变电工程在兴安盟投运。该工程总投资为6.85亿元，包括2座总容量为24万千伏安的220千伏变电站，270千米的同塔双回220千伏线路，同时建设与之配套的66千伏优化和梳理工程。这项横跨大兴安岭、贯穿兴安盟东西的工程，将改变阿尔山及周边地区乃至整个兴安盟的面貌。

2013年年初，蒙东地区开鲁500千伏风电送出工程安全稳定运行控制方案，顺利通过中国电力工程顾问集团评审。这标志着蒙东电力有限公司服务清洁能源发展获新突破。

三年的历程，三年的足迹，坚实而清晰！

蒙东电力这只展翅的雏鹰，正以昂扬的姿态，在草原的上空托起光明的太阳……

使命——前行的力量

去过内蒙古的人都知道，这里是一片神奇的土地。

她辽阔广袤，富饶却苍凉。

高寒气候环境和不均衡的生态发展，让这里很多草原严重沙化，曾经"天苍苍、野茫茫，风吹草低见牛羊"的胜景仅在呼伦贝尔水草丰茂的夏季才可以重现。而经济方面，更是较之全国相对落后，基础设施建设与发达地区差异很大。

但同时，这里是尚待开发的一块宝地，其未来发展蕴含着无限的能量——煤炭储量 7016 亿吨，居中国第一位；天然气地质储量 7903 亿立方米，鄂尔多斯盆地苏里格天然气田是截至 2010 年中国发现的为数不多的陆上特大型气田之一；可利用风能总功率 1.01 亿千瓦，居中国首位。

正是看准了未来可发展的远景，蒙东电力在成立之初，就直面困难，锐意进取。面对基础设施差，运营网线长，幅员辽阔，物理环境差，高寒地区运营等方方面面的制约。摆在蒙东电力公司面前的是一条挑战与机遇并存之路。

发展与使命同行。

"蒙东公司要承担起蒙东 46.8 万平方千米、1200 万人的供电保障任务；承担起蒙东经济社会发展的供电保障任务；承担起引导蒙东地区能源结构调整、支持风电送出消纳的任务；承担起蒙东地区建设国家能源基地、服务东北振兴的输电送电任务。"蒙东公司总经理陈连凯说，这是蒙东公司与生俱来的使命。

成立以来，在国家电网公司党组正确领导下，蒙东公司牢记使命，不负重托，在服务城乡经济发展、推动能源基地建设、维护社会和谐稳定等方面积极履行经济、政治和社会责任，有力促进了蒙东经济社会发展，在推进"两个转变"、建设"两个一流"进程中作出了自己应有的贡献。

2012 年 12 月 13 日，呼和浩特寒风凛冽，蒙东公司会议室里却暖意融融。

呼伦贝尔鄂伦春旗副旗长高勇率队不远千里赶来，送上一面大红锦旗。

旗上"践行责任、提供电力供应坚强保障，真情关爱、辅助民族地区经济发展"两行大字闪着光芒。高勇说，这是他们建旗以来送出的第一面锦旗。

锦旗虽小，却代表了呼伦贝尔鄂伦春自治旗 28 万人民的心意。在为该旗建旗 60 多年来最大的工业项目——鑫昌泰吉文水泥有限公司供电过程中，蒙东公司高度重视，克服困难，最终引来了充足的电力，促使吉文水泥厂比预计提前 2 年投产。2012 年 8 月，蒙东公司开工建设一条 220千伏线路，跨省向黑龙江省电力有限公司"借电"，就近输电给水泥厂。

自成立以来，蒙东公司便将可信赖的电力供应、优质的供电服务以及国家电网公司先进的企业文化一并带到了蒙东大地。

3 年来，蒙东公司不遗余力惠民支农，投资 127.5 亿元升级改造农村电网，投资 1.5 亿元推进无电地区通电工程，新建及扩建变电站 245 座、10 千伏及以上线路 1.65 万千米，使 120 万用户的供电设施得到改善，供电可靠性显著提升。

助力新能源，创蒙东绿色品牌。

发展新能源一直是国家能源战略中面向未来竞争关键的一环，在风能和太阳能等可循环能源蕴藏量丰富的内蒙，曾经因为风能不稳定，转换效能低等原因没能迅速发展起来。蒙东公司自成立以来，便承担着全力服务风电发展，以"奉献清洁能源，建设和谐社会"为使命，将服务新能源发展作为重要的政治责任和社会责任。

2012 年 10 月，金风送爽，在内蒙古自治区宣传部牵头召开的内蒙古东部电力有限公司促进风电等新能源发展新闻发布会上，蒙东公司全面介绍了在促进新能源发展中的探索和举措，引起在场媒体热烈反响。

成立不过 2 年有余，蒙东电网已骄傲对外宣布："蒙东电网消纳风电能力居全国首位，达到世界先进水平。"

的确，国家电网蒙东公司成立至今，地区风电累计发电量 229.23 亿千瓦时，相当于节约标准煤 825 万吨，减排二氧化碳 1800 万吨，减排二氧化硫 68.77 万吨。截至 2012 年 9 月底，辖区内并网风电场达到 69 座，装机容量达到 666 万千瓦，占地区总装机的比例为 31%，超过了世界风电强国西班牙和德国的 17%、21%；今年 1—9 月，风电累计发电量达 71.1 亿千瓦时，占蒙东电区发电量的 13.1%，占蒙东地区售电量的 39%。2012 年 5 月14 日，风电日发电量占当日供电量的 72%，风电电量占比再创新高，蒙东电网消纳风电能力已居全国首位，风电发展相关指标达到了世界先进水平。

而这些成就，都是以蒙东电力人辛劳的汗水交换而来。

服务新能源，创绿色蒙东品牌——正是喊着这样的口号，蒙东电力人积极行动，在广袤的草原上奋战。

作为经济待发展的西部地区，自成立以来，网架薄弱是不可避免的现状，蒙东公司在通辽、兴安地区安装了安全稳定控制装置，缓解两地风电高速发展带来的外送"瓶颈"问题；建设了通辽开鲁、赤峰杨树沟220千伏汇集工程，实现风电汇集外送，这些举措，大大解决了风能不稳定和集中外送难的问题，内蒙古草原迅捷骁勇的风在蒙东电力人的指挥下，成为光和热源源不断的向外辐射。3年以来，蒙东电网接纳风电能力得到大幅提升，风电装机容量从97万千瓦跨越到666万千瓦。截至今年9月底，蒙东公司经营区域内并网风电场达69座，装机容量占蒙东地区总装机的31%；1—9月，风电累计发电量71.1亿千瓦时，占蒙东地区发电量的13.1%。

何为使命，如果你这么询问蒙东电力人，也许你得不到满意的回答，但是如果你深入他们的岗位，走进他们工作的现场，你会发现，使命的力量无所不在。正是秉承一种朴素的信念，才能克服一切困难，才能笑对客观条件的恶劣，在服务社会、输送光明，推动发展的道路上越走越宽广。

安全——发展的支点

伴随我国经济的快速发展，随之而来的是各类安全问题的隐患，安全形势不容乐观，生产安全是全国范畴内企业重抓的核心工作。

安全，也是电力企业永恒的主题。

走进蒙东电力位于呼和浩特的办公大厦，随处可见迎面而来的安全文化，安全作为电力企业发展的支点，在这里体现的得淋漓尽致。

"安全生产管理只有起点，没有终点——如果按照国家电网建设世界一流电网、国际一流企业目标要求，与发达国家相比，我们的安全管理还有很大差距，安全生产依然任重道远！"——说起电力安全，蒙东电力安监部主任徐日洲侃侃而谈。

长期以来，电力企业始终高度重视安全生产工作，投入了大量人力、物力和财力，就全网而言，事故率明显下降，安全生产形势总体平稳。但是，摆在蒙东电力公司面前的安全生产之路，确实任重而道远！公司成立后，由于网架薄弱、设备老旧、人员素质不高、管理方法及思想观念相对落后等诸多原因，存在大量安全隐患，安全生产如履薄冰。2010年，连续发生了人身和因误操作引发的电网事故；2011年进入4月份以来，又因设备质量问题和外力破坏，连续引发了电网和设备事故，安全生产形势十分严峻。

"应该承认，多年来我们在安全管理上，始终没有摆脱救火式、被动式的管理模式，总是按下葫芦、瓢起来，没有从根本上真正解决'要我安全'向'我要安全、我会安全、我能安全'的转变。"2011年上半年的一次安全会议上，问题被再一次抛出，反思改善成为安全管理的新起点。

从电网来讲，蒙东地区46.8万平方千米，电网规模却很小，仅有500千伏变电站8座，220千伏变电站48座，而且变电站地理分布不均衡，变电站分散，站间距离远。从电网设备来说，装备水平差，35千伏及以上变电站无人、有人、少人值守管理模式并存，单线、单变状况普遍存在，不具备无人值班条件的变电站占变电站总数的85%。如何在这样的基础之上，快速发展，还能确保电网安全，这是蒙东电力发展中面临的管理课题。

2011年3月，春节刚过没多久，草原的春天在乍暖还寒的风里萌动……

呼市的大街上，节后的人们开始了新一年的忙碌。

蒙东电力大楼会议室里，人头涌动，这里正在开展一场别开生面的安全生产法律法规宣讲会，而坐在主席台上的宣讲人，正是蒙东电力的总经理陈连凯。

陈连凯从国家、国家电网公司和蒙东电力公司三个层分析了安全生产形势，要求公司全员对安全工作保持清醒认识。同时针对蒙东电力的安全发展，提出八点要求：第一，要发挥负责人的作用，带动责任落实；第二，要用健全的制度体系，保障责任落实；第三，要建设本质安全企业，推动责任落实；第四，要发挥两个体系作用，促进责任落实；第五，要开展安全监督检查，强化责任落实；第六，要消灭习惯性违章，保证责任落实；第七，要加强事故应急处理，确保责任落实；第八，提升全体员工素质，实现责任落实。陈连凯强调，各级领导干部必须以高度的责任心和使命感，违章违规的事坚决不做，没有安全生产把握的事坚决不干，确保公司的安全生产工作有序开展。

在蒙东公司一届一次职工代表大会暨 2011 年工作会上，陈连凯总经理作了《强化执行，凝心聚力，为实现公司"十二五"发展良好开局而奋斗》的工作报告，明确提出了"夯实安全生产基础，提升企业本质安全能力"的工作思路。本质安全建设成为蒙东电力管理提升工作的重要抓手！

明确了思路，确立了目标，本质安全建设势在必行！

为把本质安全建设工作落到实处，蒙东电力先后派出各级管理人员多次外出交流学习，同时，聘请国内知名咨询公司——北京八九点管理咨询有限公司深入企业内部，诊断调研，确立本质安全建设的三年工作目标、工作路径、推进方法和步骤。

"本质安全建设是企业的一项责任工程，更是事关企业发展的使命工程。本质安全管理理念的提出，符合企业健康持续协调发展和员工自身安全防护的需要，体现了'安全第一'的安全观、'以人为本'的人本观、'综合治理'的系统观和'安全效益'的经济观，是人类在安全认识上的一大进步。"在调研沟通会上，多年实践在管理咨询一线的管理专家江广营这样界定本质安全工作。

本着先打造试点，再深化复制的规划思路，蒙东电力决定以兴安供电公司作为试点单位，开展本质安全建设的模式初探。

兴安盟，因地处大兴安岭山脉中段而得名，"兴安"蒙语意为山岭，是科尔沁草原的腹地。

兴安供电公司的前身是兴安电业局，组建于 1981 年，30 多年来受地方经济发展的制约，电网网架薄弱、售电量小、设备老旧、管理方式相对滞后。2009 年 6 月 29 日，兴安局正式划转国家电网公司统一管理。随着蒙东电力公司本部的规范化运营，管理力度不断加大，兴安局与公司规范化管理要求的巨大差距逐渐显现，且越来越大，这体现在兴安局的各个方面，且短期内难以解决：一是电网网架薄弱，设备老化严重、抵御自然灾害能力弱，供电可靠性低。二是管理差异比较大，员工思想观念和思维方式不能满足国网公司精益化管理要求，创新不足，工作精、细、实的程度不够。三是缺员问题严重。自 1995 年以来基本没有接收过大中专毕业生，导致机关机构设置不健全、人员配置不到位。很多工作疲于应付，甚至顾此失彼。这场以强化管理，保障电力安全为核心的管理战役选择在兴安打响，应该说具有特别的意义。

5月，蒙东电力本质安全建设启动会在兴安盟召开，公司领导亲临指导，标志着本质安全建设工作在蒙东电力全面启动。

本质安全要解决什么样的问题？

仅在安全生产领域作够不够？

怎样实现人、文、环、管的全面管理，实现"人人有事做、事事有人管、做事有标准、办事有程序、结果有考核"？

工作启动之初，兴安供电公司朱成、张少杰两位局长陷入了深深的思考。

"本质安全"的概念最初源于20世纪50年代世界宇航技术界，主要是指电气系统具备防止可能导致可燃物质燃烧所需能量释放的安全性。从20世纪90年代开始，"本质安全"逐渐成为安全管理研究的一个热点问题，成为一种全新的安全理念。2005年国家安全生产监督管理总局就已经提出在国企内开展本质安全建设，并在一些央企内开展试点。

但在电力行业，本质安全还显然是个管理的新概念，尚未形成系统的实践理论和模式。

"公司把本质安全建设试点工作放在兴安，给兴安局提升管理水平带来了契机，也使兴安局找到了提高综合管理水平的有效载体。"这是兴安局领导班子成员的共识。

如何干，怎么干，怎么落实本质安全，怎么实现全员、全方位、全过程的本质安全——经过多次班子成员学习研讨和思想碰撞，他们花大力气组织员工外派到优秀企业去学习，从而借来经验，采撷回来先进的管理理念和方法。

结合兴安供电公司的实际情况，并与八九点咨询公司专家团队的反复沟通和探讨，最终确立了本质安全建设工作的总体指导思想：秉持人本管理、系统管理、风险管理三大核心理念，以标准化建设为中心，以本安型班组建设为抓手，围绕"人、物、环、管、文"全方位系统规划、统合综效，全面夯实本质安全管理基础，全面提升本质安全能力。

找到了目标，就找到了实践的路径，发现了工作中的问题，就找到了解决问题的方法和工具。方向比行动重要，问题比方法重要！

随着兴安本质安全建设工作规划的发布，结合系统调研、综合分析的结果，兴安很快确立了本质安全模式的发展雏形——那就是塑造"从要我安全-到我要安全"的人，建立安全的环境，落实规范的标准体系。可以说兴安本质安全建设试点工作是集本质安全文化生根、本质安全管理建基、本质安全模式塑造于一体的一项系统性管理提升工作。通过本质安全建设，旨在全方位提升兴安供电公司的本质安全组织运作能力、本质安全学习创新能力、本质安全班组建设能力、本质安全人员管理能力。

蒙东电力的本质安全建设之路可以说是实践主义哲学在工作管理中的全面体现，蒙东电力公司全员实践，公司核心领导密切指导，公司安监部全程跟进，基层单位员工立足岗位需要深入实践。

管理是一场卓越的实践，管理创新更是一场企业自我改善的战役。而这场管理的战役艰苦卓绝。在工作推进的过程中，需要突破和挑战的勇气，需要发现问题、解决问题的锐利，更需要上下齐心，同心同德的决心和意志。

在实践的过程中，以兴安电力公司为代表的蒙东电力人，聚焦本质安全与企业发展，破蛹而出，形成强势管理力和文化力，将本质安全落实在组织行为中，落实在领导意识中，更落实在电力工作岗位的每一条战线中。以兴安局为代表的蒙东电力人，也实践探索出了一条本质安全之路。

有效措施保障本质安全推进有力。

在本质安全建设推进过程中，八九点协同蒙东电力试点单位主要采取了四大工作举措：

（一）驱动组织——建立本质安全工作的系统推动力

一是领导带动。试点单位成立了以局长、党委书记为首的工作领导小组，全面指挥协调本质安全建设工作，并设立本质安全建设办公室，抽调两名中层干部专项负责本质安全建设工作。建立了领导班子、机关管理部门与基层单位对子制度，要求局领导、机关各管理部门每月保证参加结对子单位本质安全建设活动4次，由本质办严格统计、通报工作情况，并将此列为本质安全绩效考核办法中扣分最重的一项予以考核。

二是机制推动。试点单位将本质安全建设工作纳入公司年度重点工作，与其他工作同部署、同检查、同考核，并制定了《推进本质安全管理体系建设实施方案》《本质安全建设工作考核细则》等具体措施，将本质安全建设工作纳入绩效考核范围，形成了定期总结、定期通报、定期评比、定期考核的工作机制。

三是宣传发动。试点单位通过大型启动会、工作推进会、领导专题讲话、干部座谈会等形式，传播本质安全建设理念，逐步解决员工的认识偏差和工作不主动问题。通过本质安全建设宣传手册、工作简报、展板标语、网络报道等多种形式，不断使本质安全建设理念内化于心。

四是上下联动。为推动本质安全建设纵深开展，试点单位领导班子成员身先士卒，带头参加学习、带头加班加点、带头深入基层，使中层干部真正认识到本质安全建设的必要性和使命感。同时，通过建立领导班子、机关管理部门与基层单位"结对子"的工作方式，要求领导班子成员每月3次到结对子单位进行工作指导，截至目前，班子成员累计深入基层单位指导工作共237次。通过"一级领着一级干、一级做给一级看"，使各单位"动有方向、干有目标"，取得了很好的效果。

五是全员行动。试点单位深入贯彻本质安全建设的指导思想，以标准化建设为中心，围绕"人、物、环、管、文"等方面，通过开展"写我所做"活动，全面开展工作流程梳理和工作标准编写工作。目前，已编写标准化流程462个、各类标准1148个。同时，通过开展"人人都讲一小课"、"人人都有一案例"、"人人都是一颗星"、"人人都有一绝活"、"人人担当一责任"、"人人都有里程碑"等活动，不断激发员工工作热情，促使员工更积极投身到本质安全建设实践中来。

（二）赋能化育——建立本质安全工作的一线创新力

打造本质安全的人，率先从一线员工开始。

班组长作为一线管理者，其管理素质的高低，直接关系到本质安全建设工作的成败。经过充分沟通与针对性开发，2012年6月7日22日，试点单位开展了四期共16天的"本质安全班组建设与班组长能力提升实训"培训活动。

本次培训活动以班组长胜任力提升为切入点，通过激活班组长内在成就动机，着力改善班组长的心智模式和管理思维，有效提升班组长的管理技能和综合素质，并根据行业特性，结合企业实际，导入本安型班组建设的基本模式、方法、工具等。

在培训现场，采用了独特的"培训道场"模式，将班组的日常管理机制融会在培训课堂的运作中，竞赛机制、荣誉机制、轮值机制、活力机制、分享机制始终贯穿始终，极大地激活了班组长们的学习热情。

在授课方法上，摒弃了传统的以讲师为中心的授课模式，而是以学员为中心的训练模式，互动研讨、分享点评、实践演练、管理体验等新颖的培训形式，让学员在轻松愉悦的氛围中体悟管理的真谛，培训效果显著。

（三）催化辅导——建立本质安全工作的环境保障力

为了更好地调动广大基层员工的积极性和主动性，更好地将培训所学知识应用于本安型班组建设的具体实践，深入推进本质安全建设工作的有序开展，本质安全工作推进组、试点单位本质安全办公室、咨询专家团队，通过网络交流、电话跟踪等形式，进行全程催化辅导。

此外，本安办和专家团队还围绕主题月活动，定期走访班组现场，对班组反馈的问题及时进行答疑解惑，并对工作开展中存在的认识偏差和做法误区进行及时纠正，给出改善建议。

（四）创标建模——建立本质安全工作的组织学习力

2012 年 8 月，试点单位通过发起"本质安全班组建设创标工程"的活动倡议，鼓励各班组结合自身工作特点，创新运用本质安全建设的各种模式、方法、工具，变理论为实践，促实践出实效。试点单位还通过"兑标课"形式，为各班组搭建展示工作亮点、分享经验做法、开展竞赛比拼的平台，促使各班组在分享交流的过程中，相互学习、相互借鉴、取长补短、交流提升，形成比学赶帮超的良性竞争氛围。

在学习交流和竞赛评比的过程中，不断涌现标杆班组，通过对标杆班组的成功经验、模式、方法进行梳理提炼，固化形成蒙东电力本安型班组建设的系统模式，在更大范围内进行复制和推广。

本质安全建设工作的试点，经过了一年多的深入实践，安全文化已深深植根在蒙东电力每一个员工的心中，落实在每一个人的日常工作中。在本质安全建设过程中，一线班组通过制定安全文化宣言、举行安全宣誓仪式、开展安全教育学习等多种活动，不断灌输安全文化理念知识，营造浓厚的安全文化氛围，使安全文化理念真正入脑入心。

安全管理的基础体系更是明显加强——在本质安全建设的试点中，兴安电力公司为代表的蒙东电力始终以标准化建设为中心，围绕"人、物、环、管、文"等方面，通过加强安全文化建设，强化各项安全管理制度，规范日常管理模式，健全班组学习管理模式等，不断提升人员的安全意识和安全技能，不断排除设备的安全隐患和各种故障，不断加强现场管理和环境建设，不断健全基础管理体系，不断提升安全管理水平，最终形成

"人人学安全、人人讲安全、人人要安全、人人能安全"的本质安全文化环境，使公司安全管理基础明显加强。

通过本质安全建设工作的开展，广大员工队伍面貌焕然一新：从消极被动变为积极主动；从逃避问题到解决问题；从被动执行到创新思考；从归罪于外到反求诸己；从推卸责任到勇于担当；从各自为战到团结合作。可以说，员工的安全意识、创新意识、质量意识、竞争意识都在显著提高。

安全保障源自实践，实践出本质安全管理的真知。在本质安全建设试点中，安全不再是高高在上的理论框架，也不再是各级领导反复强调的管理要求，本质安全的"本质"体现为安全思想的全面达标，安全意识的全面提升和安全技能的显著提高；本质安全的"本质"更体现在漫长的电力网线上一切隐患的消除，每一个最普通员工操作行为的规范，在蒙东开阔辽远的大地上，在蓝天绿草间挺立的一座座输电线塔上，本质安全成了一个最响亮的音符，植根在这块大地，保障光和热的输送。

走进位于扎赉特旗西南部的巴彦高勒供电所，在这个仅有18个人的供电所里，能感受到本质安全给这里带来的不小变化。

巴彦高勒供电所是站所合一的综合性供电所，担负着辖区内14个行政村、46个自然屯、3.1万人口、7878户用户的供用电任务。所内职工18名，专科学历仅1人，中专学历5人，其他均为初高中毕业生。班员整体素质处于"两低两差"现状，即文化素质低、业务水平低，安全意识差、管理能力差。在班组管理中，也处于"传统的不顶用，现代的不会用"的尴尬现状。

2011年5月，供电所积极贯彻公司本质安全建设的工作部署，并以此为契机，规范班组日常管理工作，提升班组全员素质。为此，供电所确立了"班校家"合一的班组建设目标。班，即工作的班，通过规范管理，共同打造拥有卓越战斗力的"班"；校，即学习的校，通过班组日常学习，共建员工成长的"校"；家，即温馨的家，引导班组成员相互关怀、团结包容，共同营造温暖、关爱、和谐的大家庭。

供电所结合自身工作实际，以标准化建设为中心，梳理和完善各类工作流程、工作标准和管理制度，使班组各项工作做到"有章可循，有据可依"；以周例会为有效平台，加强班组内部安全作业、目标控制、任务落实、人员调配、分享学习等日常管理活动，形成《班组例会管理制度》，建立可追溯的《例会记录》；以可视化管理看板为载体，将班组管理诸要素显现化，如将重要的工作信息、安全信息、学习信息、人员信息等及时公开，以达到时时提醒、时时对标、时时激励的效果，并制定了《看板管理规范》；主要体现在轮值例会主持、轮值卫生管理等方面，这些轮值活动的开展，在很大程度激发了每个人的主人翁意识、责任意识和换位思考的意识，并逐步提升了每个人的沟通能力、组织能力和协调能力等，班组成员还在这些轮值活动的基础上结合自身实际情况制定了《班组轮值管理公约》；荣誉机制的应用，主要体现在"班组之星"的评选上，如根据班组成员举手表决形式，评选班组内部优质服务之星、卫生之星、学习之星、进步之星等，并制定了相应的《评星管理标准和办法》，以达到鼓励先进、激励后进的作用。

围绕"校"的建设，供电所开展了"人人都有一案例"、"人人都讲一小课"活动，并共同讨论制定了《班组学习公约》，逐步形成班组内部常态化的学习管理模式。"人人都有一案例"活动要求班组成员工关注"身边的人、身边的事"，并将这些素材说出来或写出来，变成有启发意义的案例。在每次周例会的班组学习活动中加入案例研讨环节，通过对案例的分析和研讨，不断提升大家的安全意识，同时对工作提出反思和改进。此外，还将经典的案例张贴在看板的学习园地中，以供大家随时分享和学习。目前，供电所共撰写案例50多个，并整理成《班组案例集》。"人人都讲一小课"活动要求班组成员结合自身业务和工作实际，对业务知识、专业技能、工作方法、经典案例等以讲一小课的形式在班组学习活动中轮值分享。供电所在借鉴他人的基础上，也形成了自己一小课模式，对小课轮值周期、轮值范围、讲课主题、教案制作、分享形式、存档管理等进行了规范管理。到目前为止，供电所共开展过17次一小课活动，并整理成《班组精彩小课集》，形成了"人人学习、人人分享、人人提升"的良好氛围，对提升班组成员的综合素质起到了积极的促进作用。

围绕"家"的建设，供电所以班组和谐文化打造为主线，进一步改善了员工办公和休息环境，创建了班组文化园地和文化手册，开展了各类丰富员工精神生活的文娱活动，不断营造亲情的"家"氛围，提升班组软环境感染力。例如，通过定期谈心，调适员工心态，梳理"三违"人员心理障碍，营造班组安全软环境；在对"三违"人员进行处罚的同时，注重其心理调适和情感关怀，及时进行家访谈心，了解其原因，挖掘其根源，并采取有效措施理顺员工情绪；同时，还可组织到"三违"人员家中，对"三违"人员进行帮教，从根本上扭转过去那种对"三违"人员粗暴、冷漠的态度，营造了平等和谐的氛围，使违章人员内心深处受到了更加强烈的震撼。此外，供电所还将班组的日常花销、定期谈心、班员提出的好的建议、班组排故经验等整理成可供查阅的台账资料，如形成了《班组账本》《班组谈心记录》《金点子集》《班组排故经验集》等，这些都使每一位班组成员感受到被尊重、被关怀、被认可，营造了浓厚的"家"氛围。

经过一年多的管理创新实践探索，巴彦高勒供电所在"人、物、环、管、文"等方面均取得了明显的成绩。人员精神面貌焕然一新，员工综合素质明显提高，班组日常管理明显规范，班组综合绩效明显提升。供电所还相继获得了"2011年度先进集体"、"2011年度先进班组"、"蒙东公司行风建设先进单位"等众多荣誉称号。此外，也涌现出了屈辉、左爱民等"先进个人"。可以说，本质安全建设在巴彦高勒供电所硕果累累。

当然，类似于巴彦高勒供电所这样的例子，在本质安全建设工作中还有很多，一个个最基层供电所在管理所焕发出来的活力，汇聚成为蒙东电力本质安全模式最直观的成绩和收获。而安全是企业长抓不懈的工作，蒙东电力构建本质安全型企业的梦想和实践才刚刚开始……

未来——和谐的"梦之声"

在中国的大地上，一座座大楼正在拔地而起，一座座城市容纳了中国人的梦想。

有人说，中国梦是强国梦；有人说，中国梦是发展梦；

有人说，中国梦是中华民族伟大复兴的梦，也有人说，中国梦就是每一个人的幸福和安康。

的确，这是一个筑梦的时代，人人都是梦想的创造者和实践者，人人都是圆梦人。

企业的梦想是什么呢？这是作为共和国长子的央企、国企长久的思考。

企业的梦想——是发展！

企业的梦想是更好地发展、更快地发展。以承担更大的社会责任，回报人民，回馈社会，推动整个社会人民经济物质精神生活的极大进步。

蒙东电力，在短短 3 年的发展中，承载了一个梦想，实践了一个梦想，又扬起了一个个新的梦想。

伴随着国家综合能源基地和国家重要有色金属生产加工基地和新型绿色能源基地在蒙东的建立，在自治区"美丽与发展双赢"的发展战略引领下，蒙东地区正在加快推进大型坑口电站、风电产能以及特高压外送通道建设。

独特的资源禀赋和欠发达的经济发展现状决定了蒙东电网"大电源、小负荷"的特性。自成立之日起，蒙东电力公司便确定了定位清晰精准，富于地域特色的电网发展战略定位，那就是：建设服务型、清洁型、送端型电网，将蒙东电力公司打造成极具资源富集地区特色的国内一流省级电网企业，具备更大范围内管理运营电网的能力。

加快电网建设始终是蒙东电力公司的中心任务，也是蒙东电力公司的持续追求和不息奋斗。

电网建设得到了自治区政府的全力支持，蒙东电网"十二五"规划纳入自治区"十二五"电力工业发展规划；呼伦贝尔——山东特高压直流工程内蒙古段取得相关协议；蒙东电力公司相继与各盟市政府签署了战略发展框架协议；并与铁路部门签订铁路、电力设施互跨支持协议。

而在新能源发展建设上面，蒙东电力更不断实践着绿之梦。通过在前期规划、电量消纳、安稳运行等方面的不懈努力，蒙东地区新建风电项目接入、风场建设时序等问题得到较好的解决，风电产业摆脱了无序混乱的状态，走上了健康有序发展的道路。

而随着我国首个风电火电替代交易市场在蒙东电力的建立，探索用市场机制实现风电、火电资源间的优化配置，减少限制风电出力，提高发电企业整体经济效益已经全面实现。

"十二五"期间，国家电网对内蒙古自治区电力外送作了详细规划，在"三纵三横"特高压电网规划中，"三纵"都以内蒙古自治区为起点，主要解决自治区电力外送问题。按照规划，到"十三五"末期，蒙东电网将形成统一的坚强智能电网，形成"强交强直"的骨干网架。蒙东电力外送通道建设不仅可以满足蒙东地区电力外送需求，缓解负荷中心地区电力短缺的状况，而且可以增强区域电网间的电气联系，提高电网安全稳定水平。

　　据悉，蒙东电力公司还将进一步加大电网投资力度，进一步拓展风电消纳途径，全力推动呼伦贝尔——山东等特高压工程建设，使大风电融入大电网，扩大风电消纳市场，实现清洁能源在更大范围内优化配置，到2015年，蒙东电网的风电装机将达到1300万千瓦，风从草原来，风能从草原对外输送，一个个风电项目区落户在内蒙古大地，转动的叶片将成为苍茫草原上的最美、最壮丽的景观。

　　而蒙东公司将永远立足大草原，坚守祖国北疆，伴着不断延伸的铁塔银线，将责任央企的实践传遍苍茫草原。

纵横搏击国企歌

——广东省广新控股集团有限公司走笔

杨沥泉

序　曲

曾几何时，国企改制的潮流把数以千万计的国有企业员工推向社会。

除了垄断型国有企业，除了中央特大型国有企业，几乎所有的国企都不得不在市场经济的"游戏规则"中洗牌。

难道向私有企业看齐，就是国有企业的唯一出路？

难道"庙拆众僧散"就是国有企业的"定命"？

说起来世人难以置信：在改革开放的前沿阵地广东，竟然有一家一无政策保护、二无资金优势的老牌的外贸型企业，能够在滚滚大潮中树起一根标杆，傲然挺立于国际、国内市场的激烈竞争中。

这个企业，就是广新控股集团有限公司！

一、前天：唱着"东方红"面世

广新控股集团有限公司的前身是广东省外贸集团有限公司。其"家族"成员为广东省食品进出口公司、广东省五矿进出口公司、广东省土产公司、广东省机械进出口公司、广东省轻工进出口有限公司以及广东省广告有限公司等省属国有外贸企业。

除了广东省广告有限公司成立稍晚一些，其他那些子公司都差不多与新中国同龄。在外贸吃香的那个年代，作为天之骄子的外贸企业，被社会上誉为：唱着"东方红"面世，迈着"我们走在大路上"的脚步"朝着胜利的方向"。

在上个世纪50年代、60年代和70年代，广东的外贸进出口业务已位居全国前列。无论食品进出口、矿产进出口、土特产进出口、机械进出口，还是轻工业产品进出口，都打了漂亮仗，为国家创汇不少，为地方财政增收不少。

然而到了20世纪90年代，随着国家各项政策的进一步放开，不管国内贸易还是国际贸易，业务上都绕不开市场竞争。

也许是习惯了依靠配额经营；也许是抱有等待人家"找上门"来的观念，因此在事与愿违的时候，大家都显得束手无策。

要么从此退出外贸行业，要么另谋生存之道，这就是市场法则对外贸型企业，尤其是对国有外贸企业的"忠告"。

在广东省委、省政府的牵头下，国有各大外贸企业联合起来，成立集团公司，以应对来自国内外的各种挑战，适应日益严峻的外贸市场形势。

2000年6月22日，广东省政府宣布，由李德和出任董事长，组建广东省外贸集团有限公司，广东外贸人的第一个愿望实现了。

广东外贸集团于2000年9月14日正式挂牌。当时社会上议论纷纷："国有企业抱成团也未必比得过民营企业。难为了外贸行业这些人呢。"这是善意者的评判。

"嘿，真是逆潮流而动。国有外贸企业存在，只能扰乱市场！"这是恶意者的诋毁和挑拨。

扰乱市场，这四个字伤害了外贸集团每一个人的情感，尤其是那个时候还不在外贸集团担任主要领导的李成，他的心被深深刺痛了。他在心里呼喊着：哪怕我在集团里干一年半年，也要为国有外贸行业正名！

广东外贸集团最初管辖32家企业。这些企业一合拢，竟有3000多人需要安置和分流。集团领导班子一商议，明确表示不把包袱丢给政府和社会。他们一手抓资源整合，一手抓人员分流，及时筹资3000万元，把问题解决在集团内部。

如果说组建集团公司壮大了国有外贸企业的阵容，那么，经营上转型升级，走实业化道路，才是站稳脚跟并且得以发展的根本。

2005年，集团董事长已由欧广接任。企业在经历了一段时间的贸易与生产相结合的实践之后，转型升级问题上升到理论的高度，这就是说，全公司上上下下都清醒地认识到，只有在思维方面，在管理方面，在经营方面都转型升级，才能够进入高速、高效发展的科学轨道。

广新的责任感首先表现在把自己摸索出来的经验毫无保留地公诸于社会，让同行业以及行业外所有企业都实施战略性的转型升级，2005年启动企业转型，这在全国属于最早。

民间说，出世容易立世难。这指的是做人。

办企业呢？居然与做人同一个道理。

广新控股集团经历了外贸行业的"洗牌"，保持国有性质不变。社会上有各种各样的眼光注视着她，赞许的、怀疑的、嘲笑的……广新人抱着"咬定青山不放松"的信念，在国企的发展道路上勇往直前。

二、昨天：讲着"春天的故事"进取

有人拿民营企业和国有企业进行对比，得出结论说，民企灵活，国企死板；民企没有包袱，国企包袱沉重。

这就意味着，如果在同一起跑线上奔跑，民营企业优势更多，国有企业优势更少。

事实如此。广新控股集团作为广东省的大型国有企业，在职员工近24000人，退休员工近8000人，其中一些老红军、老八路，广新还必须为他们提供特殊待遇。

老百姓戏称国有企业为"国崽"，是养老靠得住的"儿子"。其实，这只反映了一半，另有一半不知道是"没有说出来"，还是"根本不了解"——国企这个"儿子"的靠得住，完全是建立在国企本身的超负荷努力之上啊！

难怪，李成接任董事长之后回访一个退休老职工，当李成把一切和盘托出时，老职工感动得泪流满面。

国企肩上的重担，一头是壮大国有经济，另一头是确保内部员工安居乐业。广新的三任董事长，从李德和到欧广，再到李成，三个人传递"接力棒"，都是这么任劳任怨地"挑"着，"挑"着，目的在于不辱国企使命，不辜负广东省委、省政府的期望。

回顾 1979 年，邓小平的深圳之行发出改革开放的信号。1992 年，邓小平的南巡讲话奠定了改革开放进一步深化的基础。于是，一曲《春天的故事》从此在神州大地上唱响。

对国有企业怀有偏见的人，说民营企业讲着"春天的故事"蓬勃发展；国有企业敲着苍凉的"暮鼓"走向消亡。

作为广新控股集团前身的广东外贸行业的员工们，把《春天的故事》这首歌里透出的开放脉息、发展机遇牢记于心。大家的思想基础是"改革开放并不排斥国企"；他们的共同愿望是"为国企找到生存和发展的空间"。

业内人士发现，广新控股集团组建之初，从事代理进出口还是一项很重要的业务。随着政策、汇率、市场的调整与放开，经营配额不再有，外汇优惠不存在，原有的外贸方面的优势全丧失了。集团靠代理业务生存困难，不同程度地显现了主业不主、专业不专、发展无序的状况。

恰恰在这个时候，于 2008 年爆发的国际金融危机进一步蔓延。面对国内和国际形势的无情"拷问"，广新集团领导班子陷入深思。他们明白，社会上有人正等着"黄鹤楼上看船翻"。他们比别人更清楚，外贸系统作为金融危机之下的重灾区，"扭转乾坤"的唯一办法就是全面加快转型。

班子思想统一以后，广新集团围绕五金建材、矿冶化工、轻工食品、机电设备和电子电器以及现代物流五大主业，加速延伸产业链，向"科、工、贸、投"相结合转变，寻求新的市场优势。

作为一个涉及产品制造、商品销售、外贸进出口、物流配送以及广告代理等一系列业务的集团公司，广新正向着产业链的上下游延伸，向资源密集型和技术密集型企业靠拢，努力通过横向多元化、纵向一体化模式寻找新的增长点。那个时候，集团董事长就说，要借"南巡讲话"的东风，大力实践创新商业模式和提升外贸经营质量，争取成为国际商贸供应链解决方案的制订者、执行者、提供者和服务者。

一个企业，尤其是大型企业的发展道路，是与党和政府的方针、政策紧密相连的。集团领导人不约而同说，党的十七大提出的"科学发展观"，对广新而言，就好比大海航行中的指南针，作用巨大。广新人正是以实践科学发展观为指导，全面贯彻广东省委、省政府关于应对国际金融危机的一系列工作部署，落实"三促进一保持"，练内功，调结构，抓创新，着力化危机为商机，实现了又好又快发展。2009 年，集团公司完成销售收入 435 亿元，增长 1.2%。进出口贸易总额 33 亿美元；国内贸易额 112 亿元，增长 115%；利润总额增长 43.2%；实现净利润增长 52.5%；缴纳税金 7.2 亿元，增长 67%。

广新集团通过实行低成本的兼并重组与投资合作，实现了效益和价值的最大化，投资价值实现了数倍的增值。从此，广新由一个传统的外贸型企业，跃升为具有一定国际资源整合能力和竞争能力的真正意义上的企业集团。正如时任董事长欧广所说："我们是讲着'春天的故事'进取。下一步，我们要'走进新时代'拼搏。"

三、今天："走进新时代"拼搏

张也演唱的《走进新时代》，至今余音绕梁。

在广新控股集团的员工们看来，《走进新时代》不仅是歌曲，而且是号角，催促人们奋进。在这市场经济主导全球的今天，国有企业的命运只能由国企人自己主宰，一切怨天尤人的思想、消极等待的态度，都有害无益。

当董事长的担子落在李成肩头的时候，李成对于广新控股集团的发展前景，对于国有企业如何站立于世界企业之林，作了更加深入的思考。

"我以我血荐轩辕"。李成抱定为广新、为国企奉献一切的志向。他愿意"苦其心志"，他愿意"劳其筋骨"，只要整个集团公司像远航的巨轮，能够全速前进。

通过对国际、国内形势的分析，对国内外市场的研究，广新集团董事会深刻认识到：世界金融危机既是传统经营方式之"危"，又是现代商业模式之"机"。只要对内牢牢把握国家扩大内需的大好时机；对外紧紧抓住金融危机带来的全球产业布局的调整，把优势产业的"蛋糕"做大，借机推动从低端经营向高端经营转变，那么，危机送商机，广新人何乐而不为？

作为决策者，那些日子，李成董事长与黄平总经理等集团领导人，每天差不多有十五六个小时在办公室忙碌。难怪黄平总经理说，企业的发展史，就是企业领导人的辛苦史。

在集团公司与各所属公司的共同努力下，广新与青山控股集团联手，整合重组了从镍铁加工到不锈钢轧板的三家生产企业，建立起年产 80 万吨的不锈钢产业链；与广西投资集团合作，打造了年产25万吨从电解铝到铝加工的生产基地；建立了一条从原料基地到板材系列加工的家居建材产业链。

在肇庆市与佛山市，广新集团成功并购了"星湖科技"以及"佛塑股份"两家国内高科技行业龙头A股上市公司和"兴发铝业"一家在香港上市的中国著名的生产铝型材企业的控股权，并且分别在三个企业的所在地兴建了科技产业园。

一度辉煌无比的"佛塑股份"，由于种种原因，沦落为佛山人眼中的"无救佛塑"。正当其董事长上天无路、入地无门的时候，广新集团"危难之处显身手"，一把将佛塑从深潭中拉上了岸。以李成为班长的广新董事会一班人，用责任感加领导艺术再加资金优势，在短短的时间内就让"佛塑股份"重放光华，业绩超过了从前。原董事长感慨地说，只有广新才有这个眼光；只有国企才有这个度量。他逢人便讲，国家管企业还是要两手抓，两手硬，民企、国企一个样。

企业界人士都说，市场变幻莫测，很难无失误驾驭。广新控股集团的"驾驭"办法是通过调查分析找准切入点，纵横搏击。

近年来，广新集团与新加坡造船业合作，在中山开发区建设了海洋工程造船基地。这里生产的特种船，已经下水出坞。与阿联酋博禄石油公司合作，在南沙港兴建了华南最大的石油化工产品配送中心；与澳大利亚太古集团合作，在黄埔港利用原外贸系统旧的冷冻厂兴建了华南最大的冷冻制品供应链中心；利用外贸集团原有的仓储地皮，在广州荔湾区兴建了集远程交易、拍卖、现货交易、加工、配送和电子商务于一体的广州（中国）国际茶叶交易中心。

为了加快提升企业的自主创新能力，广新控股集团分别在广州、佛山、中山等地，建立了一批国家级和省级技术中心，目前一共拥有技术专利60多项，大大提高了企业在国内和国外的知名度。广新所拥有的"星湖"、"珠江桥"、"柏高"、"兴发铝材"以及生益科技"SL"，被评为中国驰名商标和中国名牌，另外23个品牌成为广东重点发展的出口名牌。

21世纪的第二个10年，经济全球化呈现了步伐加快、格局多变的迹象，企业面临的挑战前所未有。

如何进入国际"经济阵地"，与全球企业对接？这是广新控股集团必须认真思考和主动实践的课题。

董事会一商议，召集旗下所有的公司开会，决定了利用全球有色金属跌破成本价以及股市低迷的机遇，实施低成本"走出去"的策略。

言必信，行必果，这是他们的一贯作风。于是，广新集团与武汉钢铁集团联手，通过全球投标，中标马达加斯加已探明的 8.7 亿吨露天铁矿的经营开发权。

这些年，国家逐步淘汰"两高"钢铁生产企业。广新集团瞄准有利时机，与圣力钢铁集团合作，在越南兴建了年产 100 万吨英标钢材生产企业，成为越南目前最大的钢铁生产厂家之一。

在成功收购了香港最大的海上加油企业威敏石油公司 70% 的控股权，并且取得良好的经营业绩和行业信誉的基础上，与全球最大的供油商英国石油公司（BP 集团）合作，在新加坡兴办了一家海上加油企业，达到年加油量 500 万吨以上。

通过与全球龙头企业合作，广新控股集团弥补了在拓展国际主流市场方面的不足，实现了"借风行船"，为国内大企业"化危机为商机"带一回头的愿望。

不知道为什么，广新人每每感到国有企业在世人心目中有受歧视之嫌。因此，广新人的纵横搏击，还带着为国企"争一口气"的意味。

在生产、销售和服务领域，广新人要让国企的业绩"比"出去。

在利润和税收方面，广新人要让国企的贡献"交"出去。

在履行社会责任方面，广新人要让国企的做法"传"出去。

在产业发展方面，广新人要让国企的脚步"跨"出去。

广新已经是一个年产达 50 万吨的从电解铝到铝合金、铝材加工产业链完善的生产单位，集团公司也就成为全国最大的铝加工企业之一。

在不锈钢和钢材领域，广新具有 100 万吨不锈钢钢坯的生产能力。在阳江港合资建设的镍合金产业链基地，更加奠定了广新集团作为目前广东省规模最大、产业链最完整的不锈钢企业集团的地位。

在装备制造领域，投资兴建了广东广机海事重工有限公司，这是华南最大的海洋工程生产和研发基地。

在食品领域，广新合资建立广东太古可口可乐有限公司，这是中国内地最大的可口可乐系列饮料生产基地。

广新集团通过产业结构的改变，主业利润贡献率从原来不到20%增长到80%以上，增量业务利润率高达78%。产品销售收入的利润贡献率由五年前的不足10%，提升到目前的90%多。

应当说，广新集团两万多员工的"市场拼搏"是极有成效的。但是，对于企业的取舍，市场永远是苛刻的，严厉的，它不讲情面，只认法则。企业要想站稳脚根，就要创新体制，创新经营模式，全力适应市场的"无主题变奏"，随时随地掌握"进"与"退"的主动权。

在创新体制方面，广新控股集团大力推动股份制改造，培育上市公司，建立资本平台。集团组建和完善了广东省广告股份、珠江桥股份、柏高科技股份、广新海工股份、国义招标股份等一批股份制企业。省广股份于2010年5月6日成功上市，成为"中国广告第一股"。眼下，广新控股集团共拥有国内"佛塑股份"、"星湖科技"、"生益科技"、"省广股份"和国外"澳大利亚卡加拉公司"、"澳大利亚麦加纳黄金公司"、香港"兴发铝业"等7家上市公司。体制和机制的创新，进一步激发了企业活力。属下珠江桥生物科技公司通过股份制改造，实现了产、供、销的无缝对接；通过资源整合，加强了自主品牌的创新研发，扩宽了产品结构，克服了一系列食品安全问题、外需下降问题的困扰，使企业当年的业绩与上一年同比翻了一番，第二年即2010年的上半年，保持了54%的增长。珠江桥股份、国义招标股份、广新海工股份、盛特股份、柏高股份等多家股份制企业，其资本运作也得到了正常而有序的推进。

在创新技术方面，几年来，广新控股集团分别与中科院、中山大学、华南理工大学等科研机构和名牌大学合作，建立起生物工程、医药化工、食品化工、电子电器等一大批研发中心。目前，集团旗下已有18家技术研发中心，其中国家级研发机构3家；省级研发机构4家；市级研发机构2家；公司内部研发机构9家。整个集团一共向国家申请专利257项，其中152项已经获得授权。集团所拥有的9个广东省重点发展的现代产业项目，将带动行业内外的相关产业同步发展。

为了打造具有全国影响力的产、学、研基地，2007年，广新控股集团设立了"科技创新基金"和"市场营销基金"，用于支持企业科技研发和品牌创立。2008年，又设立自主创新专项奖励，把自主创新工作列入所属企业的考核奖励指标。

广新领导层认为，整合集团内部的自主研发工作和创新资源势在必行。因此，集团正联手广东省内外的名牌高校与有关科研机构，共同组建产业技术工程研究院，为公司、也为社会的产业技术发展插上飞升的翅膀。

四、明天："在希望的田野上"开拓

"我们的理想，在希望的田野上。"这是歌曲《在希望的田野上》第二段的头一句歌词。广新控股集团的员工们唱着这首歌不断开拓，既脚踏实地，又富有理想。他们的进取性格，他们的开拓精神，决定了他们不会安于现状，不会固步自封。

倘若说"十一五"期间，广新集团实施产业高端化战略，以科技带动发展，从而培育了多个上市公司，打造了资金平台；实施经营国际化战略，以资源推动发展，从而拥有了一大批总价值超千亿元的矿产资源，那么，"十二五"期间广新集团将实施"资源——资产——资本"滚动战略，进一步利用好资源上市融资，再利用募集资金投入资源开发，使资源变资产，资产变资本。这样，既可解决项目扩大所需投入的资金问题，又可降低风险，使国有资产实现大幅度增值，同时，也将极大地提升集团公司资源配置能力以及可持续发展能力。

世界企业发展史告诉广新集团：任何立于不败之地的企业，都必须不断整合资产、业务和产业三大"资源"，以应对多变的国际经济形势。

广新集团通过"三大资源"的整合实践，还懂得了"人才支持"的关键作用。

集团公司将坚持把人才作为企业的第一资源，进一步创新用人机制，广开用人育人渠道。将建立起以企业绩效定量与定性相结合、业务经营与廉洁从业相结合、效益最大化与价值最大化相结合、整体业绩与个性表现相结合、组织考核与员工评议相结合的"五结合"考核机制，用来作为挑选人才和使用人才的办法与依据。

在已培养和引进300多名各类专业人才、拥有中高级职称技术干部1028人、硕士研究生533人、博士10人的基础上，广新集团计划再引进一批"海归"人才，以充实集团公司和一些子公司的管理人才队伍与技术人才队伍。

作为广新集团重点项目的广新交易会，已经实现了网上展示营销、询报价、客户信息管理、数据分析、为大客户服务等功能，2012年9月、10月、11月份，网上销售量每月增长11%以上，全年网上销售总额达168亿元，成为集团贸易业务转型升级的引擎。广新集团下一步要把"广新交易会"打造成为商品类别更加齐全、市场覆盖面更加宽广、特色更加鲜明的大型高端跨境的综合电子商务平台。集团将利用广新交易会的建设，逐部完善"线上营销，线下成交；线下体验，线上交易"的商业模式，实现集团现有资产的进一步盘活。

当今时代，贸易型企业的要务是实现"线上"与"线下"的有机结合。广新集团作为贸易类型，将推动企业由以实体市场为中心的经营模式向以"实体"和"网络"两个平行市场并行发展的双核心经营模式转变。将以实体为基础，以网络为先导，"线上线下"有机结合，联动发展，在各自的领域获取并保持竞争优势，开辟出一种全新的适应社会发展需要的现代营销模式，以利实现从产品的交易者向市场的引导者转变；从价值的实现者向价值的提升者转变。

广东省政府发展研究中心有一篇文章，题为《广新集团：企业创新和转型的一面旗帜》。文章说，广新集团具备思维模式、经营模式、发展模式、管理机制、企业文化五大创新。广新人将以"五大创新"的宣传为起点，大力推动基于物联网的食品行业防伪溯源技术的应用，为广东乃至全国的食品消费者送去福音。

在国家的第十二个五年计划中，广新集团将着力发展以新能源、新材料高端机械装备、信息技术和生物工程为主的战略性新兴产业；以矿产资源为主的战略性资源产业；以品牌经营、供应链管理、文化创意产业、资本经营与财务管理为主的现代服务产业，用5年时间把广新集团打造成为资产超千亿、年销售收入超千亿的"双千亿"国际化控股集团。

"路漫漫其修远兮，吾将上下而求索。"这是两千多年前楚国诗人屈原的追求。

广新集团董事长李成与他的员工们的追求，是永远开拓，开拓。他们胸怀一种使命，既要让整个集团在国内和国际市场高歌猛进；又要让广东和全国的国有企业拥有"安身立命"之所。

"为国有企业鼓与呼，舍我其谁？"

广新人的意志如此坚定，除了无止境开拓，真的别无选择。

尾　声

业内人士，媒体记者，地方党政领导，都注意到广新控股集团这些年在结交合作伙伴、依靠合作伙伴的过程中"万事如意"。

是广新人特别幸运？

是广新人"手腕了得"？

都不是。

广新人依靠的是共同创造价值的理念。正是这个理念所支配的行动，让合作伙伴感到"两相情愿"，感到互利互惠，感到情谊永恒。因此，广新无论在国内还是在国外；不管是合资抑或并购，都无往而不胜。一些"纷争天天有"、"散伙三六九"的"合作现象"，与广新集团风马牛不相关。

在自身努力与合作伙伴的帮助下，广新集团的产业规模、业务项目迅速扩大，近5年总资产和净资产分别增长5倍以上；销售收入增长3倍以上；利润增长10倍以上。在中国企业500强中，广新集团排名140位；在广东企业100强中，广新集团排名14位。

早在2007年，广新集团就被全国总工会授予"全国五一劳动奖状"；时任董事长欧广2009年被授予"全国五一劳动奖章"。在履行社会责任、维护治安稳定方面，广新集团又被广东省评为"十大和谐企业"。

在"千变万变，国有企业的内核不变；东改西改，国企经营的方向不改"这一信念的主导下，广新控股集团的产业链每延伸到一个地方，就在一个地方打造一个龙头企业，带动当地的经济发展。每创造一个名牌，都实现了提升经济价值的目标。在广新集团公司的七楼展厅里，展出的广新旗下各类公司的名优产品达200多个。这难道不可以说，它们见证了国有企业的发展历程；它们宣布了国有企业不仅没有扰乱市场，而且大大丰富了国内外市场吗？

2011年，《人民画报》记者采访广新控股集团，在"庆祝中国共产党建党90周年"特刊上撰文说，广新是"国企创新转型的科学样本"。

让我们来看一下广新集团最近三年对于国家经济和地方财政的贡献——

2010 年，广新集团纳税总额为：7.2674 亿元。

2011 年，广新集团纳税总额为：8.7343 亿元。

2012 年，广新集团纳税总额为：11.3595 亿元。

作为央企之外的非垄断型国有企业，广新集团的奉献是够多的。然而，广新人总觉得自己微不足道。他们要在党的十八大精神的鼓舞下，在广东省委、省政府的坚强领导下，向着国内外市场纵横搏击，为祖国、为民族唱响伟大复兴的激越昂扬的进行曲。